POCZET AKTORÓW POLSKICH

WITOLD
FILLER
•
LECH
PIOTROWSKI

POCZET AKTORÓW POLSKICH

Od Solskiego do Lindy

PHILIP WILSON

Philip Wilson Warszawa
00-031 Warszawa, ul. Szpitalna 6/17
tel. 827-65-12, 827-96-27
e-mail: pwilson@pol.pl

Copyright © by Witold Filler, Lech Piotrowski
Copyright na to wydanie © Wydawnictwo Philip Wilson,
Warszawa 1998

Projekt okładki:
Malwina Wieczorek-Bradé

Źródła zdjęć:
Filmoteka Narodowa, Instytut Sztuki PAN, Teatr Narodowy, Krzysztof Miller/Agencja Gazeta,
Edward Hartwig, Wojciech Plewiński, Leszek Łożyński,
Stanisław Wasilewski, Mirosław Skrzypkowski, Gerard Puciato.
Część zdjęć pochodzi ze zbiorów prywatnych.

Redakcja:
Danuta Rzeszewska-Kowalik

Korekta:
Danuta Rzeszewska-Kowalik
Małgorzata Pośnik

Redakcja techniczna:
Aleksandra Napiórkowska

ISBN 83-87571-54-7

Wszelkie prawa zastrzeżone. Żadna część ani całość dzieła
nie może być reprodukowana bez wcześniejszej pisemnej zgody wydawcy.

Skład i łamanie: Radius, Warszawa, ul. Nowogrodzka 22

Wprowadzenie

Książka ta przeznaczona jest dla Czytelników, których ciekawi aktor. Niekoniecznie muszą być nimi bywalcy sal teatralnych, ale prostu ci, co obserwując pracę aktora w telewizji bądź filmie chcieliby wiedzieć o nim więcej. Chcieliby poznać jego karierę i życie, wierząc słusznie, że profesja sceniczna żywi się jednością prawdy i fikcji, odwołując się do sumy prawdziwych przeżyć, doświadczeń i namiętności artysty.

Takie życzenia potencjalnego adresata narzucają książce zarówno zadania, jak i ograniczenia. Zwłaszcza ten drugi element posiada dla autorów kolosalne znaczenie praktyczne, oznacza bowiem konieczność wyraźnej koncentracji na tych sylwetkach aktorskich, które pozostają dla Czytelnika najbardziej znane. To właśnie o nich łaknie on szerszej wiedzy, a tak naprawdę, to chyba mniej go nawet interesuje, że jego ulubieńcy stanowią zaledwie reprezentację zawodu uprawianego w Polsce przez parę tysięcy osób. Nie tylko w Warszawie i Krakowie, lecz także w Gorzowie czy Bydgoszczy. O bogatym dorobku scen terenowych traktuje na szczęście szereg specjalistycznych periodyków i wydawnictw, że wspomnimy miesięcznik „Teatr" czy dynamiczny „Ruch Teatralny". Do nich odsyłamy też Czytelnika, którego interesuje szczegółowy opis współczesnych i historycznych dokonań polskiego aktorstwa.

A skoro padło słowo „historia"... *Non omnis moriar!* – wołał poeta. Autorzy podzielając jego wiarę zamieścili w swej książce pewną liczbę biogramów aktorów już nieżyjących (a zmarłych po zakończeniu II wojny światowej), systematycznie przypominanych przez film i telewizję, cytowanych przez codzienną prasę, przywoływanych w zakulisowych anegdotach. Słowem – aktorów, którzy wciąż żyją w legendzie. Zrezygnowano natomiast z prezentacji artystów scen muzycznych, lalkowych, estradowych, a także scen awangardowych, uznając swoistą odrębność tych specjalności.

Nasza książka zawiera 200 biogramów. Zaledwie 200. Jest zatem z wydawniczej konieczności wyborem. Spośród tysięcy musieliśmy wybrać 200 nazwisk. Taki wybór kryje w sobie przy każdym nazwisku ryzyko zwycięstwa subiektywnej sympatii nad obiektywną wartością. Ryzyko spotęgowane zwłaszcza przy ustalaniu imiennej reprezentacji aktorów z tzw. terenu, których uwzględnić w książce mogliśmy jedynie na prawach symbolu, acz na jego zaistnieniu szczególnie nam zależało. Pocieszaliśmy się, że teatr z samej swej natury nie jest instytucją sprawiedliwą. Rzadko się zdarza, by reżyser obsadził w sztuce prawdziwie najlepszych – obsada tych, których za najlepszych uznaje. My dwaj byliśmy reżyserami tej książki. Obiecujemy przecież uzupełnienia i korekty w kolejnej edycji *Pocztu*.

PS W obecnej i tak zmieściło się ostatecznie aż 210 biogramów!

WF i LP

A

Karol Adwentowicz
19 X 1871, Wielogóra ☆ 19 VII 1958, Warszawa

Ostatni z reprezentantów legendarnej szkoły Tadeusza Pawlikowskiego, która na przełomie wieków rozkwitła w Krakowie i Lwowie. Fascynujący Hamlet, nie uchylający się od obowiązków wobec klasyki narodowej (Kordian, Mazepa, Szczęsny w *Horsztyńskim* Słowackiego), wypowiadał się najpełniej poprzez dramaturgię Skandynawów. Peer Gynt, Brand, Oswald w *Upiorach* Ibsena, Rotmistrz w *Ojcu* Strindberga, Max von Wendell w *Gnieździe rodzinnym* Sudermanna. Bohater prapremier Przybyszewskiego, Rittnera, Juliusza Żuławskiego. Był w Polsce sztandarowym prekursorem stylu modernistycznego. Nie znając ze studiów czy chociażby lektur modnych ówcześnie teorii Freuda i Junga, demonstrował na scenie grę nadspodziewanie bliską tym poglądom, drapieżnie penetrującą tajniki ludzkiej jaźni. Był bożyszczem młodzieży. Nawet tak zaprzysięgły przedstawiciel estetyki tradycyjnej, jak młody Jerzy Leszczyński przyznaje: *całą duszą przylgnąłem do tego aktora o gorejących oczach i przedziwnie wibrującym głosie, w którym był i szept dziecka, i groza szalejącej burzy. No i ta sugestywna, emocjonalna treść, jaką było nasycone każde wypowiadane przez Adwentowicza słowo!*

W kwietniu 1945 ten niezmordowany starzec, który okupację przeżył w Warszawie, prowadząc bar „Znachor" przy ulicy Boduena, wznowił po wojennej przerwie działalność teatru w Katowicach, grając tam Cześnika we fredrowskiej *Zemście*, we własnej reżyserii – dano 116 przedstawień! Póki mu sił starczyło, wykorzystywał swe ogromne doświadczenie, by służyć scenie narodowej. W 1946 zrealizował w Krakowie prapremierę *Dwóch teatrów* Szaniawskiego, kreując rolę Dyrektora teatru. W latach 1948-1950 dyrektorował z kolei T. Powszechnemu w Łodzi, gdzie na jubileusz 50-lecia swej pracy artystycznej wybrał Sonnenbrucha w *Niemcach* Kruczkowskiego.

Karol Adwentowicz

Ostatnie lata życia spędził w Warszawie. Z gorejących oczu i wibracji głosu niewiele już zostało – zastąpiła je porażająca siła scenicznej mądrości i akademickiego spokoju. W T. Polskim zagrał Horsztyńskiego, zaś w T. Ludowym, kierowanym wówczas przez jego małżonkę, Irenę Grywińską, wystąpił jako Pastor Manders w ukochanych *Upiorach*. Była to jego ostatnia rola. Zostawił po sobie rękopis zwięzłego tomiku *Wspominków* (wyd. 1960), wzruszający dowód osobistej skromności.

Nina Andrycz

ur. 11 XI 1915, Brześć nad Bugiem

Absolwentka PIST (1934). Po krótkim stażu w Wilnie znalazła się w 1935 w warszawskim T. Polskim, gdzie, z wojenną przerwą (pracowała jako kelnerka), występuje do dziś. Z lat przedwojennych przetrwała fama o jej

Nina Andrycz

wiośnianej Solange w *Lecie z Nohant* Iwaszkiewicza (1935), po jej Lukrecji Borgii w *Cezarze i człowieku* Nowaczyńskiego (1937) orzekł Antoni Słonimski: *Jest już dziś aktorką o talencie i indywidualności nieprzeciętnej.* Okres powojenny potwierdził talent, wiosenną świeżość zmieniając na monarsze dostojeństwo. Nie bez wpływu było tu zapewne i oddziaływanie fizycznych cech artystki: dźwięk głosu, błysk oka, hieratyzm gestu i sylwetki. One właśnie sprawiły, iż z ról, jakie grała Andryczówna, dałoby się skompletować pokaźną dynastię. Z monarchiń była tam Maria Stuart (Słowackiego), Elżbieta hiszpańska (*Don Carlos* Schillera) i Elżbieta angielska (*Maria Stuart* Schillera), Kleopatra, Balladyna, Lady Makbet i Katarzyna Wielka (*Popołudnie kochanków* Hena, 1994), z księżniczek – Szimena i Kassandra, poczet zaś za-

Nina Andrycz jako *Lady Makbet*

mykały damy wprawdzie bez koron, ale z niezaprzeczalną królewską gracją: Izabella Łęcka, Lady Milford (*Intryga i miłość* Schillera), Maria Calergis z filmu *Premiera warszawska* (1951). Dodać by tu jeszcze można księżniczkę Ryngałłę z *Zakonu Krzyżowego* Morstina (1948), o której to kreacji orzekł autor, że aktorka *wyglądała jak archanioł*. Archanielski wygląd, przesycony ogniem wielkich namiętności, stał się jakby przyrodzonym sposobem bycia artystki, która przecież skrupulatnie dbała, by listę nowych ról krasić co pewien czas obecnością osób o krwi już mniej błękitnej, ale zawsze nobilitowanych siłą cierpień. To Natalia Puszkin (*Ostatnie dni Bułhakowa*) i druga Natalia z *Miesiąca na wsi* Turgieniewa, to Abbie z *Pożądania w cieniu wiązów* O'Neilla i Pani Warren w sztuce Shawa. W jednym przypadku metamorfoza nosiła charakter totalny: w 1973 monarchini przeistoczyła się w mieszczańską Panią Dulską z komedii Zapolskiej, a była to przemiana do tego stopnia szokująca, że krytycy nie wiedzieli właściwie, jak ją opisać. Sama Andrycz uznała, że eksperyment zasługuje na ciąg dalszy. Byłyby we właściwym czasie. I po osiemdziesiątce poczęła grywać kobiety proste, za to z nadal wyrazistym charakterem: Starą w *Krzesłach* Ionesco (1995), ostatnio Klarę Zachanassian w *Wizycie starszej pani* Dürrenmatta (1998). Aktorka, co tak rygorystycznie określiła swój sceniczny status, zadbała i o prywatny image. Przez wiele lat była żoną premiera (Józefa Cyrankiewicza), w okresie ostatnim publikuje wiersze (już pięć tomików). Wydała też dość ekshibicjonistyczną powieść kryptobiograficzną (*My rozdwojeni*, 1992), w której nader drastycznie opisuje zaranie swej kariery.

Mirosław Baka

ur. 15 XII 1963, Ostrowiec Świętokrzyski

Jeden z ciekawszych aktorów młodego pokolenia. U początku jego kariery stał Krzysztof Kieślowski. *Krótki film o zabijaniu* (1988), a w nim rola młodego mordercy, którego wyrok sądu przeistacza w ofiarę, towarzyszy Bace od lat. Przyniósł mu sławę, ale i ograniczenia. Sława procentowała szeregiem nowych ofert. W Teatrze TVP zagrał Semenkę w *Śnie srebrnym Salomei* Słowackiego, Karola Moora w *Zbójcach* Schillera. W T. Wybrzeże, do którego jako absolwent wrocławskiej PWST zaangażował się w 1988, też przechodzi z roli w rolę, kiedy tylko zejdzie z filmowego planu: Szatow w *Biesach* Dostojewskiego, Jan w *Fantazym* Słowackiego, Biff w *Śmierci komiwojażera* Millera, Joachim w *Było kiedyś miasto* Grassa (*wcielenie dziecięcego, naiwnego zła*), obsypywany szczególnymi pochwałami Valentine w *Arkadii* Stopparda (*potrafił każdym nerwem oddać niepokoje znerwicowanego bohatera*). Jak z listy ról widać, oferta tyleż imponująca, co jednostronna, bohaterów łączy neurotyczna proweniencja. Sam Baka przyjmował to ze spokojem: *Nie unikam ról ludzi o pokręconej osobowości. Mam dużą łatwość ich grania. Czasami patrzę tylko w kamerę, a reżyser woła "O to mi właśnie chodziło!" Przecież ja nic jeszcze nie zrobiłem* – protestuję. *"To najlepiej nic nie rób, tylko patrz w kamerę!"* Aktorstwo Baki nasycone bywa niemal zawsze jakimś wewnętrznym napięciem i niepokojem. Nie jest on grany, zdaje się po prostu tkwić w podświadomości artysty, eksplodując czasem z siłą, niszczącą nawet tkankę roli (Dymitr Karamazow w inscenizacji powieści Dostojewskiego, 1997). Pomówienia o neurastenię zwalcza Baka skutecznie terapią śmiechu. W teatrze to komediowe role *Tutam* Schaeffera, *Się kochamy* Schisgala, w filmie – zabawny epizod w *Autoportrecie z kochanką* Piwowarskiego. W teatrze próby poczynają przynosić efekt. Widzowie skłonni są uznać, że

Mirosław Baka w filmie *Chce mi się wyć* Skalskiego

Baka to jednak wesołek, za rolę Chłopca w *Godzinie z kotem* Taboriego otrzymał nagrodę Gdańska. W filmie sytuację utrudnia nawyk do operowania obsadowymi schematami, dawny sukces Kieślowskiego pragnęliby powtórzyć inni, stąd w serii filmów niemieckich (*Wszędzie dobrze, gdzie nas nie ma* z Martą Klubowicz, *Ostkreuz*, *All of me*), w kolejnych filmach polskich, od *Chce mi się wyć* Skalskiego po *Demony wojny* Pasikowskiego, wyziera nadal twarz Jacka z *Filmu o zabijaniu*. Baka cieszyć się może jedynie, iż jest to twarz publiczności coraz bardziej znajoma. A w teatrze tymczasem gra Hamleta (1997): *Gra bez asekuracji, całą wewnętrzną parą. Ten aktor o powierzchowności twardego żula i wnętrzu mądrego wrażliwca zasługuje na odważnie stawiane zadania* (Jacek Sieradzki). Zasługuje i na nagrody: właśnie ZASP przyznał mu Nagrodę im. Zelwerowicza (1998).

Marek Bagiełowski

Marek Bargiełowski

ur. 11 XI 1942, Starachowice

Ukończył w 1967 warszawską PWST i zaangażował się do T. im Horzycy w Toruniu. Zagrał tam molierowskiego *Don Juana*, Szczęsnego w *Horsztyńskim* Słowackiego oraz *Hamleta* w głośnej inscenizacji Jana Maciejowskiego; otrzymał za niego nagrodę na Festiwalu Teatrów Polski Północnej. W 1971 przeniósł się do T. im. Jaracza w Łodzi. Znów Hamlet, ten sam reżyser, i znów nagroda, tym razem na Kaliskich Spotkaniach Teatralnych. *Hamlet neurasteniczny, gmatwający się w swoich wewnętrznych konfliktach jest chyba anachroniczny* – powiedział aktor w jednym z wywiadów prasowych. – *Chciałbym, by jego niezgoda na zło była walką.* W 1973 angażuje się do T. Dramatycznego m.st. Warszawy, skąd po dziesięciu latach przenosi się do T. Powszechnego, a w 1990 do T. Współczesnego, gdzie pracuje do dziś. Z ról warszawskich sam Bargiełowski wyróżnia Jazona w *Medei* Eurypidesa, Horacego w *Hamlecie*, Bałałajkina Michałkowa, Księcia Kornwalii w *Królu Lea-*

Marek Bargiełowski jako Janusz Korczak w monodramie *Kim był ten człowiek*

rze oraz Mistrza w *Mistrzu i Małgorzacie* Bułhakowa, o którym pisał Jacek Sieradzki: *Jego droga krzyżowa mieści się w przerażonych, niespokojnych oczach kontrastujących z bolesnym, smutnym uśmiechem rezygnacji. W sposobie ważenia słów, w łagodnym, spokorniałym głosie Bargiełowskiego skoncentrowane zostało tyle bólu, że niczego więcej nie trzeba teatralnie dopowiadać.* Warto natomiast dodać jeszcze kilka pozycji do listy aktorskich prac. To stylowy Almaviva w *Weselu Figara* Beaumarchais, precyzyjnie przeprowadzony Carlyle w *Najlepszych z przyjaciół* Whitmore'a, wreszcie Janusz Korczak z monodramu *Kim jest ten człowiek?* Z głównych ról filmowych – Czcibor w *Gnieździe*, Zimmajer w telewizyjnym serialu o Helenie Modrzejewskiej, Prokurator w *Pokoju z widokiem na morze* Zaorskiego.

Żoną artysty jest znana aktorka, Maria Chwalibóg.

Elżbieta Barszczewska

29 XI 1913, Warszawa ☆ 14 X 1987, Warszawa

Artystka przez całe niemal życie związana z warszawskim T. Polskim. Już w pierwszym swym sezonie została tam przypisana do repertuaru romantycznego, w schillerowskiej inscenizacji *Dziadów* (1935) grała Dziewicę. I na dziesięciolecia zawładnęła sferą, w której jednoczyły się poezja, patriotyzm i żar miłosnych uniesień. Diana w *Fantazym*, *Lilla Weneda*, Amelia w *Mazepie*, Salomea w *Horsztyńskim*, Infantka w *Cydzie*, zaś zamykają ten rejestr również *Dziady* w hanuszkiewiczowskim T. Małym (1974), a w nich Pani Rollison. *Jej uczucia zdawały się widzowi bezsporne w swej uczciwości, prawdzie i dobroci* – pisał recenzent "Kultury", dodając, iż instrumentem skutecznie narzucającym widzowi taką wiarę był bezsprzecznie głos artystki. Timbre głosu Barszczewskiej przywodził na myśl słowicze trele. Nawet gdy gorycz lub gniew narzucały mu ściemnienie, głos nie stawał się przez to zły. Był nadal trelem słowika, tylko słowikowi było źle lub smutno. Magię głosu wzmocniła Barszczewska magią spojrzeń, zdawała się być mistrzynią w przekazywaniu nimi głębi swoich uczuć. Spojrzeniem i głosem uwodziła publiczność. Portfel swoich narodowych bohaterek bogaciła o heroiny z klasyki światowej (*Elektra*, Ofelia, *Maria Stuart* Schillera, Margrabina Cibo

Elżbieta Barszczewska

Elżbieta Barszczewska jako *Nora* Ibsena

w *Lorenzacciu* Musseta), nie stroniąc od literatury modernistycznej (*Nora*, Pani Alving z *Upiorów* Ibsena, Raniewska z *Wiśniowego sadu*), rzadziej sięgając do dramaturgii *stricte* współczesnej (Angelika w *Port Royal* Montherlanta, Urszula w *Wysokiej ścianie* Zawieyskiego, Helena w *Moście* Szaniawskiego). Postacie te, psychicznie i formalnie zróżnicowane, umiała całkowicie zespolić właśnie tą krystalicznością słów i spojrzeń. Wszystkie stawały się królewnami z jednej, ślicznej bajki. Najtrafniej chyba określił tę specyfikę Antoni Słonimski, pisząc: *Pani Barszczewska jest w każdym szczególe swej urody i szczerej tkliwości tak bardzo dickensowska*. Tyczyło to dawnej, przedwojennej premiery (*Maleńka Dorrit*, T. Polski, 1938), ale chyba nie tylko. Barszczewska była po prostu dickensowska. Nawet, kiedy cierpiała w mickiewiczowskich *Dziadach*.

Grażyna Barszczewska

ur. 1 V 1947, Warszawa

Jej wdzięk i urodę eksploatowały przez wiele lat telewizyjne seriale: *S.O.S.*, *Dyrektorzy*, *Kariera Nikodema Dyzmy*, *5 dni z życia emeryta*, *Blisko, coraz bliżej*. Absolwentka krakowskiej PWST zadebiutowała jeszcze w trakcie studiów (1970) w *Czajce* Czechowa na scenie T. Ludowego w Nowej Hucie, gdzie pracowała potem przez dwa sezony. W 1972 angażuje się do stołecznego Ateneum, krytyka wyróżnia jej niepokojącą Teresę w *Ameryce* Kafki (1973, reż. J. Grzegorzewski), masowa publiczność zapamiętuje zaś z przedstawień reżyserowanych przez Jana Świderskiego; jako Klara w *Ślubach panieńskich* i Justyna w *Wielkim Fryderyku* Nowaczyńskiego stworzyła dwa urocze portreciki dziewczęce. Urzekającą kobiecość zademonstrować miała dopiero w *Dwoje na huśtawce* Gibsona (1981). Ten stary szlagier Cybulskiego i Kępińskiej rozbłysł na nowo dzięki grze Barszczewskiej i Romana Wilhelmiego. Objechali z nim całą Polskę, a i ćwierć Europy; za rolę Gizeli otrzymała artystka w 1983 roku nagrodę na Festiwalu Małych Form w Szczecinie. W tym okresie wiąże się z T. Polskim w Warszawie. Akademicki repertuar tej sceny częściej może odwoływał się do urody artystki (Porcja w *Kupcu Weneckim* Szekspira), niźli do wszechstronności jej talentu,

Grażyna Barszczewska

Grażyna Barszczewska

stworzyła w nim przecież kilka ról pamiętnych. Od nieco egzaltowanej Racheli w *Weselu* (1984), gdzie partnerowała Poecie-Łapickiemu, po kokieteryjną Podstolinę w *Zemście* (1998), którą tenże Łapicki reżyserował. Często pojawia się też Barszczewska na małym i dużym ekranie: *Anioł w szafie* Różewicza, *Łabędzi śpiew* i *Wszystko, co najważniejsze* Glińskiego. Lubi również występy gościnne. Na stołecznej Scenie Prezentacji grała z Krzysztofem Gordonem w *Przedtem-potem* Harwooda, przeistaczając się w jednym przedstawieniu w matkę i córkę, demonstrując swe talenty charakterystyczne i swój nieprzemijający seks. We wrocławskim T. Współczesnym z kolei odniosła sukces jako Raniewska w *Wiśniowym sadzie* Czechowa (1996): *opalizując nastrojami. To skamlała o przebaczenie, jak mały piesek, to pląsała jak rusałka* (Marta Steiner). Nie stroni też od piosenki. Występowała zresztą kiedyś w kabarecie Dudek.

Adam Baumann

ur. 27 III 1948, Grudziądz

Do teatru w Grudziądzu zgłasza się młody człowiek „na aktora". Jego naturalność i komediowy temperament docenił ówczesny dyrektor tej sceny, Krzysztof Rościszewski, a że właśnie przenosił się do Olsztyna, zabrał adepta ze sobą. W olsztyńskim T. im. Jaracza gra młody Baumann swą pierwszą rolę. Jeszcze bez formalnych uprawnień, a rola w dodatku liryczna: niewidomego chłopaka, przeżywającego swą pierwszą miłość – Dona w melodramaciku *Motyle są wolne* Gershe'a (1975). Po roku zdał egzamin eksternistyczny przed komisją kierowaną przez Jana Świderskiego, w nagrodę otrzymując rolę molierowskiego *Grzegorza Dyndały* i to w reżyserii Bohdana Korzeniewskiego. Rolę, w której potwierdził swą *vis comica*, powtórzył następnie w katowickim. T. im. Wyspiańskiego, dokąd przeszedł w 1977 wraz z Rościszewskim. Działa tam do dziś jako aktor przez krytykę ceniony, przez publiczność uwielbiany. Już olsztyńskim debiutem udowodnił skalę swych możliwości, na Śląsku ją jeszcze wzbogacił. Zagrał z rozmachem Księ-

Adam Baumann w filmie *Latające machiny* Kidawy

cia Konstantego w *Nocy listopadowej*, jego Salieri w *Amadeuszu* Shaffera zebrał pochwalne recenzje w Moskwie, gdzie katowicki teatr bawił na gościnnych występach (1984). Ale przede wszystkim Baumann to rasowy komik, o szerokiej skali talentu. Umie pofilozofować, jak Grabarz w *Hamlecie*. Umie powadzić się z losem, jak Sganarel w molierowskim *Don Juanie*. Instynkt każe mu jednak inaczej prowadzić dialog ze śląskim widzem. Tu szansą okazała się twórczość miejscowego pisarza, Stanisława Bieniasza. W 1994 Baumann wystąpił w jego reportażu scenicznym *Hałdy*, w 1996 w sztuce obyczajowej *Sponsor*. Poprzez te teksty nawiązał ze specyficzną publicznością Śląska porozumienie zupełnie szczególne. Kolejny sukces na tej drodze przyniosła też adaptacja stareńkiego wodewilu *Chłop milionerem* Raimunda (1996), ubarwiona aktualnymi kupletami. Powoli staje się Baumann idolem śląskiego regionu. Zjawisko godne odnotowania.

Ludwik Benoit

18 VII 1920, Warszawa ✫ 3 XI 1992, Łódź

Toporna, wielka sylwetka, twarz wyjątkowo nieforemna, w życiu codziennym rażący niechlujnością dykcji – potrafił ukryć przed widzem wszystkie te mankamenty, gdy grał. Teatr miał we krwi – po ojcu aktorze. Ale przede wszystkim miał teatr w sercu. Natychmiast po zakończeniu działań wojennych założył w 1945 pół-amatorski T. Ziemi Łowickiej, potem zaciągnął się do teatru kukiełek, potem przepełniająca go potrzeba scenicznego działania nosiła go po całej Polsce. Z Iwo Gallem współpracował na Wybrzeżu, z Henrykiem Szletyńskim we Wrocławiu, by następnie samemu popróbować dyrektorowania w Szczecinie (1955-57). Osiadł wreszcie w Łodzi, w T. Nowym, gdzie do końca życia bardzo dużo grał, trochę reżyserował, a nawet przez jakiś czas prowadził własny kabaret U Bena. Istna łapczywość cechowała jego aktorstwo, przyjmował role nawet niezbyt dlań pasujące, zaś był do tego stopnia określany własną, przemożną charakterystycznością, iż nie był potem w stanie obronić przed nią swoich bohaterów. Przykładem jego *Faust* – bohater tragedii Goethego (1965). Znakomity natomiast w rolach emocjonalnych, gdzie umiał pokazać wszystkie barwy uczuć, aż po tragizm: Phil Hogan w *Księżyc świeci nieszczęśliwym* O'Neilla, Rotmistrz w *Ojcu* Strindberga, Solomon w *Cenie* Millera, pamiętny Zéosiołek w brazylijskiej sztuce *Ten, który dotrzymuje słowa* Gomesa. Nie obcy był mu także ciepły komizm: *Henryk VI na łowach* Bogusławskiego, Rotmistrz, tym razem z *Dam i huzarów*, Dyndalski w *Zemście*. *Ciepło, szczerość wewnętrzna, żarliwość i prostota* – tak definiowała jego sztukę wieloletnia recenzentka łódzka, Wanda Karczewska. Przez trzydzieści lat był wierny T. Nowemu. Karierę filmową zaczynał z Barbarą Kwiatkowską w *Ewa chce spać* (1958), by ją zakończyć z Katarzyną Figurą w *Mlecznej drodze* (1991).

Ludwik Benoit w filmie *Koniec sezonu na lody* Szyszki

Mariusz Benoit

ur. 23 XI 1950, Wrocław

Syn Ludwika. Wziął po ojcu talent, wzrost i część urody. Zdawał do szkoły dramatycznej w Krakowie, ale zdał dopiero po roku, w Łodzi. Od 1974 w stołecznym T. Powszechnym. Gra dużo, duże role, różne role. Judasz w *Żegnaj, Judaszu* Iredyńskiego. *Świętoszek* Moliera, Cliff w *Miłości i gniewie* Osborne'a. W zatrzymanych w 1981 przez cenzurę, a w 1989 wznowionych jednoaktówkach Vaclava Havla grał dysydenta Wańka. Za Narratora w *Nikiformach* Redlińskiego dostał nagrodę na festiwalu wrocławskim, za Szarika w *Psim sercu* Bułhakowa na Opolskich Konfrontacjach (1989). Miał w swojej praktyce dwie sytuacje zupełnie szczególne. Pierwszą, kiedy w 1982 zagrał w sali T. Studio jednoaktówkę *Arcyś król* Pingeta z pozbawionym właśnie wszystkich swych urzędów Tadeuszem Łomnickim: *Tadeusz i Mariusz grali znakomicie, zamieniali się rolami, improwizowali na zadany te-*

Mariusz Benoit w filmie
Przeznaczenie Koprowicza

mat, byli jednocześnie aktorami i widzami – wspomina wdowa po Łomnickim, Maria Bojarska. Rzecz przecież w tym, że przedstawienie szło jedynie raz, czy dwa razy – takie naonczas były osobliwe układy! A druga sytuacja, kiedy w łódzkim T. Nowym zagrał Walerego w *Skąpcu* Moliera, zaś Harpagona grał jego ojciec; *Wielki Ben doczekał się godnego następcy, który zagrał. I to jak zagrał! Z temperamentem i podziwu godną swobodą* (Władysław Orłowski). Od sławnego ojca różni się przecież syn większą wstrzemięźliwością w wyprzedaży na scenie swych uczuć. Ponad emfazę ceni sobie spokój grania. Dzięki niemu osiąga prawdę przeżyć tak cenną zwłaszcza w utworach współczesnych. Jak choćby w *Całopaleniu* Bukowskiego (T. Powszechny, 1997), gdy grając prostego człowieka, któremu nagle świat zatrząsł się pod nogami, stoi *zwalisty, nieśmiały, mamroczący pod nosem. I w tym tragiczny!* Jak Władzio w *Ślubie* Gombrowicza (T. Narodowy, 1998) – nieodstępny cień Peszka, ujmujący już w samej swej nieforemnej sylwetce, z rozczochranymi włosami, z dziecięcym zafrasowaniem w oczach. Styl taki mniej się może sprawdza w repertuarze klasycznym, stąd Brutusa w szekspirowskim *Juliuszu Cesarze* (T. Polski, 1996) trudno uznać za pełny sukces artysty. Był nim natomiast niewątpliwie Molier w *Zmowie świętoszków* Bułhakowa (T. Powszechny, 1995). Ma też Benoit w swym dorobku liczne role filmowe. M.in. Kusocińskiego w filmie telewizyjnym *Ostatnie okrążenie*, Karola Marcinkowskiego w serialu *Najdłuższa wojna nowoczesnej Europy*, Kazimierza Tetmajera w *Przeznaczeniu*. Po wielu latach pracy w T. Powszechnym przeszedł w 1997 do T. Narodowego. Jest dziekanem Wydziału Aktorskiego PWST w Warszawie.

Adrianna Biedrzyńska

ur. 30 III 1962, Toruń

Miała zostać skrzypaczką, została aktorką filmową. Finezyjną, pełną radości, o wielkiej skali możliwości interpretacyjnych. Jej romans z teatrem okazał się za to kaleki. Po ukończeniu studiów na łódzkiej PWSFTviT (1984) trafiła do warszawskiego T. Nowego, a nie był to tej sceny okres bry-

Adrianna Biedrzyńska

Adrianna Biedrzyńska w filmie tv *Serenite* Skiby

lantowy. Zadebiutowała interesującą rolą Mariny w zupełnie nieudanym *Peryklesie* Szekspira, potem była śliczną, bezbronną Małgorzatą w nieudanym *Fauście* Goethego (1986). I umknęła robić olśniewającą karierę w filmie. Za rolę zbuntowanej nastolatki w *Ucieczce* Szadkowskiego otrzymała w 1987 nagrodę na gdyńskim Festiwalu Młodego Kina. W 1988 zagrała w siedmiu (!) filmach, zaś nagród zgarnęła trzy: im. Cybulskiego, im. Wyspiańskiego i powtórnie w Gdyni. Wśród tych siedmiu filmów był *Dekalog 4* Kieślowskiego. *Pajęczarka* Sass-Zdort, *Nad rzeką, której nie ma* Barańskiego i *Hanussen* Szabo, gdzie partnerował jej Klaus Maria Brandauer. I *Zawołanie nocą* Mazzacurattiego. I grana po rosyjsku Maryna Mniszech w *Borysie Godunowie* Bondarczuka. W każdą z tych ról wniosła więcej, niżli urodę. *Uwielbiam pracę. To jedyny sposób na jałowość, szarość i beznadzieję* - powiedziała w jednym z wywiadów. Działa w Teatrze TV (Anna w *Pamiętniku Anny Frank* i druga Anna w *Żegnaj, laleczko* Chandlera, Frieda w *Zamku* Kafki, Rebeka w *Rosmersholmie* Ibsena), pojawia się w popularnych serialach (*Fitness Club*). W tym okresie zagrała w teatrze jedynie Marynę w hanuszkiewiczowskim *Weselu* (T. Nowy, 1990), a na Scenie Prezentacji można ją było oglądać w *Grach małżeńskich* Renarda (1993). Poza tym próbowała prowadzić kawiarnię, śpiewała piosenki w duecie z siostrą; *nie muszę być aktorką, mogę handlować starymi meblami* – powiedziała jednemu z tygodników warszawskich. Ostatnio przecież nawiązała współpracę z T. Syrena.

Hanna Bielicka

ur. 9 XI 1915, Konowka

Aktorka o totalnej wręcz popularności. Jej ulubiona forma to monolog. Prezentuje go od lat w radiowym *Podwieczorku przy mikrofonie*, ze sceny T. Syrena, podczas niekończących się tras koncertowych po Polsce i wśród Polonii (USA, Kanada, Anglia). W swych monologach potrafiła dopracować się własnej osobowości. Jest tam kobietą z codziennego życia. Czasem mieszczańską, czasem plebejską, zawsze taką samą, jak ludzie z widowni. Stopień identyfikacji jest tu niemal absolutny, stąd też dla tysięcy Polaków aktorka Bielicka stała się po prostu ich prywatną znajomą, panią Hanią, która tym się jedynie wyróżnia, że nosi bardzo dziwne kapelusze. W tej identyfikacji dopomaga imponujący czasokres estradowego stażu Bielickiej. Trzepie te swoje pyskówki niemal pół wieku, towarzysząc swym dzisiejszym widzom nieledwie od kołyski. Lubi powtarzać anegdotę, że jakaś paniusia zakrzyknęła na jej widok: *Pani to albo Bielicka albo Ćwiklińska, tylko nie wiem, która z was umarła!*

Absolwentka warszawskiego PIST (1939). Do teatru w Wilnie zaangażowała się z dniem wybuchu II wojny światowej, zdążyła przecież w litewskim już mieście zagrać kilka niezłych ról (Dorynę w molierowskim *Świętoszku*), zdążyła poślubić kolegę z roku, Jerzego Duszyńskiego. Po 1945 dotarła do Łodzi, gdzie związała się z teatrem Erwina Axera, ale presja estradowych ofert odciągnęła ją od dramatu. W 1946 pojawiła się w krakowskim kabarecie Siedem kotów, potem jeździła w ekipie Ludwika Sempolińskiego, w 1954 zdecydowała się na pracę w T. Syrena, gdzie zresztą grała też role pełnospektaklowe: Kamillę w *Żołnierzu królowej Madagaskaru*, *Madame Sans-Gêne* Minkiewicza i Marianowicza, *Panią prezesową* Hennequina, Coco

Hanna Bielicka

Hanka Bielicka

w *Bądź moją wdową* Mithois, *Żonę pana ministra* Nusića. Przeważnie przecież mówiła te swoje monologi, które pisali jej Bogdan Brzeziński, Gozdawa i Stępień, Jerzy Baranowski, potem Zbigniew Korpolewski i Ryszard M. Groński. Mówiła z niezrównanym temperamentem. Tym krzykliwym, charakterystycznym głosem, o którym Gozdawa i Stępień napisali, że to *najpiękniejsza chrypka świata*. Na film i telewizję właściwie nie miała już czasu. Na normalne życie rodzinne też nie. Spalała się na estradzie. Dziś twierdzi, że tego nie żałuje.

Iwona Bielska

ur. 7 IX 1952, Łódź

Aktorka związana z krakowskim T. im. Słowackiego, gdzie od samego debiutu pochłonięta jest wypruwaniem podszewek z pięknych, teatralnych legend. Gdy po ukończeniu w 1977 krakowskiej PWST debiutowała u Skuszanki rolą uwiedzionej, nieszczęsnej, a godnej Hanki w *Moralności pani Dulskiej*, to zagrała ją niczym postać z Witkacego. I spodobało się. *Balansowanie na pograniczu farsy i melodramatu okazało się doskonałą kreacją młodej aktorki* – orzekła krytyka. Rejestr podobnych zabiegów w radosnym wykonaniu Bielskiej stał się długi. Od szekspirowskiej Ofelii (*gorzka i nieszablonowa*) po Raniewską w *Wiśniowym sadzie* Czechowa (1994), którą pokazała jako *groteskową, zwariowaną, starszą damę*. Nie ogranicza się jedynie do bohaterek dzieł klasycznych. Do bardziej pamiętnych jej osiągnięć należy Marta z *Kto się boi Virginii Woolf?* Albee'go (1988), grana gościnnie w Teatrze STU i nagrodzona przez publiczność Rzeszowskich Spotkań: *wulgarna i wyzywająca, amoralna i prowokacyjna, a przecież aktorka potrafiła nas przekonać, że pod*

Iwona Bielska w filmie *Wilczyca* Piestraka

tym wszystkim *kryje się dramat kobiety wrażliwej i subtelnej, która nie może pogodzić się z regułami gry, jakie narzuca życie* (Henryk Pawlak). Bielskiej istotnie mniej zdaje się chodzić o krykliwe epatowanie widza samą odmiennością odczytania roli czy drastycznością jej wykonania – ona szuka środków dla sugestywnego przekazania istoty dramatu. *Iwona dąży do prawdy przez rozdrapywanie siebie* – powiedział mąż artystki, znakomity inscenizator, Mikołaj Grabowski. I chyba wiedział, co mówi, gdyż Bielska nie oszczędzając swych bohaterek, nie oszczędza także na scenie i własnej osoby. Zaszokowała Kraków, pokazując się we współczesnym melodramaciku *Ona* Maciąga (1996) w opiętej sukienczynie, z rozczochranymi włosami, *nie mając oporów przed odsłonięciem najmniej atrakcyjnych fragmentów swej urody* („Gazeta Krakowska"). Proces destrukcji potrafi przy tym artystka przeprowadzić i bez uciekania się do zewnętrznej groteski. Zły ogień tli się już w jej duszy. Wspaniale umiała go rozniecić w filmowej *Wilczycy* Piestraka (1990), gdzie skażony diabłem duch zmarłej chłopki wciela się w ciało psychodelicznej nieco ziemianki. *Tylko ona jedna, aktorka o pewnej inklinacji do nadmiernej ekspresji, tu jednak właśnie na miejscu, wyznaczała temperaturę filmu, aurę zagadkowej fascynacji, miała nienaturalny ogień w oczach, wyzywającą zaczepność w zachowaniu i odcień drapieżnego okrucieństwa w szerokim, wielozębnym uśmiechu wilczycy* (Władysław Cybulski). To zabawne, że ta nawiedzona duchem niszczenia artystka ma w sobie także wspaniałą siłę komiczną. *Potrafiłaby rozśmieszyć nawet Waldemara Pawlaka* – orzekła krytyka po premierze *Opisu obyczajów II* Grabowskiego w T. im. Słowackiego (1996). Z innych ról filmowych: Magda w *Znakach zodiaku* Zalewskiego, Justyna w *Ćmie* Zygadły, Krystyna w *Próbie ognia i wody* Olszewskiego. Z ról telewizyjnych: Karin w *Eryku XIV* Strindberga.

Jerzy Bińczycki

ur. 6 IX 1937, Kraków ☆ 2 X 1998, Kraków

Swą karierę mógłby podzielić na to, co przed Niechcicem, i na to co potem. Kreacją w *Nocach i dniach* Antczaka (1976) utrwalił się aktor w powszechnej świadomości. Utrwalił poprzez wyjątkową prawdę swej gry,

Jerzy Bińczycki w filmie *Noce i dnie* Antczaka

którą uzyskiwał nie efektownym dramatyzmem, lecz nagromadzeniem mnogości drobnych reakcji, spojrzeń, przebarwień głosu. A przed Niechcicem był dyplom krakowskiej PWST (1961), cztery pracowite, ale niezbyt bogate (Jasiek w *Weselu*!) sezony w katowickim T. im. Wyspiańskiego i dziesięć lat w Starym T. w Krakowie. Te zaczęły mu się od Edka w *Tangu*, czyli dobrze i źle. *Od Edka dostaje ten aktor role dość szczególnego typu, mianowicie ludzi, którym myślenie sprawia wyraźną trudność, którzy przy tej czynności muszą marszczyć mocno czoło – ale każdą z nich tworzy w dużym formacie!* (Zygmunt Greń). Niechcic wszystko to odmienił. Już w 1977 zagrał Bińczycki w wajdowskiej inscenizacji *Wesela* Gospodarza. Zachwycił nie tylko całkowitym odejściem od swych barw wczorajszych, ale i finezją w gospodarowaniu dzisiejszymi: *snuje się sennie po scenie, grzeczny i gościnny, uśmiecha się uprzejmie, kiedy wyjmuje rękę z kieszeni, macha nią z wolna, jakby odganiał muchy jesienne. Co chwila gdzieś przysiada, jakby nawet stać mu się nie chciało* (Jan Kłossowicz). Wkrótce potem przychodzi kolejny sukces filmowy: *Znachor* Hoffmana, który nie narzucił już przecież aktorowi jakiejś spektakularnej nowej maski. Bińczycki gra po prostu role różne. Od tragicznego Terezjasza w *Antygonie* Sofoklesa (1981) po groteskowego w swej żałości Dulskiego w *Z biegiem lat, z biegiem dni* Wajdy, od pomysłowo różnicowanych epizodów po wielką rolę Peppino w utrzymanym w stylu Felliniego melodramacie *Zatrudnimy starego clowna* Visnieća (1996). Tam pokazuje, że potrafi zapiać na scenie dyszkantem i uciszyć widownię przejmującym monologiem króla Leara, przekomarzać się filuternie z kamratami i wzruszająco, bo spokojnie umrzeć.

A przy tym wszystkim był niekwestionowanym liderem zespołu aktorskiego w swym teatrze. *Posiada szczególny dar skupiania wokół siebie kolegów –* twierdził Aleksander Fabisiak *– może dlatego, że ma olbrzymie poczucie humoru. To jego naczelna cecha, która pozwala mu zyskać dystans do wszystkiego, co robi.* I właśnie koledzy zaproponowali latem 1998 roku Bińczyckiego na dyrektora Starego T. Niestety, był nim krótko.

Henryk Bista

12 III 1934, Katowice ✫ 8 I 1997, Warszawa

Był jednym z tych, o których mawiało się ongiś, że to „aktor techniczny". Opanowanie rzemiosła scenicznego sięgało u Bisty stopnia absolutu, zezwalając na uzyskiwanie sukcesów w rolach całkowicie różnych, choć nigdy nie na czynienie tych ról różnych podobnymi. Absolwent warszawskiej PWST (1958) rozpoczął pracę od Ateneum, jeszcze u boku swego profesora, Jacka Woszczerowicza, grając w *Procesie* Kafki. Po dwóch sezonach przeniósł się do Lublina, stamtąd po roku do Gdańska (1962). Długie lata pracy w T. Wybrzeże, gdzie współtworzył z takimi reżyserami, jak Marek Okopiński, Stanisław Hebanowski, Ryszard Major czy Krzysztof Babicki, ukształtowały w imponujący wręcz sposób skalę możliwości aktora. Od Jagona (*Otello* Szekspira) po Gospodarza w *Weselu*, od Lucyfera w *Samuelu Zborowskim* Słowackiego po beztroskiego poetę, Gorgoniusza w *Cyganerii Warszawskiej* Nowaczyńskiego. W liczącym kilkadziesiąt pozycji raptularzu najwięcej było ról takich, o których stary obyczaj kazał używać określenia „czarne charaktery", a którym sam aktor wołałby może przydać miano diabolicz-

Poczet aktorów polskich

Henryk Bista w filmie
*Między ustami a brzegiem
pucharu* Kuźmińskiego

nych. Bistę zdawał się bawić swoisty triumfalizm zła, czynił ze swych bohaterów niemal marionety, owładnięte potrzebą niszczenia i gwałtu. Niszczył słowem: w *Samuelu Zborowskim*, nagrodzonym na XIX Festiwalu Toruńskim, znakomicie prowadzone tyrady aż kipiały od jadowitości. Gwałcił, zdarzało się, że i czynem: trudna do zapomnienia scena w *Maleńkiej Alicji* Albeego, gdzie grał Adwokata. A ta sutenerska nadgorliwość jego Milosa w *Cmentarzysku samochodów* Arrabala! Ukoronowaniem tej linii stał się *last but not least* Hitler w telewizyjnym serialu *Przed burzą* (1977). Obok tego zaś słoneczne etiudy wesołości, których przykładem Fujarkiewicz (*Dom otwarty* Bałuckiego), co rozśmieszał partnerów i widzów parady parading po salonie w zbyt obszernych kaloszach, albo wesołutki Radost w *Ślubach panieńskich*. Panując nad zgrozą i nad śmiechem publiczności aktor zdawał się chwilami odczuwać obawę, czy aby rządzi także jej wzruszeniem? Próby odpowiedzi nie przyniósł także krótki okres, jaki spędził Bista w warszawskim T. Współczesnym, choć przydał do listy jego sukcesów kilka kolejnych, świetnie skomponowanych ról. Zmarł nagle, w rozkwicie sił twórczych.

Joanna Bogacka

ur. 17 XII 1945, Gdańsk

W 1968 wystartowała w T. Wybrzeże ku karierze amantki, mając w wianie talent, dziewczęcy wdzięk i kobiecą urodę. Tak też zagrała Laurę w *Przedwiośniu* Żeromskiego, Florze w pamiętnym *Ulissęsie* Joyce'a dodała więcej zmysłowości, Kamilli w *Domu otwartym* Bałuckiego więcej rozszczebiotania. Zmiana kierownictwa teatru narzuciła tymczasem zespołowi konieczność intelektualizacji stylu, Bogacka rolą ponętnej jawnogrzesznicy Dilii w *Cmentarzysku samochodów* Arrabala (1972) udowodniła, że potrafi wzbogacić swą kobiecość nawet o *perwersyjny masochizm* (Jerzy Niesiobędzki), podjęła jednak próby poszukania dla siebie teatru, w którym sama kobiecość wystarcza. Cztery sezony w Katowicach i Krakowie okazały się czasem zmarnowanym i jesienią 1976 wróciła do Gdańska. Zagrała Karolinę w *Nocy trybad* Enquista (reż. M. Kochańczyk), uruchamiając cały swój osobisty czar, łącząc go przecież z wyrafinowaną grą psychologiczną, jakiej domagał się autor. Nawet nieskory do pochwał Andrzej Żurowski komplementował: *pokazała egzystencjalną samotność człowieczą* (sic!). Zaczęła więc

Joanna Bogacka w filmie *Koniec sezonu na lody* Szyszki

marnotrawna córka otrzymywać znów ciekawe role, głównie od reżysera Ryszarda Majora: Oliwii w *Wieczorze Trzech Króli*, Iriny Wsiewołodowny w *Szewcach* Witkacego, Matki w *Ślubie* Gombrowicza, Księżnej w *Operetce* tegoż autora. Momentem przełomowym w karierze stał się zaś występ gościnny na scenie T. Dramatycznego m.st. Warszawy, gdzie zagrała Arkadinę w *Mewie* Czechowa (1991). Zachwyciła się jej grą stołeczna prasa: *z prawdziwym mistrzostwem ukazuje, jak jej podstarzała diwa zabawnie chroni resztki swej młodości* (Andrzej Wanat). Udowodniła tą rolą, że aktorka zwycięża w niej amantkę. Nagrodę otrzymała z rąk jury Spotkań Kaliskich. Kolejne role, już na macierzystej scenie, gruntują sukces. Ellida Wangel w *Kobiecie z morza* Ibsena (1992) zostaje uznana przez krytykę norweską za arcydzieło, krytyka polska zachwyca się brawurowo wykonaną Idalią w *Fantazym* (1993), publiczność ryczy ze śmiechu, gdy w *Zmierzchu* Babla zjawia się na scenie jako podpita Jewdokia Potapowna Chołodenko, obtulona grubą warstwą barchanowych ciuchów (1997). Tylko że potem wszyscy milkną w skupieniu, gdy na premierze *Shapiro* Sidona (1997) artystka intonuje dźwięcznym głosem nastrojowy psalm. Jest dziś Bogacka jedną z gwiazd sceny gdańskiej. Wywalczyła sobie ten status. Brawo!

Mariusz Bonaszewski

ur. 26 VIII 1964, Koszalin

Idol młodego pokolenia, naznaczony syndromem Hamleta. Talent, wspaniałe warunki zewnętrzne, ogień w głosie, wdzięk w uśmiechu, a smętek w duszy. Suma cech istotnie nieco hamletyczna. Do teatru zgłosił się wprost z liceum, w Słupsku uczestniczył w jakichś przedstawieniach, ponoć *Edypa króla*, ponoć Makuszyńskiego. Po ukończeniu warszawskiej PWST (1988) trafił do T. Dramatycznego m.st. Warszawy, a nie był to tej zasłużonej sceny okres najciekawszy. Zaliczył sobie jednak udział w zbiorowym sukcesie *Kubusia Fatalisty* Diderota (nagroda zespołowa na Konfrontacjach Opolskich, 1989). Pierwszą prawdziwą szansę dał mu Maciej Prus, obsadzając jako Hrabiego Henryka (*Nieboska Komedia* Krasińskiego, 1991), a po-

Mariusz Bonaszewski

Mariusz Bonaszewski

tem młody reżyser, Andrzej Domalik wymarzył sobie, że młody aktor zagra *Hamleta* (1992). Przedstawienie miało charakter prowokacyjnie młodzieżowy, młodzież je zaakceptowała, Bonaszewski posmakował pierwszych przyjemności sukcesu. Miał już za sobą film *Światło odbite* Titkowa, gdzie grał postać wzorowaną na Andrzeju Bursie, to także był łącznik pomiędzy aktorem a młodą widownią. W 1994 Bonaszewskiego zaprasza T. Polski z Wrocławia, ma grać tam Fryderyka w *Kasi z Heilbronnu* Kleista, reżyseruje Jerzy Jarocki. Trud prób z tym niecodziennym reżyserem wyzwolił w młodym aktorze wszystkie skryte energie, dał mu też prawdziwą radość panowania nad słowem, sterowania emocjami. *Kasia z Heilbronnu* była jakby pierwszym repetytorium z rzemiosła, druga z wrocławskich ról u Jarockiego, czechowowski *Płatonow* (1996) okazała się wydarzeniem. Tym razem nagrodę otrzymuje Bonaszewski już samodzielnie, na Spotkaniach Kaliskich. Krytycy określają rolę jako *karykaturę Hamleta w rosyjskim wydaniu*, podoba się, *że młody wykonawca z zaskakującą precyzją ukazał całe wewnętrzne rozdarcie swego bohatera, ów bezruch fizyczny i duchowy, w jaki Płatonow zapada* (Roman Pawłowski). Bonaszewski zalicza kolejne filmy, można powiedzieć, że kształtuje mu się już własny image: Janek w *Nocnych ptakach* Domalika, *Śmierć dzieciotoba* Nowaka, *Deszczowy żołnierz* Saniewskiego. Do współpracy zaprasza go stołeczna Scena Prezentacje, partneruje tam Bożenie Dykiel w melodramaciku *Ninoczka* Lengley'a (1996). Na macierzystej scenie partneruje z kolei Danucie Stence – jest Orestesem w *Elektrze* Sofoklesa (1997), a cień Hamleta towarzyszy mu i tutaj: *Targany podobnymi wątpliwościami, co książę Danii, wydaje się bardziej powściągliwy, wyciszony i otwarty* (Jerzy Jasiński). Na szczęście o rzeczonej *Ninoczce* pisano: *Bonaszewski sprawdził się jako niewierny kochanek!*

Obecnie występuje w T. Narodowym.

Kazimierz Brusikiewicz

16 II 1926, Wilno ✭ 21 I 1989, Warszawa

Pochodził z aktorskiej rodziny wileńskiej, ojciec wzbraniał mu pracy w teatrze, ale urzeczony *vis comica* młodzieniaszka Ludwik Sempoliński swą przyjacielską interwencją spowodował, że piętnastolatek zadebiutował w małej rólce w *Krakowiakach i Góralach* Bogusławskiego (T. Lutnia, 1941), po czym uczęszczał do konspiracyjnej szkoły dramatycznej prof. Stefana Srebrnego; lata okupacyjne dopełnił półroczny pobyt w gułagu w Kałudze. W maju 1945 zjawił się Brusikiewicz w Łodzi, w rok potem był już w T. Ziemi Pomorskiej w Toruniu. Dyr Wilam Horzyca propagował tam repertuar poetycki, grał zatem Brusikiewicz w sztukach Chestertona, Szaniawskiego, Jesienina – anegdota głosi, że Horzyca obejrzawszy go w jednym z takich spektakli dostał kolki ze śmiechu, po czym obsadził jako Fikalskiego w *Domu otwartym* Bałuckiego (1947). Po krótkim stażu w teatrach poznańskich, znalazł się w stołecznym T. Satyryków (1951), a następnie w jurandotowskiej Syrenie, gdzie niemal do samej śmierci odnosił niebywałe sukcesy, zwłaszcza w widowiskach kabaretowo-rewiowych. Miał jakby wykupiony u widzów glejt na wieczny śmiech, który mu towarzyszył od wkroczenia na scenę aż po ostatnie bisy. Reprezentował aktorstwo spontaniczne: każda cząstka, każdy nerw jego cielesności zdawały się służyć zabawie. Oczy migotały śmiechem, ucho się ruszało, nos przekrzywiał, plecy skakały w drgawkach, nogi plątały, brzuch nadymał. Ten komizm z wyglądu nieco jarmarczny stawał się w jego wykonaniu do tego stopnia autentyczny, że nabierał znamion surrealizmu. Gdy pojawiał się na scenie w roli pełnospektaklowej, potrafił i ją przesycić żywiołem komizmu: Napoleon w *Madame Sans-*

Kazimierz Brusikiewicz w rewii *Hejże na stolicę*

-*Gené* Marianowicza i Minkiewicza, *Bliźniak* Gozdawy i Stępnia, *Szwejk*, finezyjnie zagrany wróżbiarz Terezjasz w *Saszy i bogach* Swinarskiego. Z licznych prac estradowych obłędną wręcz popularność zdobył jego Malinowski (szelmowski chłopek roztropek) dialogujący ze swym kierownikiem Florczakiem w radiowym *Podwieczorku przy mikrofonie*. To właśnie ta ogólnonarodowa miłość do Malinowskiego sprawiła, że artysta tak rzadko pojawiał się w mediach rywalizujących, w filmie i telewizji, choć zabłysnął dubbingowym majstersztykiem w dobranockowej seryjce *Między nami jaskiniowcami* jako rezolutny człowieczek Barry. Wielokrotnie występował przed publicznością polonijną w USA, Kanadzie, Szwecji i Wielkiej Brytanii, objeżdżał z koncertami całą Polskę. Zmarł w wyniku komplikacji cukrzycowych, w pełni sił twórczych. Osierocił syna i dwie córki, jego drugą żoną była Lidia Korsakówna.

Barbara Brylska

ur. 9 V 1941, Skotniki

Jedna z niewielu do niedawna aktorek polskich, która zdecydowała, że jej wyłącznym miejscem pracy ma być film. Zdecydowała, kiedy Jerzy Kawalerowicz zaproponował studentce II roku warszawskiej PWST rolę Kamy w *Faraonie*, ona zaś wiedziała, że status uczelni wzbrania przyjęcia takiej propozycji. Dyplom otrzymała dopiero po kilku latach (zresztą w Łodzi), ale jej Kama wpisała się do annałów polskiego kina. Perwersyjna, jak na tamte czasy, była też okoliczność, iż rola wymagała od aktorki grania nieledwie nago Brylska udowodniła, że nagość może stać się substytutem poezji. Urodę i młodość wzbogaciła w tej roli właśnie poezją ciała. *Ona jest cała kinogeniczna!* – zachwycił się Kawalerowicz. *Faraon* (1966) nie był pierwszym filmem Brylskiej. Debiutowała jako gimnazjalistka epizodem w *Kaloszach szczęścia* (1958), na pierwszym roku studiów zdążyła zagrać w *Yokmoku* Możdżeńskiego i w *Ich dniu powszednim* Ścibora-Rylskiego.

Barbara Brylska w filmie *Album polski* Rybkowskiego

Ale dopiero *Faraon* otworzył drogę do prawdziwej kariery. Potem była przesycona urokiem Krzysia Drohojowska w *Panu Wołodyjowskim*. Jeszcze dziewczęca. Potem Ewa w *Anatomii miłości* Załuskiego. Już w pełni kobieca. Uroda Brylskiej powodowała, że jej kobiety w kolejnych filmach musiały przede wszystkim kochać. W filmach i serialach polskich (*07 zgłoś się*, *Dyrektorzy*, *Życie na gorąco*), radzieckich, czeskich, NRD-owskich, bułgarskich. W latach siedemdziesiątych staje się Brylska najbardziej wziętą amantką w filmach tej części Europy. Nie była nigdy amantką w stylu Barbie. Z filmów, w których pokazała, jak subtelnie potrafi nasycić swoje amantki bogactwem uczuć, wymienić trzeba *Album polski* Rybkowskiego (podwójna rola matki i córki), *Romans Teresy Hennert* Gogolewskiego, a zwłaszcza *Ironię losu* Riazanowa. Za Nadię z *Ironii* otrzymała jako pierwsza artystka zagraniczna Nagrodę Państwową ZSRR. Staje się stałym gościem festiwali filmowych całego świata. Cannes, Tokio, Teheran, Karlove Vary, Konakra, Tbilisi, Bangkok, Berlin. Ale ta programowa wierność kinu okazuje się z czasem uczuciem bez perspektyw. W 1990 zaproszono aktorkę do telewizyjnego studia, by obok Romana Wilhelmiego zagrała w tragifarsie Ionesco *Król umiera*. *Byłam przerażona* – wspomina – *nie wiedziałam, do której z kamer mam grać*. Tymczasem w kinie na amantkę nazbyt już leciwa, na pięćdziesięciolatkę zaś stale nazbyt piękna. Parę innych sławnych pań poznało już ten gorzki paradoks kina.

Teresa Budzisz-Krzyżanowska

ur. 17 IV 1942, Tczew

Jedyna bodajże heroina krakowska, która podbiła Warszawę (bo Mikołajska dotarła tu jednak *via* Wrocław). Przedtem systematycznie podbijała Kraków: od 1964 – T. Rozmaitości, od 1966 – T. im. Słowackiego, od 1973 – Stary T. (przez pięciolecie 1975-1980 jeszcze wieczory w Jamie Michalikowej!). Z tym Krakowem nie poszło jej jednak tak łatwo, konkurencja wśród pań była mordercza i przez wiele lat podwawelscy krytycy pisywali o Budzisz per *młoda*, *obiecująca*, co komplementem było jedynie z pozoru, a często wstępem do stwierdzeń, że *jeśli się Julkę rysuje grubo, jak w amatorskim teatrze, to nie ma sensu wystawiać „W sieci"* (tak pisał Zygmunt Greń po premierze dramatu Kisielewskiego w T. im. Słowackiego). Aktorka przecież wygrała. W tymże teatrze, który na swój jubileusz 60-lecia przygotował *Wesele* (1969), zagrała feeryczną Rachelę. Wszyscy pozakrakowscy krytycy przyznali jej zbiorowo miano objawienia. *Najpiękniej rozkwita na scenie, gdy przychodzi jej tam obcować z poezją* - orzekł współautor niniejszej książki na łamach „Kultury". Pełnym potwierdzeniem takich ocen stała się rola Joanny w *Nocy Listopadowej* Wyspiańskiego (Stary T., 1974). Tu już i Greń w lansadach: *z właściwym sobie talentem i taktem przedstawia zaczadzenie bohaterki, najpierw zmysłowością, a potem obłędem*. Bo też aktorka zespolona w partnerskiej doskonałości z Janem Nowickim - Wielkim Księciem pozwoliła Andrzejowi Wajdzie przeprowadzić nową interpretację starego dramatu, czyniącą z carskiego satrapy człowieka, a z samej Joanny *kobietę głęboko nieszczęśliwą, zakochaną złą miłością. Ich sceny intymne ukazywały parę ludzi uwikłanych w związek niemal sado-masochistyczny i rzuconych na burzliwe fale historii* (Maciej Karpiński). Zdążyła potem zagrać Budzisz-Krzyżanowska jeszcze Adelę w *Sklepach cynamonowych* Schulza, Siostrę Ratched w *Locie nad kukułczym gniazdem* Wassermana oraz w wajdowskim maratonie *Z biegiem lat, z biegiem dni* znów tę nieszczęsną Julkę od Kisielewskiego. Tyle, że tym razem powszechnie wychwalaną. W 1984 wyjeżdża na podbój stolicy. Do Krakowa wróci jeszcze na jedną premierę w Starym T., a będzie nią *Hamlet* w reżyserii Wajdy. I to ona zagra Hamleta (1989). W reżyserskim założeniu miał to być Hamlet bardzo męski (*Budzisz to najlepszy aktor* (!) *w Polsce* - dowcipkował Wajda), w realizacji okazał się przede wszystkim poetycki. Przypisanie poezji zdaje się być przeznaczeniem tej artystki. W Warszawie wiąże się z Jerzym Grzegorzewskim (*to ciągle niezadowolony ze swych działań bóg* - powie o nim) i jego T. Studio, gdzie iście ekscytująco zagra Muzę w *La Bohème* (1993). Gustaw Holoubek zaprosi ją na gościnny występ do Ateneum - w jego *Fantazym* będzie Idalią (1994). A jakby pragnąc udokumentować, iż poezja nie wyraża się tylko w biegu rymów, zagra też - również w Ateneum - narkomankę Mary w *Zmierzchu długiego dnia* O'Neilla. Przekazywać będzie dramat swej bohaterki środkami ostentacyjnie realistycznymi. Ruchem drżących rąk, spojrzeniem, załamaniem głosu. I wszystkiemu nada wymiar magii. Po czym znów wróci do poezji czystej, gdy Grzegorzewski inaugurować będzie T. Narodowy, w *Nocy listopadowej* wystąpi jako Demeter (1997). Nadal porywająca kunsztem w operowaniu melodią frazy, z której potrafi wyczarować bogactwo znaczeń.

Teresa Budzisz-Krzyżanowska

Teresa Budzisz-Krzyżanowska w filmie *Maskarada* Kijowskiego

Poczet aktorów polskich

Andrzej Buszewicz
ur. 29 VIII 1934, Łódź

Jeden z tych, co pracowicie budowali wspaniałość Starego T. w Krakowie. Pracoholizm jest zresztą od lat obsesją Buszewicza, cechuje go zwłaszcza przemożna chęć zgłębienia do końca wszystkiego, co teatralne. Zaczęło się to w toruńskim teatrzyku *Baj Pomorski*, gdzie pracował w sezonie 1953-54, zanim go wzięli do wojska. Już jako cywil zgłosił się na Wydział Lalkarski PWST w Krakowie, skąd trafił do Starego T. dopełniając studia

Andrzej Buszewicz jako Fikalski w *Domu otwartym* Bałuckiego, obok Joanna Żółkowska

Andrzej Buszewicz

na Wydziale Aktorskim i dodatkowo uczęszczając do studium reżyserskiego, jakie w 1963 prowadził w Krakowie Władysław Krzemiński. W trybie całkowicie indywidualnym zgłębiał przy tym technikę gry operowej, czemu niewątpliwie patronowała małżonka, Izabella Jasińska, skądinąd solistka Opery Bytomskiej. Z czasem miało go to wszystko doprowadzić do profesury w krakowskiej Akademii Muzycznej, a i do występów gościnnych w operetce. Na scenie macierzystej gra Buszewicz często, a psychofizyczne uwarunkowania powodują, że gra przeważnie mężczyzn barczystych, o pogodnej naturze. Byli wśród nich Radost z fredrowskich *Ślubów*, Poloniusz z *Hamleta* i Cześnik Raptusiewicz z *Zemsty*, reżyserowanej przez Andrzeja Wajdę (1986). Były także postaci z krakowskiej legendy, szczególnie ukochane przez tamtejszą publiczność: Alfons Kłaczek z *Romansu z wodewilu* Krzemińskiego (1980) i Fikalski z *Domu otwartego* Bałuckiego. Był też Ojciec z *Wesela*, jakie w 1991 reżyserował w Starym T. Andrzej Wajda. Wszystkich wywianował artysta w prostotę, humor i ciepło, które wnosi na scenę w ilościach tak znacznych, że starcza dla każdego widza. Co nie oznacza, iż stroni od tonów gorzkich i cierpkich. Tego z kolei dowodem pamiętna sekwencja z wajdowskiej *Nocy listopadowej*, gdy Buszewicz jako Jenerał Krasiński meldował Konstantemu przybycie wiernych carowi wojsk i wzbogacił się o ordery, które Konstanty (*Wy nie wierzycie w Polskę? co? a ja w nią wierzę!*) zdarł przedtem z własnej piersi, podeptał w furii, by potem przypiąć zdrajcy. Buszewicz rozgrywał tę wielką, choć dla niego w tekst skąpą, scenę z mistrzowskim dramatyzmem. Dziś grywa już rzadziej. Ma więcej czasu dla swej ukochanej kolekcji zegarów...

Marian Cebulski

ur. 21 III 1924, Kraków

W mieście rodzinnym występuje już ponad pół wieku, rozpoczynając w 1942 w konspiracyjnym studio Adama Mularczyka. Od 1947 związany nieprzerwanie z T. im. Słowackiego. Aktor prawdziwie wszechstronny, czemu dał wyraz przez 30 lat brylując w kabarecie Jama Michalikowa i popisując się wraz z Wiktorem Sadeckim w sławnym duecie braci Gzymsików, pary ludowych mędrków ze Zwierzyńca. Nie lubi przecież, gdy go zwą komikiem: *Mówią tak o mnie często, a to nieprawda! Lubię też role tragiczne, po-*

Marian Cebulski jako *Pan Jowialski* Fredry

siadające mocny, wewnętrzny rysunek psychologiczny. Można więc jedynie mówić o pewnej mej charakterystyczności, wynikającej z warunków zewnętrznych. Charakterystyczności tej dawał uroczy wyraz jako Sganarel (*Don Juan* Moliera), Szczastliwcew (*Las* Ostrowskiego), czy kapitalny Papkin: *lekkomyślny chłystek, o słabej woli, pechowy, ale nie biorący niczego tragicznie, obdarzony miłym usposobieniem urodzonego optymisty* (Wojciech Natanson). Mocny rysunek tragizmu demonstrował z kolei jako *Jegor Bułyczow* Gorkiego, Ksiądz Piotr w *Dziadach*, Molier w *Zmowie świętoszków* Bułhakowa. Cały Kraków pamięta Starego Aktora w *Wyzwoleniu* Wyspiańskiego (1990), gdy *wyszedł na pięć minut i bez reszty zawładnął widownią. Dawno nie słyszano tak wstrząsającego i osobistego monologu. Po ostatnich słowach: „Mój ojciec był bohater, a my jesteśmy nic", publiczność stojąc nagrodziła go oklaskami* (Paweł Szumiec). Przetrwał w teatrze z dziesięciu dyrektorów i miało się okazać, że to on jest fundamentem tej historycznej sceny – swój styl gry kształtując świadomie na pięknych tradycjach starej szkoły krakowskiej. I tak właśnie grał ostatnio fredrowskiego *Pana Jowialskiego* na gościnnych deskach T. Ludowego w Nowej Hucie (1997). Z pogodą i uśmiechem. A oklaski nadal ma długotrwałe...

Stanisława Celińska

ur. 29 IV 1947, Warszawa

Pierwszy sukces wyśpiewała sobie w 1969 na festiwalu opolskim – za dramatyczny song *Ptakom podobni* otrzymała główną nagrodę. Sukces prawdziwie wielki przyniósł jej później film *Krajobraz po bitwie* Andrzeja Wajdy. W roli dziewczyny o przekształconej przez wojnę psychice *nie zrobiła ani jednego fałszywego gestu, ani jednego mylnego kroku. Była prawdziwa, przejmująca i przedziwna* (Konrad Eberhardt). Właśnie tę jej przedziwność umiał sprzedać ze sceny Erwin Axer, gdy pracowała w latach 1969-1974 w jego T. Współczesnym. Jej bohaterki wyróżniała jakaś niezwykłość, ale taka, co brzmi czysto: *Sama słodycz* Iredyńskiego, Fontanella w *Learze* Bonda, Zofia w *Matce* Witkacego. Grała z Mikołajską i Łomnickim. *Te pięć lat* – wspomina Celińska – *dały mi umiejętność odróżniania prawdziwej sztuki od blichtru*. Z Łomnickim miała się jeszcze zetknąć w T. na Woli – za rolę Synowej we

Stanisława Celińska
jako Zofia Plejtus
w *Matce* Witkacego

Wcześniaku Redlińskiego otrzymała swą pierwszą nagrodę prawdziwie aktorską na Spotkaniach Kaliskich (1978). Wiąże się jeszcze w życiu z licznymi teatrami w stolicy, ostatnio działa w T. Studio, ale najczęściej pojawia się na ekranie i estradzie. Gra Agnieszkę w *Nocach i dniach* Antczaka, Zosię w *Pannach z Wilka* Wajdy. W 1985 zdobywa kolejną nagrodę – na szczecińskim Przeglądzie Teatrów Małych Form za poetyckie widowisko *De profundis*. Stosunkowo wcześnie przybierając na wadze, potrafi ze swej sylwetki uczynić argument w zawodzie. Staje się prawdziwą ozdobą drugiego planu wielu filmów. I to w różnorodnych wcieleniach. W *Faustynie* Łukaszewicza jest zacną siostrą Marceliną. W *Spisie cudzołożnic* Stuhra równie poczciwą damulką z marginesu życia. Za te dwie role nagrodzono ją na Festiwalu Filmowym w Gdyni (1995): *Siłą Celińskiej jest to, że potrafi bezbłędnie połączyć elementy dramatu i komedii, histerii i melancholii, krzyku i ciszy* („Film"). Pojawiła się też w *Pannie Nikt* Wajdy. *Dobrze zrobiła mi zmiana emploi po przekroczeniu czterdziestki, wejście w kobietę dojrzałą i postawną. Ale najlepiej czuję się rolach poetyckich, bo unoszę się wtedy – wraz ze swoimi kilogramami – nad ziemię!* Poezję i poczucie humoru najpełniej łączy w piosence, czego dowiódł jej ostatni recital *Uśmiechnij się*.

Iga Cembrzyńska

ur. 2 VII 1939, Radom

Swój pierwszy sukces zawdzięcza sztuce, którą jakby na tę okazję po stuleciu przypomniano – Adam Hanuszkiewicz wygrzebał gdzieś z lamusa tekst ojca Conrada, Apolla Korzeniowskiego, *Dla miłego grosza*. Cembrzyńska grała tam główną rolę kobiecą – młodziutką, acz nad swój wiek wyspekulowaną Annę. *Mimo wyraźnych jeszcze braków rzemiosła (niedostateczna umiejętność płaczu) wykazała talent* – zawyrokował sędziwy Wojciech Natanson (T. Powszechny, 1963). W krótkim stosunkowo czasie Cembrzyńska zdążyła się także zaznaczyć na estradzie i w telewizji. W Opolu nagradzano jej przeboje: *Z kim tak ci będzie źle, jak ze mną* Matuszkiewicza, *W siną dal* Orłowa. Włączono ją do polskiej ekipy koncertującej w paryskiej *Olympii* (1965). Jej różnorodne występy na małym ekranie nagrodzono dwukrotnie Srebrną Maską (1965, 1966). Dynamizm wyróżnia artystkę tak na scenie, jak i w życiu. Dobiera sobie pełne seksu piosenki i drapieżne role, w których efektownie brzmi jej chrapliwy nieco głos, a które przepełnia

Iga Cembrzyńska jako Anna w *Dla miłego grosza* Korzeniowskiego

zwierzęcą wręcz witalnością. W 1967 przenosi się do T. Ateneum, gdzie pozostanie na etacie do 1982. Wydaje się przecież, że tradycyjny teatr pociąga ją mniej niż inne media. Odnosi co prawda kolejne sukcesy: *Apetyt na czereśnie* Osieckiej (1968, z Marianem Kociniakiem), a do formy dwuosobowego musicalu powróci jeszcze w *Prywatnym życiu Piotrusia Pana* Markowskiego (1977, z Romanem Wilhelmim), ale na listę swych prywatnych priorytetów wpisuje coraz wyraźniej film, szczególnie chętnie pracując z Barbarą Sass-Zdort i Andrzejem Kondratiukiem. Z ważniejszych tytułów: *Rękopis znaleziony w Saragossie, Gwiezdny pył, Klakier, Krzyk, Wrzeciono czasu, Mleczna droga*. Od kilkunastu lat obrała sobie status wolnego strzelca. I choć próbuje sporadycznie współpracy z teatrami, głównie interesować ją wydaje się monodram, najchętniej barwiony piosenką, balladą, songiem. Wraz z mężem, Andrzejem Kondratiukiem zajmuje się też działalnością menażerską, w wolny czas uciekając do ukochanej daczy nad stawkiem, za Serock.

Krzysztof Chamiec

ur. 2 II 1930, Andruga

Źródła biograficzne podają, że *zdał egzamin eksternistyczny w Krakowie, 1953* (Marta Fik) lub *studia – PWST Warszawa, 1954* (*Kto jest kto*). Prawda bardziej była skomplikowana. Pochodzący z ziemiańskiej rodziny kandydat na aktora wpisał do ankiety personalnej, iż wywodzi się z małorolnych chłopów, za co go z hukiem wyrzucono ze stołecznej PWST, po cichu załatwiając etat w skromnym T. im. Fredry w Gnieźnie. Zagrał tam brawurowo Kochanka w *Ich czworo* Zapolskiej (1953), potem w kaliskim T. im. Bogusławskiego równie świetnie Marchbanksa w *Kandydzie* Shawa (1954), by ostatecznie wylądować w krakowskim T. im. Słowackiego. Niewątpliwy talent i znakomite warunki zewnętrzne sprawiły, że sięgał po role największe, szczególnie sobie ceniąc repertuar szekspirowski. Wrodzony temperament narzucał mu aktorstwo spontaniczne, umiał je przecież wzbogacić finezją, rolom swym nadając nieraz, z jawną przekorą, zaskakującą wręcz wymowę, o którą potem spierali się długo krytycy. I tak Zygmunt Greń wadził się

Krzysztof Chamiec

Krzysztof Chamiec jako Stawrogin w *Biesach* Dostojewskiego

z nim o *Koriolana* (Stary T., Kraków, 1962), Wanda Karczewska o *Kaligulę* Camusa (T. im. Jaracza, Łódź, 1965), Marta Fik o Stawrogina w *Biesach* Dostojewskiego (T. Ateneum, Warszawa, 1971). Istotne jest przy tym, że wadzili się z pełnym dla aktora szacunkiem: *to artysta oszczędny w środkach, raczej grający niedomówieniami, niż przerysowujący rolę; pozostawia widzowi pole do współgry jego wyobraźni* (W. Karczewska). Kiedy zaś przestawali się spierać, wypisywali na ogół laurki: *Chamiec z zadziwiającym doświadczeniem, lekko i swobodnie porusza się po niepewnym gruncie tego wieloznacznego utworu, o którym trudno powiedzieć, czy jest komedią, tragedią, czy farsą* (Z. Greń po *Troilusie i Kresydzie* Szekspira, T. im. Słowackiego, 1961). Z równą swobodą i lekkością przemieszczał się Chamiec po teatralnej mapie Polski: wspomniane teatry Krakowa i Łodzi, potem warszawskie Ateneum, Narodowy i Polski, potem znów Narodowy, Studio i znowu Polski. Zagrał tam cały wielki kanon światowej klasyki: Jakub w *Jak wam się podoba* Szekspira, *Cyrano de Bergerac* Rostanda, Wojewoda w *Mazepie* Słowackiego, Ksiądz Robak w *Panu Tadeuszu* Mickiewicza, Kossakowski w *Horsztyńskim*, Mikołaj I w *Maskaradzie* Iwaszkiewicza, Faust w *Pasjach doktora Fausta* Sity, Nieszczęśliwców w *Lesie* Ostrowskiego, a na awangardowy dodatek *Dantego* Szajny i Leara w *Miasto liczy psie nosy* Grzegorzewskiego. Ze swych ról filmowych artysta lubi *Kazimierza Wielkiego* Petelskich, a nie cierpi *Kamiennych tablic*, w których grał ze swą ostatnią żoną, Laurą Łącz. Z domu chętnie wymyka się na ryby i grzyby. Ostatnio daje do zrozumienia, że woli to niźli teatr.

Maria Ciunelis

ur. 28 VI 1961, Ostróda

Reżyserzy najczęściej widzą mnie jako takie wychudzone, nieszczęśliwe kaczątko, którego nikt nie chce i nikt nie kocha – z dość okrutną szczerością precyzuje swe miejsce w szeregu młoda aktorka, której ogromny sukces przyniosła w 1988 rola Sary Norman w *Dzieciach mniejszego Boga* Medoff. *Ciunelis gra głuchoniemą. Nie wypowiada ani jednego słowa, choć przez cały spektakl prowadzi (językiem migowym) żywy, wielobarwny, pełen dramatycznych spięć dialog z Krzysztofem Kolbergerem. Gra językiem migowym i tworzy w nim prawdziwą kreację aktorską* (Paweł Chynowski). A przedtem był dyplom warszawskiej PWST (1984), jeden sezon bez wrażeń w T. Polskim i kilka udanych ról w Ateneum: Chantal w *Balkonie* Geneta, Maria w *Marii i Woyzecku* wg Büchnera, Duniasza w *Wiśniowym sadzie*, Pięknowska w *Szalbierzu* Spiro. Podsumowała je nagroda im. Schillera. Za Sarę otrzymała nagrodę im. Wyspiańskiego, nagrodę im. Zelwerowicza i nagrodę fundacji im. A. Śląskiej za „najciekawsze dokonania artystyczne na scenie Ateneum" (1990). Do osiągnięć artystki doszły w międzyczasie *Iwona, księżniczka Burgunda* oraz Anita w *Antygonie z Nowego Jorku* Głowackiego. W filmie zagrała Frankę w *Dziewczętach z Nowolipek* Sass-Zdort i Teresę w *Przez dotyk* Łazarkiewicz, gdzie partnerowała Grażynie Szapołowskiej. Sumuje się to wszystko w stwierdzeniu, że istotnie lgną do Ciunelis te

Maria Ciunelis w filmie *Dziewczęta z Nowolipek* Sass

role kobiet przepełnionych smutkiem, boleśnie doświadczonych, choć przed brutalnością życia broniących się poczuciem własnej wartości bądź własnej inności. Ostatnio artystka wyraźnie dokłada starań, by swoje bohaterki wyposażyć w barwniejszą charakterystyczność (Aktorka w *Korowodzie* Schnitzlera, 1997), próbuje też zagrań bliższych farsie (Sofia Kapuchina w *Śnie wujaszka* Dostojewskiego, obok Anny Seniuk). Nowych doświadczeń gotowa jest szukać nawet na scenie T. Syrena.

Zbigniew Cybulski

3 XI 1927, Kniaź ☆ 8 I 1967, Wrocław

Mówiono o nim „polski James Dean". Był idolem młodzieży, podziwiającej jego swobodę w życiu i grze, ubierającej się wedle jego mody, od *battledressu* po czarne okulary. Widziano w nim kogoś więcej, niźli aktora – był *wielki, młodzieńczy, wodzowski, misjonarz, goniący gdzieś myślami, lubiący rzeczy duże i mocne słowa* (Jerzy Afanasjew). Absolwent krakowskiej PWST (1953), do której trafił po dwuletnim studiowaniu w Akademii Handlowej. Zaczynał z grupą krakowskich kolegów na Wybrzeżu, ale szybko znudziły go role w tradycyjnym repertuarze, nawet gdy były znaczące (Ferdynand w *Intrydze i miłości* Schillera, Bukowicz w *Grzechu* Żeromskiego). W 1954 zakłada Bim-Bom, teatrzyk z pozoru studencki, próbujący przecież budować przestrzeń ucieczki dla wszystkich. Nie interesowała go bieżąca polityka, szukał rozwiązań dla zagadek egzystencjalnych. Na scenę zawodową powrócił dopiero wtedy, gdy dyrektor T. Wybrzeże, Zygmunt Hübner stworzył jemu i zaprzyjaźnionemu Bogumiłowi Kobieli szansę odpowiadania na te pytajniki. Reżyseruje *Przy drzwiach zamkniętych* Sartre'a, wspólnie z Kobielą *Jonasza i błazna* Broszkiewicza; aby zademonstrować, że docenia także ozdrowieńczą wartość śmiechu, sięga po bulwarową farsę *Król* Caillaveta i Flersa. Sam przejmująco gra narkomana Johnnego w *Kapeluszu pełnym deszczu* Gazzo oraz testującego granice człowieczeństwa Jana w *Pierwszym dniu wolności* Kruczkowskiego. Po dymisji Hübnera przenosi się z Trójmiasta do warszawskiego T. Ateneum, gdzie przez 160 wieczorów ściąga publiczność na *Dwoje na huśtawce* Gibsona (1960). Jego neurotyczna, przesiąknięta wewnętrzną wibracją obecność na scenie łamie tradycyjne reguły gry aktorskiej. Rektor PWST, Jan Kreczmar woła z rozpaczą „przecież on nic nie umie!" Ale właśnie te Zbyszkowe nicnieumienie przemawia do wyobraźni młodego pokolenia.

Grał w 20 filmach. Jego udziałowi wszystkie one zawdzięczały co najmniej część swej artystycznej nośności. Listę otwiera *Popiół i diament* Wajdy (1958), a w nim Maciek Chełmicki, którego kilka pokoleń Polaków uznało za swój portret własny. Dzięki grze Cybulskiego ówczesne władze i społeczeństwo uzgodniły ze sobą pogląd na istotę powojennego dramatu młodych ludzi z AK. Pogląd był zaledwie utylitarny, ale i to wystarczyło, by nadać aktorskiej kreacji wymiar metafizyczny, co w praktycznym efekcie obróciło się z czasem przeciw Cybulskiemu. *Wszystko przyrównywano z tym filmem. Potem już sam Zbyszek nie wiedział, czego od niego chcą* (Elżbieta Chwalibóg-Cybulska). W dalszym dorobku filmowym szczególnie znaczące pozycje to *Jak być kochaną* i *Rękopis znaleziony w Saragossie* Hasa, *Salto* Konwickiego, *Jowita* Morgensterna, a także bardzo zwyczajny i przez to może tak wzruszający *Giuseppe w Warszawie* Lenartowicza. Grał także we francuskim filmie *Lalka* (1961) i w szwedzkim *Kochać* z Harriet Anderson (1964). W 1960 poślubił koleżankę z Bim-Bomu, Elżbietę Chwalibóg. W rok potem urodził się im syn, Maciej. Siedem lat potem Cybulski ginie pod koła-

Zbigniew Cybulski

mi pociągu, na wrocławskim dworcu. Jego pogrzeb stał się dla Polski dniem żałoby, choć nikt jej przecież nie ogłaszał. W wydanej po latach książce (*Cybulski we wspomnieniach*, 1994) dawni przyjaciele, aktorzy, filmowcy, pisarze próbują zrozumieć i nazwać istotę tego fenomenu. Odpowiedzi może być wiele, jedno wydaje się pewne: Cybulski trafił w swój czas. To największe szczęście artysty...

Zbigniew Cybulski w filmie *Popiół i diament* Wajdy

Elżbieta Czyżewska

ur. 14 V 1938, Warszawa

Okoliczności pozaartystyczne spowodowały, że mogła działać na polskiej scenie zaledwie kilka lat, długo przecież w środowisku żyła jej legenda. Absolwentka stołecznej PWST występowała jeszcze podczas studiów na scenie STS, debiutowała w *Uczcie morderców* Wydrzyńskiego (1960) w T. Dramatycznym m.st. Warszawy, z którym pozostała związana aż do chwili wyjazdu z Polski. Zagrała tam jedynie osiem ról, z których szczególnie pamiętne to tytułowa bohaterka *Leonce i Leny* Büchnera (1962), Miranda w *Don Juanie* Frischa (1964) oraz Maggie w *Po upadku* Millera (1965), gdzie dała tak znakomity pastisz Marilyn Monroe, że miano polskiej MM do niej samej natychmiast przylgnęło. Drobna, średniego wzrostu, o wielkich, jakby zawsze czymś zadziwionych oczach, o głosie przesyconym jakąś neurotyczną, drażniącą barwą. Należała do rzadkiego gatunku aktorek, które na scenie więcej mówią o swoich bohaterkach, mniej o sobie. A przecież *zaciekawiała, pewna swego uroku, a przy tym skrywająca w sobie wewnętrzną czułość, łatwa jakby do zranienia* (S. Marczak-Oborski). Bardziej oczywista zdawała się w kadrze filmowym. Jak przystało na polską amantkę z tamtych lat, zespalała w sobie poetyckość i seks. *Giuseppe w Warszawie* ze Zbyszkiem Cybulskim, *Małżeństwo z rozsądku* z Danielem Olbrychskim, *Zuzanna i chłopcy* z Bohdanem Łazuką, wreszcie *Wszystko na sprzedaż* Andrzeja Wajdy, w którym dyskretnie przeciwstawiona Beacie Tyszkiewicz jawiła się symbolem tego, co współczesne. Symbolem takim była i w życiu. Nawet kiedy ponosiła porażki, jak przy uroczym blamażu z prowadzeniem konferansjerki na sopockim festiwalu (1964). W tymże roku otrzymała od publiczności Złotą Maskę w plebiscycie „Expressu Wieczornego". W rok potem została żoną amerykańskiego dziennikarza, Davida Halberstama, a kiedy władze PRL cofnęły mu akredytację, zdecydowała się towarzyszyć mężowi w wyjeździe do USA. *Odwiedziłem ją na Manhattanie* – wspomina Łazuka – *mieszkała w luksusowym apartamencie, obok Catherine Hepburn. Żaliła się, że nie potrafi na amerykańskim rynku zaistnieć. Mnie to nie dziwiło. Nigdy nie potrafiła dbać o układziki, pieniądze, recenzje. Tacy, jak ona przegrywają. Zwłaszcza tam.* Po rozwodzie z Halberstamem próbuje Czyżewska wrócić do zawodu. Sporadycznie występuje na scenach uniwersyteckich (m.in. w *Biesach* Dostojewskiego, w reż. Andrzeja Wajdy w Yale, w prapremierze *Polowania na karaluchy* Głowackiego w Woodstock). W 1990 otrzymuje nawet nagrodę nowojorskiej

Elżbieta Czyżewska

C

Elżbieta Czyżewska jako Alicja w *Ucztcie morderców* Wydrzyńskiego

prasy za rolę w *Łagodnej* Dostojewskiego, pojawia się kilkakrotnie na filmowym ekranie (*Pozytywka* Costy Garvasa). W Polsce zagrała w filmie *Debiutantka*, reż. Sass-Zdort (1981), w 1994 wystąpiła gościnnie w T. Dramatycznym m.st. Warszawy w roli Quisi w *Sześciu stopniach oddalenia* Guere. Sztuka padła po dwudziestu przedstawieniach...

Poczet aktorów polskich

Mieczysława Ćwiklińska

1 I 1880, Lublin ☆ 28 VII 1972, Warszawa

Wywodziła się z aktorskiego klanu Trapszów. Dziad Anastazy był prowincjonalnym antreprenerem, słynnym ze swych uzdolnień pedagogicznych, matka Aleksandra, ojciec Marceli i dwie ciotki, Irena oraz Tekla występowali na scenach całej Polski. Swój pseudonim wzięła po babce, Annie *de domo* Ćwiklińskiej, też artystce dramatycznej. Z domu rodzinnego wyniosła zatem przeświadczenie, że aktorstwo jest dla człowieka stanem naturalnym, wyniosła też przydomek „Pulpietuszek", chyba trafny, bo urocza okrągłość twarzy i sylwetki cechowały artystkę do końca. Kariera, nim jeszcze zdążyła wejść na scenę, zapowiadała się historycznie, bo debiut miał miejsce w otwierającym się właśnie gmachu warszawskiej operetki Nowości, dnia 4 I 1901. Prasa twierdziła, że debiutantka jest „milutka i nader inteligentna". Te cechy też jej pozostały. Karierę w operetce zrobiła błyskawicznie – mimo konkurencji samej Wiktorii Kaweckiej, podbiła też farsę – mimo Michaliny Łaskiej. Od 1922 poczęła królować w komedii. Najpierw u Arnolda Szyfmana, we własnym teatrze prywatnym od 1926, potem na scenach TKKT. Wystąpiła w dziesiątkach filmów. Od komedyjek *Czy Lucyna to dziewczyna?* i *Jego ekscelencja subiekt* po melodramatyczne *Strachy* Cękalskiego i *Granicę* Lejtesa. Życiorys Ćwiklińskiej jest spisem samych sukcesów. Na scenie i ekranie – w życiu szło już gorzej. Nieudane małżeństwo z łódzkim pisarzem, Zygmuntem Bartkiewiczem, który okazał się zazdrosnym brutalem; związek z przemysłowcem, Henrykiem Maderem, niby, szczęśliwy, ale przerwany dla trzeciego mężczyzny, Mariana Sztajnberga, z którym bardzo szybko straciła wspólny język. W okres powojenny weszła jako kobieta samotna. Za to bardzo sławna i bardzo lubiana. Istota talentu Ćwiklińskiej zasadzała się na tym, że ta promienna dama po prostu kazała się kochać. I udawało się jej to nawet wtedy, gdy farsę i operetkę zamieniła na repertuar bardziej ambitny. Już w 1945 pojawiła się na deskach krakowskiego T. im. Słowackiego jako Podstolina w *Zemście*. Na scenach Warszawy, Krakowa i całej Polski grała najchętniej właśnie Fredrę (Szambelanowa w *Panu Jowialskim* i Orgonowa w *Damach i huzarach*), ale także Moliera (Filaminta w *Uczonych białogłowach*, Arsena w *Mizantropie*, Pani Pernelle w *Świętoszku*), Zapolską (Lulu w *Skizie*, *Moralność pani Dulskiej*), wreszcie Nałkowską (Julia Czerwińska w *Domu kobiet*). Szczególny rodzaj popularności zdobyła atoli w sztuce, której sam tytuł był metaforyczny: *Drzewa umierają*

Mieczysława Ćwiklińska

stojąc Cassony. Od premiery w 1958 w warszawskim T. Rozmaitości grała nieomal do śmierci rolę Babci, nieodmiennie wywołując burzę braw, gdy w finale wirowała w walcu. Zjechała z tym przedstawieniem kraj, odwiedziła Polonię. Jej pogrzeb zgromadził na Powązkach dziesiątki tysięcy wielbicieli – przyszli pożegnać artystkę *prawdziwie radosną i radość czyniącą* (August Grodzicki).

Mieczysława Ćwiklińska

Ewa Dałkowska

ur. 10 IV 1947, Włocławek

Wraz z grupką kolegów, absolwentów warszawskiej PWST, zaangażowała się w 1972 do swego profesora, Ignacego Gogolewskiego, który właśnie objął dyrekcję w Katowicach. Zagrała tam jedną ze swych najpiękniejszych ról – Rachelę w *Weselu*. Smutniejszą, niż inne odtwórczynie tej roli. Jakby z góry przeczuwającą porażkę w romansie z Poetą. Zagrała tam też Behamota w scenicznej przeróbce *Mistrza i Małgorzaty* Bułhakowa, zatytułowanej przez teatr *Czarna magia*. Miazmaty tej magii kołaczą się do dziś w drugim planie wielu ról Dałkowskiej. Od 1975 związana z warszawskim T. Powszechnym. Tu zderzyć się musiała z Krystyną Jandą. Temperamentami przeciwstawne, łączą się w tym, że fascynuje je na scenie temat kobiety. Janda w swych monodramach broni kobiet, Dałkowska próbuje je zrozumieć. Może dlatego tak często gra smutne role. Janda ofiarowuje swym bohaterkom własny dynamizm, Dałkowska chciałaby się od swoich czegoś nauczyć. Po nagrodzonej na Spotkaniach Kaliskich Siri Strindberg w *Nocy trybad* Enquista powiedziała: *to kobieta, która patrzy na męża z pozycji tej silniejszej, mądrzejszej. Posiada cechy, których długo musiałam w sobie szukać.* Grając przeważnie kobiety rozdarte, nękane przeciwnościami, słabe, życzy im zawsze zwycięstwa. Po jej *Antygonie* Kajzara (1982) pisał Jerzy Zagórski: *Pokazała, jak można zinterpretować obronę wiecznych racji przez osobę słabą i miękką. I ile może kosztować taką osobę zdobycie się na niezłomność!* Inne, ważniejsze spośród wielu, jej premiery na tej scenie to Anna w *Barbarzyńcach* Gorkiego, Martirio w *Domu Bernardy Alba* Lorki, Matka w *Balladynie* (nagroda na festiwalu w Opolu). To *Tańce w Ballybeg* Friela i *Zmowa świętoszków* Bułhakowa, gdzie w roli Armandy Bejart, odtrąconej kochanki Moliera błysnęła prawdziwym tragizmem (1996). Tragizmem zabarwiła też bohaterkę filmu

Ewa Dałkowska w filmie
Sprawa Gorgonowej
Majewskiego

Sprawa Gorgonowej Majewskiego (1978), krytyka pisała wręcz o Medei. Natomiast smutek przekazała swojej *Kobiecie z prowincji*, w filmie Barańskiego (1984). Dla kontrastu lubi śpiewać. Wskrzeszała stare szlagiery Ordonki, uczestniczyła w telewizyjnych kabaretach Jeremiego Przybory, była gwiazdą kabaretu Pod Egidą. *Podziwiam Ewę* – mówił Jan Pietrzak – *w jednym utworze potrafi zawrzeć tragiczną zadumę i ironiczny dystans*. Dałkowska mogłaby odpowiedzieć, że na tym przecież polega sztuka aktora. Nawiązuje do jej istoty w przedstawieniu *Krzyk langusty* Murrella (T. Prezentacje, 1996), gdzie wciela się w postać starej gwiazdy, Sarah Bernhardt: *rozkapryszona i czuła, szalona i opiekuńcza. Tworzy pasjonujące studium psychologiczne kobiety-aktorki, dla której rzeczywistość i scena wzajemnie się przenikają* (Jan Bończa-Szabłowski).

Damian Damięcki

ur. 16 VII 1941 w Podszkodziu...

...gdzie jego rodzice ukryli się przed Gestapo, poszukiwani za udział w zamachu na środowiskowego kolaboranta, aktora Igo Syma. Ojciec, Dobiesław Damięcki, też był aktorem i prezesem ZASP, matka, Irena Górska –

Poczet aktorów polskich

Damian Damięcki

wieloletnią dyrektorką scen terenowych; brat Maciej także aktor. Syn Grzegorz również. Pierwsza żona, Barbara Borys-Damięcka kieruje obecnie T. Syrena, druga żona, Grażyna Brodzińska jest primadonną operetki stołecznej. Ten gąszcz rodzinnych paranteli wymusił wręcz na młodym Damianie obowiązek dążenia ku aktorskiej sławie. Przez całe życie związany ze scenami stołecznymi (T. Współczesny, T. Narodowy, od 1981 T. Polski), przez wiele lat grywał tam przecież role drugie, czyli takie, które stworzyć mogą wykonawcy sporo radości, lecz nigdy pełnię satysfakcji, gdyż ta zarezerwowana zostaje dla obdarzonych większym szczęściem rywali. Z tych ról drugich, komplementowanych zresztą w recenzjach, przypomnieć tu warto Edmunda w *Zmierzchu długiego dnia* O'Neilla. Edgara w *Kurce wodnej* Witkacego, Laertesa w *Hamlecie*, Puka w *Śnie nocy letniej*. Prawdziwy, wielki sukces zawdzięczał młody Damięcki dopiero Kazimierzowi Dejmkowi, który powierzył mu tytułową rolę w *Żywocie Józefa* Reja (1985), a także obsadził w całej serii bohaterów Mrożka: Artura w *Tangu*, Oneka w *Garbusie*, Męża w *Szczęśliwym wydarzeniu*. Józef przyniósł aktorowi nagrodę na Opolskich Konfrontacjach Teatralnych, krytyka pisała: *wspaniała rola Damięckiego, okazał wielką wrażliwość sceniczną na świątkarską stylizację, wydobywając cały* urok dobroci i łagodności granej przez siebie postaci. Pisano: *wybitny aktor charakterystyczny o dużej ekspresji*. Sukces uwyraźnił samemu aktorowi skalę możliwości, jakie kryje w sobie forma. Damięcki oparł się przecież pokusie technicznych zabaw, tyle że formalny obrys swych ról dobitniej począł uwyraźniać. Widać to zwłaszcza w ostatniej jego kreacji, we fredrowskim Papkinie (1998), któremu nie poskąpił przecież także naturalnego komizmu i temperamentu. Suma tych cech przyniosła efekt. Z satysfakcją można patrzeć, jak posturę dosyć mizerną wyolbrzymia aktorowi rozmach gry. Sam Damięcki komentuje swe sukcesy z przykładną skromnością: *Przed każdą nową rolą mam wrażenie, że nie podołam, że moja wiedza i umiejętności są za małe. Potem to wszystko się udaje. A potem przychodzi nowa rola i stres wraca na nowo!*

Renata Dancewicz

ur. 7 II 1969, Leszno

*W*ybrała *zawód, w którym ciało jest narzędziem pracy*. Usunięto ją z II roku łódzkiej PWSFTviT za przysłowiowy brak postępów w nauce. Jeden z profesorów podał się na znak protestu do dymisji, uważał Dancewicz za „jedną z najbardziej uzdolnionych". Był nim Cezary Pazura. Dancewicz też tak zresztą uważała i zaangażowała się jako adeptka do T. im. Szaniawskiego w Wałbrzychu. Debiutowała tam jako Stasia w komediowych *Sąsiadach* Bałuckiego (1991), miejscowy recenzent zauważył, iż *miała w sobie wewnętrzny niepokój*, dyrektor teatru, Wowo Bielicki począł zaś na adeptce opierać repertuar, wynajdując dla niej dawne role Elżbiety Kępińskiej: Jo w *Smaku miodu* Delaney i Gizela, w *Dwojgu na huśtawce* Gibsona (1992). Podobała się tak bardzo, że już jako filmową gwiazdkę zaprosił ją na występ w roli Racheli w *Weselu* (1995). Jak twierdzi, była zaskakująco dobra. Wtedy też zdała eksternistyczny egzamin aktorski.

W 1993 pojawiła się Dancewicz na wielkim ekranie. Jako Anka w *Samowolce* Falka. Zagrała do tej pory w 15 filmach, brała udział w dwóch serialach (*Radio-romans* i *Ekstradycja*). Za Nauczycielkę w *Tacie* Ślesickiego otrzymała nagrodę na festiwalu w Gdyni (1995). Jej urzekająca nagość w *Diabel-*

Poczet aktorów polskich

Renata Dancewicz w filmie *Pułkownik Kwiatkowski* Kutza
(obok Marek Kondrat)

skiej edukacji Majewskiego (1994) wywołała więcej pochwał niż potępień. Te krytycy rezerwują raczej dla jakości scenariuszowej filmów, w których bierze udział (*Gniew* Ziębińskiego, 1997). W *Pułkowniku Kwiatkowskim* Kutza i *Deborze* Englerta potrafiła udowodnić, że to prof. Pazura miał w Łodzi prawidłowy pogląd na rzeczywistość. Studiuje etnologię na UW, w prasowych wywiadach zaś informuje, że *marzy, iżby mieć sześćdziesiąt lat, dużo pieniędzy, grać w karty do białego rana i posiedzieć na ławce ze znajomymi staruszkami.*

Mariusz Dmochowski

19 X 1930, Piotrków Trybunalski ☆ 8 VIII 1992, Warszawa

Ukończył warszawską PWST w 1955, zaliczyć go trzeba do uczniów Aleksandra Zelwerowicza. Wiele też przejął od mistrza. Nieposkromiona witalność, imponująca, zwalista niemal postura, stentorowy głos wybijały go w sposób organiczny na pierwszy plan scenicznych działań. Szarżował nieledwie na partnerów, przygniatał ich swą siłą, dynamizował każdy nastrój. Zaczynał karierę w warszawskim T. Polskim (1955-1965) idealnie współbrzmiąc z dostojnym patosem jego przedstawień. Grał m.in. Albę w *Don Carlosie* Schillera, Hrabiego Szeligę w *Pierścieniu wielkiej damy* Norwida, Szujskiego w *Borysie Godunowie* Puszkina, Sawę w *Śnie srebrnym Salomei*. Od jesieni 1965 związał się z teatrem Adama Hanuszkiewicza, uwspółcześniając tam wyraźnie swój dość do tej pory tradycyjny warsztat aktorski. Przełomem był *Pan Wokulski* wg Prusa (1967) – *przebrany w surdut świadek koronny we współczesnym procesie, w którym sądzi się ślepe miłości* („Kultura"), grany

Mariusz Dmochowski jako Wistowski w *Grubych rybach* Bałuckiego

z lekkim dystansem wobec romantycznych uniesień bohatera. Na scenie przy ul. Zamoyskiego grał jeszcze szekspirowskiego *Koriolana*, na placu Teatralnym – Pankracego (*Nieboska Komedia* Krasińskiego), Poloniusza (*Hamlet*), Księdza Marka (*Beniowski* Słowackiego), Horodniczego (*Rewizor* Gogola). Od 1973 obejmuje dyrekcję T. Ziemi Opolskiej, gdzie, propagując głównie klasykę narodową, koncentrował się raczej na zakończeniu ciągnącej się od lat budowy nowoczesnego gmachu teatru. W 1974 zostaje dyrektorem T. Nowego w Warszawie, inaugurując dyrekcję rzadko wystawianym *Lelewelem* Wyspiańskiego, w którym zagrał z godnością ks. Adama Czartoryskiego. Prowadzi teatr do 1982, często reżyserując i wyjątkowo umiejętnie gospodarując własnym talentem aktorskim. *Horsztyński*, Mecenas w *Adwokacie i różach* Szaniawskiego, Dikoj w *Burzy* Ostrowskiego, Wistowski w *Grubych rybach*, Rotmistrz w *Ojcu* Strindberga. Po przełomie grudnia 1981, gdy zrezygnował nie tylko z legitymacji partyjnej, lecz i z licznych stanowisk (poseł na Sejm, prezes ZG ZZ Prac. Kultury i Sztuki), wraca do pracy w T. Polskim, gdzie występuje jednak stosunkowo rzadko (Prokurator w *Szewcach* Witkacego, Czepiec w *Weselu*, Major w *Damach i huzarach*), goszcząc także na scenie T. Współczesnego. Umiera nagle na zawał serca.

Z licznych ról filmowych najbardziej dał się zapamiętać jako Jan III Sobieski (odtwarzał tę postać w 5 filmach, od *Pana Wołodyjowskiego* Hoffmana po *Ojca królowej* Solarza), z ról telewizyjnych jako Stalin w cyklu paradokumentalnym Romana Wionczka.

Tadeusz Drzewiecki

ur. 8 X 1948, Pruszków

Absolwent warszawskiej PWST. Debiutował rolą błazna Trinculo w szekspirowskiej *Burzy* w kaliskim T. im. Bogusławskiego (1971), a właśnie tym przedstawieniem rozpoczynała się wielka przygoda grupy młodych aktorów, którym szefowała równie młoda koleżanka z wydziału reżyserii Izabella Cywińska. Po dwóch sezonach cały zespół przemeldował się do Poznania, gdzie miał wkrótce zaistnieć jako sławny T. Nowy, zaś jesienią 1973

Tadeusz Drzewiecki

wrócił do Kalisza jedynie po to, iżby na tamtejszym festiwalu zdobyć Grand Prix za spektakl brechtowskiej *Opery za trzy grosze*. Drzewiecki grał w nim Mackie Majchra. W młodzieńczym widowisku odznaczał się bezsporną dorosłością (a także i wzrostem: 184 cm), jury przyznało mu *nagrodę dla młodego aktora*. Cywińska przeznaczała go przecież uparcie do zadań programowo dojrzałych. Jeszcze w Kaliszu grał, mając 24 lata, podstarzałego Wierszynina w *Trzech siostrach*, w Poznaniu był Nieznajomym w *Wacława dziejach* Garczyńskiego (reż. Adam Hanuszkiewicz), był doktorem Stockmanem we *Wrogu ludu* Ibsena. Nurt szlachetnej retoryki łączył udatnie z jaskrawą rodzajowością. W Kaliszu takim był Rasplujew w *Śmierci Tariełkina* Suchowo-Kobylina, w Poznaniu – Onastryk w *Szkole błaznów* Ghelderode'a i Abłoputo w *Onych* Witkacego.

W 1989 Cywińska zamienia dyrektorski fotel na tekę ministra, poznański zespół ulega częściowej erozji. Drzewiecki w 1990 przenosi się do T. im. Fredry w Gnieźnie. Pracowita ta scena, z której dawnymi dokonaniami wiązały się nazwiska takich artystów, jak Henryk Barwiński (inaugurował w 1946 jej działalność *Starym kawalerem* Korzeniowskiego), Maria Deskur,

Tadeusz Drzewiecki
jako święty Wojciech w
Rapsodzie Szymańskiego

Edmund Derengowski, umożliwiła teraz przybyszowi z pobliskiego Poznania twórczą kontynuację jego dotychczasowych zainteresowań. Drzewiecki gra dużo, gra wielkie role. Nurt retoryczny najpełniej chyba prezentuje tytułowy bohater w *Rapsodzie o świętym Wojciechu* Szymańskiego (1995), nurt rodzajowy bodajże satyryczna *Konopielka* Redlińskiego, w której z wdziękiem i temperamentem przedstawił *chłopskiego raptusiewicza z ciemnotą wypisaną na szczerbatej, chytrej facjacie* („Gazeta Poznańska", 1994). Artysta sięga też po prace reżyserskie: w 1996 zadebiutował *Ścisłym nadzorem* Geneta, w którym jako Moris występował ongiś w Kaliszu.

Krzesisława Dubielówna

ur, 28 III 1934, Chorzów

Można by o niej powiedzieć, że aktorka Skuszanki. Po krótkim stażu na Śląsku przechodzi w 1958 na siedem lat do T. Ludowego w Nowej Hucie. Tak długotrwały kontakt ze Skuszanką miał niewątpliwie zasadniczy wpływ na ukształtowanie się osobowości młodej absolwentki krakowskiej PWST. Zbliżył je zwłaszcza dość podobny styl sceniczego czytania poezji. Dubielówna grała Atenę w *Orestei* Ajschylosa. Hermię w *Śnie nocy letniej*, Ismenę w *Siedmiu przeciw Tebom* Ajschylosa, a także Lawinię w *Androklesie i lwie* Shawa oraz Anielę we fredrowskich *Ślubach*. Trudno przecież oprzeć się wrażeniu, że sposób gospodarowania przez dyrekcję kobiecymi talentami w T. Ludowym preferował raczej osobę Anny Lutosławskiej. Dopiero późniejsza praca ze Skuszanką we wrocławskim T. Polskim od 1965 miała w pełni ujawnić talent młodej aktorki. To wtedy zagrała Celię w *Jak wam się podoba* Szekspira, Salomeę w *Śnie srebrnym Salomei*, Dardanę w *Błękitnym potworze* Gozziego, Oliwię w *Wieczorze Trzech Króli*. Ten kolorowy serial z klasyki pokazał, jak współcześnie rozumie Dubielówna swój fach – dosłownie bawi się każdą rolą, ujmując uczucia i wypowiedziane ze sceny słowa w rozkoszny nawias ironii. Jej Celia, *porcelanowa, miluchna laleczka* (Józef Kelera), dyskretnie ujawniająca perwersyjną dwuznaczność namiętności, jaką wznieca w niej Rozalinda; jej Salomea, tak subtelnie nieobecna podczas

Krzesisława Dubielówna

Krzesisława Dubielówna

rozmów, jakie niby toczy, bo całkowicie wsłuchana w głos własnych wizji; jej Dardane – bohaterka w stylu buffo, przekalkowana ze starych, weneckich sztychów; jej Oliwia – królewna z bajki, którą sama sobie śni w konarach rosochatej wierzby, bo tak przewrotnie zadrzewił scenograf tę jej Ilirię...

Kolejne rozdziały w karierze artystki, uparcie wiernej wrocławskiemu T. Polskiemu, dokumentują jeszcze dobitniej skalę jej inwencji w przetwarzaniu autorskich i reżyserskich ofert. Już bez udziału Skuszanki. I jest to skala zaiste imponująca: od zmysłowej Kamilli w *Żołnierzu Królowej Madagaskaru* po demoniczną *Księżniczkę Turandot* Gozziego. Lista poczyna zresztą odbijać także przekształcenia repertuarowej mody i wiek artystki. Romantyczną poezję wypiera teatr absurdu, heroina staje się matroną. I istotnie – Węgorzewska w *Matce* Witkacego, Pani Smith w *Łysej śpiewaczce* Ionesco, *Gwiazda* Kajzara, a wreszcie Pani Kant z *Immanuela Kanta* Bernharda w reżyserii Krystiana Lupy (1996): *napuszona kwoka, protekcjonalnie ubolewająca nad dziwactwami męża. I tylko w nielicznych chwilach zapala się w oczach strach. Wypracowana w każdym ruchu, w każdym słowie kreacja* (Jacek Sieradzki). No i natychmiast potem Ciotka w *Damie z jednorożcem* Brocha-Musila (także w inscenizacji Lupy): obleśna i śmieszna, budząca żałość, wzgardę i fascynację. Sukcesy w nowym emploi wcale nie dziwią. Są naturalnym potwierdzeniem oczywistego stwierdzenia, że talent nie ma wieku. Od 1974 wykłada Dubielówna interpretację wiersza we wrocławskiej szkole teatralnej, przez dwie kadencje pełniła funkcję dziekana Wydziału Aktorskiego. Jej mężem jest znany aktor, Andrzej Hrydzewicz.

Jerzy Duszyński

15 V 1917, Moskwa ☆ 23 VII 1978, Warszawa

W przededniu wojny ukończył warszawski PIST, ale zdążył jeszcze zadebiutować w stołecznym T. Polskim jako Kuzynek Ministra w *Genewie* Shawa. Okres okupacji spędził w Wilnie, występując w T. na Pohulance; tam też poślubił koleżankę ze studiów, Hankę Bielicką. Pracował wraz z nią po

wojnie w łódzkim T. Kameralnym, warszawskim T. Współczesnym i Syrenie, grając w nich m.in. Zbyszka w *Moralności pani Dulskiej*, Fila w *Pannie Maliczewskiej*, *Amfitriona 38* Giraudoux, Willego w *Niemcach* Kruczkowskiego, a na ul. Litewskiej Lefebvre'a w *Madame Sans-Gené*. Jego zniewalająca męska uroda sprawiła, że stał się najbardziej popularnym amantem filmu polskiego w okresie, kiedy obowiązywały jeszcze przedwojenne standardy co do wyglądu artysty, w którym muszą się podkochiwać wszystkie gimnazjalistki kraju. W Duszyńskim się kochały! W *Zakazanych piosenkach*, *Skarbie*, *Warszawskiej premierze* partnerował Danucie Szaflarskiej, co powszechna fama kwitowała plotką o ich mariażu. Prawowita zaś małżonka, Hanka Bielicka wyznaje: *był z całą pewnością największą miłością mego życia.* Czyż może być lepsza laurka dla amanta? O Duszyńskim - aktorze pisała przecież Bielicka już trochę inaczej: *był przykładem aktora filmowego par excellance - długo, długo nic nie robić, potem się w sobie spiąć, zagrać scenę, rolę w filmie, zdobyć popularność, mieć pieniądze, niejako za sam wygląd.*

Ostatnim teatrem Duszyńskiego był T. Rozmaitości, gdzie latem 1974 obchodził jubileusz 35-lecia pracy aktorskiej. Ostatnią jego rolą filmową, nadspodziewanie stonowaną i przeżytą był Marszałek Piłsudski w *Śmierci prezydenta* Kawalerowicza (1977).

Bożena Dykiel

ur. 26 VIII 1948, Grabowo

Jedyna właściwie osoba w środowisku teatralnym, która na polityce straciła, bo następstwa stanu wojennego (zwolnienie Adama Hanuszkiewicza z dyrekcji T. Narodowego, 1983) skłoniły ją, by porzucić zawód. Ale i na polityce wygrała, bo opuszczając teatr znalazła wreszcie czas, by zająć się mężem, domem, wychowaniem dzieci, a w końcu i businessem (armatura łazienkowa!). Do aktorstwa zresztą wróciła po 1989, ale już nie na żaden etat. Nie ma ochoty!

Do solidarności z Hanuszkiewiczem poczuwała się zaś, bo zawdzięczała mu wiele. Absolwentka PWST (1971) trafiła do T. Narodowego, gdzie mi-

Bożena Dykiel w filmie
Awans Zaorskiego

strz planował wystawienie *Balladyny* Słowackiego. Na scenę wjechała jako Goplana na hondzie i było to niewątpliwie najbardziej sławne *entreé* w dziejach polskiej sceny. Temperament i wdzięk zastąpiły jej z powodzeniem niedostatek landrynkowej urody. Jako łódzka fabrykantówna, Mada Müller, zademonstrowała w *Ziemi obiecanej* Wajdy (1985), że filmowa amantka może mieć jej tuszę, byleby miała jej uśmiech. Umiała być dynamiczna i tym bardziej zachwycała, kiedy okazywało się, że potrafi być „taka mała". Zdobyła sympatię kinomanów rolą zadzierzystej pani naczelnik w *Wyjściu awaryjnym* Załuskiego (1981), sympatię telewidzów w serialu *Dom* Łomnickiego (1980-1982) jako przebojowa milicjantka, Halinka, uznanie zaś recenzentów teatralnych Panną Młodą w *Weselu* (1974), Rozalindą w *Jak wam się podoba* Szekspira (1976), wreszcie Telimeną w *Panu Tadeuszu* (1982). I nikt jej nawet nie miał za złe, iż dała się namówić Januszowi Zaorskiemu i w filmie *Awans* pokazała wszystkie swe okrągłości bez żadnych osłonek. Jako business-women dobiera już sobie zadania artystyczne staranniej. U Hanuszkiewicza zagrała przebojową Ubicę w *Ubu król* Jarry'ego (T. Nowy, 1991), u Romualda Szejda rozkoszną księżną w *Ninoczce* Lengleya (Scena Prezentacje, 1996). Pokazuje się czasem w telewizyjnych serialach (*Jest jak jest, Al-*

Anna Dymna

ternatywy 4), propagowała optymizm jako najskuteczniejszy środek na uspokojenie mężczyzn w *Babskich gadaniach* Niny Terentiew, zachwalała miesięcznik „Dobre rady", zagrała nawet dawną rolę Ćwiklińskiej – Filamintę w *Uczonych białogłowach* Moliera (Teatr TV, 1997). Wyraźnie dawkuje siebie widzom. Czasem tylko wyskoczy w Polskę z *Babskim kabaretem*.

Anna Dymna
ur. 20 VII 1951, Legnica

Kiedy w 1973 przyszła z krakowskiej szkoły do krakowskiego Starego T., była po prostu prześliczna. Mało, że śliczna, to jeszcze było w niej „coś".

Anna Dymna w filmie *Epitafium dla Barbary Radziwiłłówny* Majewskiego

Coś w oczach, coś w uśmiechu, coś w głosie. Długo grała więc role powabnych panien (Kora w *Nocy listopadowej*, Ania w *Wiśniowym sadzie*, Nina w *Dziewięciu portretach z czajką w tle* wg Czechowa, Anna w *Warszawiance* Wyspiańskiego) i na dobrą sprawę trudno było stwierdzić, czy zachwyty recenzentów są oceną jej pracy, czy przejawem ich zauroczenia. Zwłaszcza że do ról teatralnych pośpiesznie dołączył film. Po sukcesach Marysi Wilczur w *Znachorze*, Barbary Radziwiłłówny, Ani w trylogii o Pawlakach i Kargulach Chęcińskiego można było uznać, iż zauroczeniu uległo pół Polski. Listy do Dymnej nadchodziły w tysiącach, a jeden z korespondentów groził jej śmiercią (!), gdyż rzuciła na niego czar. Kiedy w 1986 przytyła, bo urodziła dziecko, Kazimierz Kutz ofiarował jej w telewizyjnych *Opowieściach Hollywoodu* Hamptona rolę kobiety już dojrzałej. I Dymna stwierdziła: *dziecko potrzebne mi było, jak tlen!* A kiedy po kilku latach miesięcznik „Twój Styl" zapytał, czy po przekroczeniu czterdziestki czuje się jeszcze aktorką potrzebną, odpowiedziała: *Wiem, że dla kobiet w moim wieku jest mniej ról, ale tego nie odczułam. Nigdy nie grałam tyle, co teraz. Po urodzeniu dziecka, gdy zmieniłam się fizycznie, stałam się babą, zaczęłam wreszcie grać role ciekawe. Tak, jak nie ubolewam nad swym wiekiem, tak i nie ubolewam nad wyglądem. Nie mam zamiaru odmładzać się u chirurga, ani odchudzać na siłę.* W 1993 otrzymuje za rolę Katarzyny w filmie *Tylko strach* Sass-Zdort nagrodę na festiwalu w Gdyni, w 1994 nagrodę im. Zelwerowicza za role telewizyjne (Molly w *Palcu Bożym* Caldwella i Podstolinę w *Zemście*). Wśród ról teatralnych były Świntusia w *Gyubalu Wahazarze* Witkacego, Anna w *Płatonowie* Czechowa, Gospodyni w *Weselu*, Matriona w *Miłości na Krymie* Mrożka, Telimena w *Panu Tadeuszu*. Potwierdziły one słuszność komplementów, jakie zbierała w młodości. Dymna udowodniła, iż jest aktorką o rzadkiej wrażliwości, wielkiej prawdzie słów i uczuć. Że jest także pełna humoru pokazała we *Wznowieniu* Wojtyszki (1996), gdzie grając rolę niezadowolonej ze wszystkiego aktorki nie szczędzi krytyki również pod własnym adresem. A potem śpiewa nastrojową piosenkę o przekwitającej jabłoni. Jest bowiem także artystką stale przesyconą poezją.

Adolf Dymsza

7 IV 1900, Warszawa ☆ 20 VIII 1975, Góra Kalwaria

Kto wie, czy nie najwybitniejszy z polskich artystów kabaretowych? Tak przynajmniej pisał o nim Antoni Słonimski: *jest genialny, bo niepodobny do nikogo*, choć Karol Adwentowicz twierdził, że mu przypomina Chaplina. Boy-Żeleński dodawał: *jest coraz nieopisańszy w swoich ewolucjach, trudno określić piórem, na czym polega wysoka klasa jego komizmu. To trzeba widzieć!* Legenda „Wielkiego Dodka" narodziła się w Qui pro Quo (1925-1932), gdzie Dymsza wykreował sylwetkę Teofila Winegreta, sympatycznego człeczyny o stoickim podejściu do kłopotów życia (teksty dla tej surrealistycznej nieco postaci pisał mu Julian Tuwim). Wraz z Mirą Zimińską bili rekordy popularności wykonaniem legendarnego skeczu *Cokolwiek Chopina*, o którym

Adolf Dymsza

można tu powiedzieć, że zespalał groteskę z liryzmem, ale czyż to określi skalę uroków, wyczarowanych w tej rozmowie małomiasteczkowej gąski z małomiasteczkowym kabotynem? Występował też Dymsza gościnnie na scenach dramatycznych, zapraszany tam dla ratowania kasy – w warszawskim T. Polskim zagrał nawet Szekspira i to w reżyserii wielkiego Leona Schillera (Spodek w *Śnie nocy letniej*, 1934). W ówczesnych komediach filmowych przechodził z roli w rolę, zaliczył sobie 17 ról głównych, m.in. *Wacusia*, *Antka Policmajstra*, *Dodka na froncie*, *Bolka i Lolka*, *Każdemu wolno kochać*.

Podczas okupacji występował w tzw. jawnych teatrzykach, co spowodowało, że po 1945 nie zezwolono mu na występy w Warszawie (acz sprawa była dość skomplikowana i nie do końca jasna). Grał więc do 1951 w Łodzi. Początkowo na scenach rozrywkowych, potem w dramatycznym T. Powszechnym, gdzie zachwycił krytykę oryginalnym ujęciem ról w klasyce komediowej (Fredro, Bliziński, Bałucki). Od 1951 nieprzerwanie w warszawskim T. Syrena. Pisali mu monologi, piosenki i skecze Tuwim, Słonimski, Gałczyński, Przybora, grał w komediach Gozdawy i Stępnia (*Bliźniak*, *Jego ekscelencja*), występował także w filmach (*Skarb*, *Café pod Minogą*, *Nikodem Dyzma*, radziecka *Arena*), uczestniczył w trasach koncertowych po USA i Kanadzie. Coraz częściej powtarzało się też porównanie do Chaplina. *Ani się spostrzeżesz, kiedy niczem Chaplin, twój śmiech przemieni w łzy* – pisał Antoni Marianowicz. *Poszedł w komiki, ale umiał być tragiczny* – tak orzekła Mira Zimińska. Ciężka choroba słuchu kazała mu na trzy lata przed śmiercią rozstać się ze sceną.

Edward Dziewoński

ur. 16 XII 1916, Moskwa

Aktor o wybitnych uzdolnieniach menażerskich, rozmiłowany we wszystkich formach teatru rozrywkowego. Syn Janusza Dziewońskiego, aktora z zespołu Jaracza, studiował w przedwojennym PIST, a po zakończeniu działań wojennych zgłosił się natychmiast do jurandotowskiej Syreny w Ło-

Edward Dziewoński

Edward Dziewoński
w łódzkiej Syrenie

dzi, gdzie jednak główne pozycje były okupowane przez sławnych pogrobowców z Qui pro Quo. Może i dlatego zdecydował się w 1948 na pracę w dramacie. Po premierze *Kadeta Winslow* Raittigana w łódzkim teatrze Axera orzekł Adam Ważyk, iż *okazał się doskonałym aktorem w sztuce obyczajowej*. Przy dramacie pozostał więc przez czas dłuższy, zmieniając w Warszawie dość często miejsca pracy, rzadko natomiast grając role znaczące. Pięknym wyjątkiem był Mackie Majcher z *Opery za trzy grosze* w inscenizacji T. Ludowego (1967). Głównie wyżywał się przecież Dziewoński na estradzie, a po jej powstaniu także w telewizji. Od początku uczestniczył w Kabarecie Starszych Panów, reżyserował liczne premiery telewizyjnego Teatru Rozrywki (m.in. *Trędowatą* Mniszkówny!). Prawdziwa jego kariera miała się jednak rozpocząć, gdy w warszawskiej kawiarni Nowy Świat otworzył w 1965 własny kabaret Dudek, przyciągając do stałej współpracy znakomite koleżanki i kolegów. Aktorów i autorów. Nawiązywał jawnie do tradycji Qui pro Quo, wzbogacając ją o odważną, jak na owe czasy, satyrę i dokumentując przy tej okazji, że jest prawdziwym mistrzem w komponowaniu kabaretowego widowiska. W 1974 założył pod auspicjami telewizji kameralny teatrzyk Kwadrat, gdzie systematycznie prezentował swoją ukochaną komedię broadwayowską, inkrustując ją komediami z lat międzywojennych (*Rodzina*

Słonimskiego, *Niewinna grzesznica* Grubińskiego). Zachęcał do współpracy współczesnych satyryków, Stanisław Tym napisał dlań *Rozmowy przy wycinaniu lasu*, Maria Czubaszek farsę *Kwadrat*. Dał też farsową wersję fredrowskich *Dam i huzarów*, w których sam grał Majora. Na scenie Kwadratu doprowadził do perfekcji swój własny styl komediowy, któremu po latach celną definicję *z mistrzowskim spokojem odmierza dowcipy* przydał recenzent „Życia Warszawy", czyniąc to przy okazji *Słonecznych chłopców* Simona, wystawionych w T. na Woli dla uczczenia 50-lecia pracy Dziewońskiego (1994). Młodzieńczą laurką Ważyka nostryfikował po latach tragikomiczną kreacją w *Eroice* Munka (1958), wracając zresztą do tej postaci, zagubionego w życiu, ale inteligentnego, warszawskiego cwaniaka przy licznych innych ekranowych okazjach.

Irena Eichlerówna
19 IV 1908, Warszawa ☆ 12 IX 1990, Warszawa

Największa ze współczesnych aktorek polskich. Niemal wszystko, co robiła na scenie, było programowo odmienne od otoczenia. Najbardziej uchwytnym wyróżnikiem tej inności był głos. *Scena wypełniała się jej głosem – pisał Konstanty Puzyna – jakby na koncertowym Steinwayu wziął ktoś pierwsze akordy.* Nie bała się tej muzyczności przydawać znamion manierycznych, jakby świadoma, że w słowach, które przychodzi jej ze sceny mówić, tak wiele bywa miałkości. Gdy przychodziło do słów istotnie treść niosących, przesycała je sterylnie czystą prostotą, jak ową pamiętną frazę „Liesel, Liesel, co żeś ty narobiła...", którą kończyła sceniczny żywot swojej Ruth w *Niemcach* Kruczkowskiego (T. Powszechny w Łodzi, 1950). Jej oczy potrafiły palić niczym najprawdziwszy ogień. Z tych, co mieli szczęście z nią grać, każdy nawet po latach czuje na sobie ów żar. I ona sama musiała o tym swym darze wiedzieć, bo jakże często grała przesłaniając oczy powieką...

Ukończyła Oddział Dramatyczny przy Konserwatorium Warszawskim w 1929, występując potem w Wilnie, Krakowie, Lwowie, a od 1934 w Warszawie. Współtwórca Reduty, Bolesław Limanowski mówił o niej, że *należy do rodziny Ajschylosa i Szekspira!* Nieskory skądinąd do wzruszeń Antoni Słonimski – wtórował: *Po scenie, jak smuga reflektora, idzie za nią obłok poezji.* Okres wojenny spędziła w Brazylii, skąd wróciła w 1948. Wolno przypuszczać, że pewną słabość czuła do Wilama Horzycy, który jej we Lwowie dyrektorował, z kolei u Erwina Axera ceniła to, że i on ze Lwowa. Z tymi więc dwoma najchętniej pracowała. Od 1954 nieprzerwanie była aktorką T. Narodowego. Stawiając najwyższe wymagania samej sobie, żądała tego samego od współtworzących. Dla aktora grać z Eichlerówną oznaczało dać z siebie wszystko, a i to było z reguły zbyt mało. Jej pozorne dziwaczenia, jej

Irena Eichlerówna jako *Maria Stuart* Schillera

ostentacyjny egocentryzm krył w sobie zawsze jakiś głębszy sens. Dejmkowi oddała rolę Raniewskiej w *Wiśniowym sadzie*, gdy stwierdziła, że scenograf zdecydował się na nadmierną umowność wnętrz: *Jeśli w sztuce Czechowa nie stoi na scenie szafa, o której Raniewska mówi, to ja grać w takim przedstawieniu nie potrafię!* Gdy w 1961 wystawiano w T. Narodowym *Mutter Courage* wedle inscenizacji Brechta, specjalny wysłannik Berliner Ensamble złożył na pierwszej próbie formalną deklarację: *Pani Helena Weigel zobowiązała mnie, by w przedstawieniu nie było odstępstw od założeń inscenizatora – powyższe nie dotyczy pani Eichlerówny, która rolę tytułową ma prawo grać wedle własnych wyobrażeń.* I grała. *Jest na pewno przeciw tekstowi, ale nie przeciw idei Brechta* – pisał Andrzej Wirth – *ta przypowieść o Annie Fierling okazała się nagle apoteozą szarego człowieka z ludu, który potrafi przetrwać największe kataklizmy...*

W powojennym rejestrze jej kreacji każda rola znaczy. W teatrze Axera grała m.in. *Joannę z Lotaryngii* Andersena, *Profesję pani Warren* G.B. Shawa, Kamillę w *Karocy* Mériméego, w tuwimowskim T. Nowym Hankę w *Moralności pani Dulskiej*, w T. Narodowym m.in. Klitajmnestrę w *Orestei* Ajschylosa, *Marię Tudor* Hugo, *Fedrę* Racine'a i Agrypinę w jego *Britaniku*, Matyldę van Zahnd w *Fizykach* Dürrenmatta; w T. Polskim bawiła nas gościnnie jako Szambelanowa w *Panu Jowialskim*. Opis tych wielkich ról przerasta ramy tej książki.

Jan Englert
ur. 11 V 1943, Warszawa

Aktor, reżyser, pedagog, rektor – dwukrotny! – warszawskiej PWST, laureat nagród aż tylu, że wymienić zdołamy zaledwie główne: fachowcy nagrodzili go za Fredrę (Gustaw w *Ślubach*, Opole 1985), za Mrożka (Bartodziej w *Portrecie*, Wrocław, 1988), za Witkacego (Bałandaszek w *Onych*, Opole 1993), publiczność przyznała mu Złotą Maskę Półwiecza (1996) i w teatralnym rankingu III Programu PR uhonorowała jego *Ryszarda III* Szekspira (1994). Po ukończeniu w 1964 szkoły, której obecnie rektoruje, związany był z dwoma scenami stolicy – z T. Polskim i T. Współczesnym, okazjonalnie współpracował z wieloma. Także poza Warszawą. Debiutował jako

Jan Englert w filmie *Poślizg* Łomnickiego

amancik w stylowej komedii Lope de Vegi, by zagrać potem *Hamleta* (Teatr TV, reż. Gustaw Holoubek, 1974) i Gustawa w *Dziadach kowieńskich* (T. Współczesny, reż. Jerzy Kreczmar, 1978). Grał Konrada w *Wyzwoleniu*, Heligabala w *Irydionie* Krasińskiego, Don Juana, Chlestakowa, Henryka w *Ślubie* Gombrowicza. Sam określa uprawianą profesję dosyć brutalnie: *Nie lubię aktorstwa, w którym widzę na wierzchu mózg i wszystkie bebechy. Bardziej wzrusza mnie mężczyzna, który powstrzymuje płacz, niż taki, który płacze rzewnymi łzami*. Tak twierdzi i tak gra. Co nie oznacza, że nie potrafi mistrzowsko połączyć bebechów z mózgiem. *Nie sposób oprzeć się jego krasomówstwu* – napisał Roman Pawłowski, wysłuchawszy tyrady Englerta-Marka Antoniusza nad zwłokami Cezara (*Juliusz Cezar* Szekspira, T. Polski, reż. Maciej Prus, 1996). Tezę kolegi rozwinął nieco wcześniej Maciej Karpiński po wspomnianych tu *Dziadach kowieńskich*: *Englert umie z romantycznej retoryki wydobyć tony prawdziwie ludzkie, tragiczne. Po prostu on potrafi grać tę rolę – szermierza praw*. Kunszt we władaniu patosem słów to zaledwie jedna barwa w palecie. Druga spośród głównych to dar czytania w duszach swoich bohaterów. Przykładem Ryszard III: *kreśląc ten portret Englert wyposażył go w cechy tak różnorodne, że aż pozornie sprzeczne. A przecież łącząc inteligencję i cynizm, oschłość i zmysłowość, brutalność i chwile słabości, stworzył w pełni wiarygodny wizerunek psychologiczny* (Jarosław Komorowski). Wszystkie te kreacje, laury i recenzenckie zachwyty można by *de facto* zamknąć w jednym, krótkim zdaniu: Englert to genialna maszyna do grania. Zdanie jest nazbyt dosadne, więc je skreślamy. Przy okazji chcielibyśmy też skreślić *Króla Leara* w T. Narodowym.

Wystąpił w niemal 80 filmach. M.in. Zygmunt w *Kolumbach* Morgensterna, Erwin w *Soli ziemi czarnej* Kutza, Conrad w *Magnacie* Bajona. Grał w *Wielkiej wsypie* Łomnickiego, *Kilerze* Machulskiego, w serialu telewizyjnym *Matki, żony, kochanki*. I ocenia z humorem: *nadchodzą dla mnie w filmie dobre czasy – posiwiałem!*

Żoną Englerta jest Beata Ścibakówna. Śliczna, młoda aktorka, o czym wiedzą wszyscy, którzy oglądali ją w serialu *Radio-romans* lub na scenie T. Powszechnego jako Magdalenę Bejart w *Zmowie świętoszków* Bułhakowa. Nie wszyscy atoli wiedzą, że systematycznie zamieszcza dowcipne i bezpretensjonalne felietony w tygodniku „Kobieta i Życie".

Agnieszka Fatyga

ur. 21 VII 1958, Bytom

Aktorka programowo niechętna etatowym związkom z teatrem. Ją samą takie więzy łączyły istotnie dość sporadycznie. Po dyplomie w warszawskiej PWST (1980) była przez cztery sezony pracownicą T. Narodowego, potem związała się na krótko z Ateneum, ostatnio znów do tego teatru wróciła. Zdaje się zresztą, że bardziej niż sam etat irytuje Fatygę konieczność systematycznej obecności na próbach: *taka dłubanina wyjątkowo tylko ma sens!* Tymczasem teatr odczuwa do Fatygi wyraźną słabość. Role, jakie aktorka otrzymywała, były jakby dla niej specjalnie pisane. Dorota w *Krakowiakach i Góralach* Bogusławskiego (1983) pozwoliła jej w pełni zademonstrować wrodzony temperament, *Czarująca szewcowa* Lorki złączyć ów temperament ze słodkim liryzmem. Może jedynie Panna Barstner w *Procesie* Kafki (T. Narodowy) oraz Waria w *Wiśniowym sadzie* Czechowa (Ateneum) domagały się uciążliwszej dłubaniny. Zaś poza wymienionymi, nieledwie wyjątkowymi sytuacjami, teatr chciał, żeby Fatyga robiła na scenie to, co kocha. Kazał jej śpiewać. U Hanuszkiewicza śpiewała piosenki Moniuszki (*Śpiewnik domowy*, 1982), w Ateneum songi Brechta (*Niebo zawiedzionych*, 1989) i szlagiery Brela, nawet Krystyna Skuszanka, gdy w 1984 realizowała ascetycznego *Zwolona* Norwida, wymyśliła dla Fatygi pieśń Niewidzialnego Anioła, do której muzykę skomponował Czesław Niemen. Ostatnio artystka wróciła do Ateneum, by uczestniczyć w parodystycznym widowisku *Opera Granda* Wojtyszki (1996). Może popisać się tam koloraturą, pokazać swą fenomenalną skalę głosu, a w sławnej arii Królowej Nocy z *Zaczarowanego fletu* Mozarta bawić aktorskim pastiszem. No, a poza teatrem Fatyga właśnie śpiewa. W kabaretach, telewizji i filmie, na przeglądach i w objazdowych trasach. Tam dopiero pokazuje i temperament i głos. I dba o swoją sławę skandalistki. Miał bowiem powody Zdzisław Pietrasik, gdy pisał: *Największy biust wśród polskich aktorek. Podobno narzeczony zgodził się na jej aktorstwo pod warunkiem, że nie będzie się na planie filmowym rozbierać. Na szczęście dla widzów – ona słowa nie dotrzymała!* („Polityka") Sama Fatyga przyznaje samokrytycznie: *czasami mam wrażenie, że posunęłam się za daleko...*

Krystyna Feldman
ur. 1 III 1920, Lwów

Urocza, starsza pani jest dziś prawdziwie kolorowym błyskiem w przedstawieniach poznańskiego T. Nowego. Drobna, szczupła, niepozorna, a zawsze pełna wigoru, zarażająca widza radością. Jak chociażby w *Pięknej Lucyndzie* Hemara, gdzie grała Talię, czy w *Opowieści zimowej* Szekspira, gdzie była Błaznem. Na długo pozostanie też w pamięci teatromanom świata, którzy na markowych festiwalach oglądać mogli groteskowe wizje teatru Janusza Wiśniewskiego; pełniła w nich Feldman funkcje szczególne, które można by nazwać motorycznymi. A zaczęło się to wszystko w przedwojennym Lwowie. Córka popularnego aktora, Ferdynanda Feldmana i operetkowej wokalistki, Katarzyny Sawickiej, po ukończeniu studium dramatycznego Janusza Strachockiego zdała egzamin ZASP i stawiła się do pracy w lwowskim T. Miejskim (1937). Pracę wznowiła po wojennej przerwie jesienią 1944, wystawiano właśnie *Wesele*, a *ponieważ zabrakło nam młodzieży męskiej, postać Staszka odtworzyła bardzo prawdziwie i wiernie* – wspomina dyr Bronisław Dąbrowski. W *Moralności Pani Dulskiej* grała Hesię, *podkreślając te rysy charakteru, które przypominają już nieco matkę* (Wilna Ukrajina, 1945). Dodać by jeszcze można, że Staszka ozdobiła kruczowłosą peruczką i że komedię Zapolskiej reżyserował Aleksander Bardini. W 1945 zespół sceny lwowskiej zjeżdża do Polski Ludowej, a młoda aktorka zaczyna paroletnie peregrynacje po scenach Ziem Odzyskanych. Katowice, Opole, Jelenia Góra, Szczecin. Piękne recenzje zbiera za rolę Lizzie w *Powodzi* Bergera, którą odtwarza w Jeleniej Górze obok Ignacego Machowskiego i Stanisława Zaczyka. W 1949 otrzymuje nagrodę na I Festiwalu Sztuk Radzieckich:

Krystyna Feldman

Krystyna Feldman jako Chojnowska w *Filipie z prawdą w oczach* Krasińskiego

w szczecińskiej inscenizacji *Bajki* Swietłowa zagrała Szurika, czyli znów rolę chłopięcą! Od 1952 związała się z młodzieżowym T. Nowym w Łodzi, po roku jawi się jej nazwisko na afiszu jako asystentki reżysera, coraz częściej trafiają się artystce te niewdzięczne obowiązki, w 1959 z samym Bohdanem Korzeniewskim współpracuje przy *Nieboskiej Komedii* Krasińskiego. W 1960 podpisuje w Teatrze 7[15] afisz *Księżycowego pantofelka* Żółkiewskiej już jako samodzielny reżyser. Uporczywie poszukuje teatrów, które by ją naprawdę fascynowały. Działa u boku Romana Sykały (T. Powszechny w Łodzi), Ireny Babel (T. Ludowy w Nowej Hucie), Józefa Grudy (T. Polski w Szczecinie). Staje się mistrzynią aktorstwa charakterystycznego, nie rozróżniając, czy przychodzi jej grać epizod, czy rolę prowadzącą. Czy jest to Sowa w *Dziadach*, rozkrzyczana Dewotka w *Ten, który dotrzymuje słowa* Gomesa, partnerująca Ludwikowi Benoit w jego pamiętnej kreacji Zé-Osiołka, czy zwariowana *Baba Dziwo* w sztuce Pawlikowskiej-Jasnorzewskiej. Czy solidna pani Peachum z brechtowskiej *Opery za trzy grosze*, czy wreszcie cały tłumek postaci z drugiego planu *Antygony z Nowego Jorku* Głowackiego, który ona sama musi zagrać. Najwięcej energii poświęca i tak swej roli naczelnej (przy tym najtrudniejszej!): osoby, która współtworzy klimat teatru. *Interesuje mnie wszystko, co dotyczy współżycia z ludźmi* – twierdzi. Docenia to w niej środowisko.

Adam Ferency

ur. 5 X 1951, Warszawa

Prosto od Łomnickiego, rektora PWST w Warszawie, przeszedł do Łomnickiego, dyrektora T. na Woli (1976). *Cieszyłem się jego życzliwością, starałem korzystać z uwag* – wspomni po latach. Efekt był widoczny na scenie. Zwłaszcza Joca w *Przedstawieniu Hamleta we wsi Głucha Dolna* Brešana pozwolił młodemu aktorowi na błyskotliwy popis charakterystyczności (1977). Po odejściu Łomnickiego z dyrekcji przenosi się Ferency do T. Współczesnego (1981). Zagra tam jedną ze swych najlepszych ról – zdeformowanego fizycznie chłopaka w *Człowieku-słoniu* Pomerance'a (1983), w świetnym towarzystwie Mai Komorowskiej i Czesława Wołłejki. *Dominował na scenie. A osiągnął to nie bełkotem i ruchami upośledzonego kaleki, obronił się spokojem i koncentracją w chwilach napięć* (Teresa Krzemień). Zagrał

Adam Ferency w filmie *Dziecinne pytania* Zaorskiego

później role tak odmienne, jak komiksowy nieco Puk w *Śnie nocy letniej* Szekspira i programowo odęty Prozorow w *Trzech siostrach* Czechowa, Asasello w *Mistrzu i Małgorzacie* Bułhakowa, Alessandro Medici w *Lorenzacciu* Musseta i szantażysta Wolf w *Miłości na Krymie* Mrożka (1994). *Z roli na rolę Ferency wyrasta na wielkiego aktora charakterystycznego, który z niezwykłą inteligencją potrafi wykorzystać własne warunki* (Krzysztof Głogowski). Sam aktor oceniać to jednak począł inaczej: *Facet łysy, dość zwalisty zawsze kojarzyć się będzie ze schwarzcharakterami. Jest szuflada, w którą mnie wpychają: inteligentny bydlak. Zagrałem tego rzeczywiście troszkę za dużo.* Tyle, że zagrał z sukcesem. Zwłaszcza w filmie: ubek Morawski w *Przesłuchaniu* Bugajskiego (1981), Jegorow w *Kanalii* Wiszniewskiego (nagroda na Festiwalu Filmowym w Gdyni, 1991) - te role się pamięta... W T. Dramatycznym m.st. Warszawy, dokąd przeniósł się w 1994, Ferency nadal zmaga się sam ze sobą. To aktor ścigany utopijną tęsknotą do doskonałości...

Katarzyna Figura
ur. 22 III 1962, Warszawa

Mówi o sobie, że jest „seksualnym potworem". Bardziej chyba istotne, że jest utalentowaną aktorką filmową, która swego ciała używa dosyć odważnie jako jednego ze środków wyrazu. Ciałem zarobiła na ten cały hałas wokół siebie, ale własną pozycję w zawodzie zawdzięcza bez dyskusji swemu aktorstwu. Jest absolwentką warszawskiej PWST (1986). Przed dyplomem zdążyła już wystąpić w 6 filmach (m.in. w węgierskim *Sezonie na potwory*, reż. Miklos Jancso, 1983). Na teatr właściwie nie miała czasu, obie jej obecności na scenie warszawskiego T. Współczesnego (Irina w *Trzech siostrach* Czechowa, 1985 i Hella w *Mistrzu i Małgorzacie* Bułhakowa, 1987) stanowiły raczej towarzyską sensację, niżli fakt o znaczeniu artystycznym. Tych dostarczyła do tej pory w filmach dwóch polskich reżyserów. Pierwszy z nich, Radosław Piwowarski (*Pociąg do Hollywoodu*, 1987, *Autoportret z kochanką*, 1996) ujawnił na ekranie jej uroczą spontaniczność, prostotę i prawdę, przy tej okazji sugerując swej Marioli Wafelek pomysł na karierę.

Poczet aktorów polskich

Katarzyna Figura w filmie *Kingsajz* Machulskiego

Od tamtego filmu Figura uporczywie szturmuje Hollywood, co przyniosło efekty, jak na razie, dość średnie: dwa filmy komercyjne i dwa epizody u Roberta Altmana (*Gracz*, 1991 i *Prêt-à-porter*, 1995). Efekty zaskakujące przyniosła natomiast współpraca Figury z drugim ze wspomnianych filmowców polskich, Andrzejem Kondratiukiem. W jego kinie prywatnym (*Mleczna droga*, 1990, *Wrzeciono czasu*, 1994) Figura wręcz poraża intensywnością ekspresji. Tyle że tę ekspresję ma w ciele, oczach, wyrazie twarzy, grymasie warg. Jest naga i pełna poezji, co pozwala stwierdzić, że jeśli w innych filmach bywa wyłącznie naga, winą za to zubożenie obciążać trzeba raczej reżysera. W sumie zatem Figura czeka, a czekając cieszy oko w *Kilerze* (reż. J. Machulski, 1997), w *Historiach miłosnych* (reż. J. Stuhr, 1997). Cieszy też ucho tym, którzy się dodzwonili pod numer telefonu 070074919. Jeśli wierzyć reklamom w prasie, pod tym numerem coś tam o sobie opowiada nasz „seksualny potwór".

Jolanta Fraszyńska

ur. 14 XII 1968, Katowice

Jedna z najzdolniejszych aktorek młodego pokolenia. Ukończyła wydział aktorski na wrocławskiej PWST, zdobywając za rolę Emilki w *Naszym mieście* Wildera główną nagrodę na przeglądzie szkół teatralnych (1991). Swą kilkuletnią pracę we wrocławskim T. Polskim zaczęła dosyć banalnie, bo *Anią z Zielonego Wzgórza*. Szekspirowską Julię, którą potem zagrała w reżyserii Tadeusza Bradeckiego, też można w ostateczności uznać ze stereotyp. Tyle, że jednocześnie ta młodziutka dziewczyna o dziwnie dojrzałym spojrzeniu zagrała kilka ról, którymi wstrząsnęła. Piekielnie współczesne, swoiście tragicznie. Warto może zaznaczyć, że zrobione we współpracy z Jerzym Jarockim. To Otlla w *Pułapce* Różewicza i Sonia w *Płatonowie* Czechowa. Za drugą z nich zdobyła w 1996 nagrodę na Spotkaniach Kaliskich. Więcej od nagrody znaczyła przecież zbiorowa ekscytacja środowiska, krytyki i publiczności zauroczonych potęgą ekspresji, wybuchającej z Soni – tej pozornie naiwnej, zakochanej aż po śmieszność panienki. Po takim sukcesie już nie dziwi, że kiedy Fraszyńska wystąpiła w warszawskim T. na Woli, w *Heddzie Gabler* Ibsena, w roli Pani Elvsted, to stołeczni recenzenci dość kiepsko oceniając sam spektakl i osobę zasłużonej reżyserki, pisali o młodej wrocławiance z nabożnym uszanowaniem: *obdarzona absolutną prawdą sceniczną!* Skalę swych możliwości ujawnia Fraszyńska także przy zadaniach diametralnie odmiennych, chociażby w bukiecie starych szlagierów, *Syrena Elektro*, gdzie z wdziękiem, dowcipem i temperamentem przeistacza się

Jolanta Fraszyńska jako Bianka w *Białym małżeństwie* Różewicza

w Zulę Pogorzelską. Profesjonalizm młodej aktorki można zaś ocenić w pełni, kiedy w młodzieżowym widowisku, *Przygody Tomka Sawyera* Twaina (1995), a zatem w typowej dla teatru produkcji ubocznej, zadała sobie trud, by całkowicie dla tej roli przekształcić swój sposób mówienia, ruchy, a nawet rytm chodzenia. Przy okazji *Płatonowa* napisał Andrzej Wanat, szef miesięcznika „Teatr", że *Fraszyńska posiada wielki talent transformacyjny* – przy Tomku Sawyerze było widać, że nie leni się z tego talentu korzystać.

Ma także za sobą kilka głównych ról filmowych: Julię w *Żegnaj Rockefeller!* Szarka, Biankę w *Białym małżeństwie* M. Łazarkiewicz, Jolę w *Porze na czarownice* P. Łazarkiewicza. Osierociła ostatnio Wrocław przechodząc do T. Dramatycznego m.st. Warszawy.

Piotr Fronczewski

ur. 8 VI 1946, Łódź

Jest synem wieloletniego organizatora widowni w T. Syrena, tam też po raz pierwszy wyszedł na scenę we włoskiej komedyjce *Pan Vincenzo jest moim ojcem* Scarpetty (1957), a ojcem owym był Adolf Dymsza. Po studiach w PWST (1968) pracował jeden sezon w T. Narodowym, przez pięć w T. Współczesnym, było to przecież czeladnicze wyrobnictwo bez następstw. Udział w zbiorowych scenach *Kramu z piosenkami* czy *Nieboskiej komedii*, epizod w *Człowieku z kwiatem w ustach* Pirandella. Dyrektorem, który w talent Fronczewskiego uwierzył, okazał się Gustaw Holoubek. Obsadził go w wielkiej roli Henryka w *Ślubie* Gombrowicza (1974), gdzie młody aktor objawił się jako zupełnie inny od pozostałych. *Jakby przyszedł z innego teatru, z innej szkoły. Nie jest to tak zwana wielka kreacja aktorska, ale przedziwna mieszanina sprawności z niedojrzałością, świeżości z estradową rutyną. Popisowo grający tę olbrzymią rolę aktor jest zarazem podszyty amatorem, w pozytywnym znaczeniu tego słowa. Może można tę rolę zagrać lepiej, ale trudno zagrać ją zgodniej z intencjami autora. Udało się bowiem Fronczewskiemu przekazać ze sceny ową, tak przez Gombrowicza ukochaną, niedojrzałość, która nie jest słabością, lecz siłą* (Jan Kłossowicz). Po Henryku przyszły kolejne sytuacje, w jakich Holoubek wiązał Fronczewskiego z Gombrowiczem: Filip w *Iwonie, księżniczce Burgunda* i nagrodzony na festiwalu we Wrocławiu Hrabia Szarm w *Operetce* (1980). Konstatacje Kłossowicza nie traciły zresztą swej zasadności i wtedy, gdy Fronczewski grał teksty innych autorów, chociażby Szekspira. Błazen w *Królu Learze* (1977), a w końcu *Hamlet* (1979). Miało się bowiem okazać, że ta ostentacyjna niechęć do tradycyjnego „rzemiosła", ta pozorowana powszedniość słowa, ruchu i gestu, ocierająca się o szarzyznę amatorstwa, to

Poczet aktorów polskich

Piotr Fronczewski

po prostu styl. Styl pełen wewnętrznej zborności, a przede wszystkim styl, który bardzo szybko zyskiwał bardzo wielu zwolenników. Fronczewski pojawia się na małym ekranie, chcą go w swoich filmach widzieć Zanussi (Janek w *Bilansie kwartalnym*, 1974), Wajda (Horn w *Ziemi obiecanej*, 1975), Janusz Zaorski (*Pokój z widokiem na morze*, 1977), Janusz Kijowski (*Kung-fu*, 1979). Styl zwyczajności sprawdza się i tam. U Zaorskiego zmierzyć się przyszło młodemu aktorowi z samym Holoubkiem, u Kijowskiego z Olbrychskim. A tymczasem po scenicznej kreacji – Błaźnie w *Królu Learze*, krytyk Kłossowicz dopisuje do wcześniejszych uwag ich ciąg dalszy: *niejeden aktor przemieniłby tego Błazna zwyczajnie w ironicznego komentatora. Fronczewski jest błaznem prawdziwym, takim, co mówi mądre rzeczy i naprawdę śmieszy. Choćby dlatego, że wie, kiedy i jak wypiąć tyłek na widownię.* I przy tym tyłku sprawy zaczęły się jednak nieco komplikować. Fronczewski stał się bowiem w tzw. międzyczasie autentycznym bożyszczem polskiej estrady. Zachwycał w kabarecie Pod Egidą. *To jest wspaniałe, że ktoś jednego dnia może zagrać Hamleta, a w dzień potem małpę!* – entuzjazmował się Jan Pietrzak. A Fronczewski szalał także w telewizyjnym kabareciku Olgi Lipińskiej jako błazeński pan Piotruś, zdobił rozrywkowe filmy Jerzego Gruzy, Juliusza Machulskiego, Krzysztofa Gradowskiego, nagrywał sprzedawane w milionowych nakładach płyty z balladami Franka Kimono, zabłądził w końcu nawet na scenę swej debiutanckiej Syreny. I okazało się, że nie ma jednak przyjemności bez kosztów, Fronczewski musiał spłacić rachunek za nadmiar nabytej przy tych wszystkich wesołych okazjach giętkości. Zapłacił go raz, ale boleśnie: Wojewodą w *Mazepie* (T. Ateneum, 1992). Krytyka zawyrokowała: *rysunek mocno jednostronny, w sylwetce niepokojąca stężałość* (Barbara Osterloff). W dodatku wszystko wskazywało na to, że krytyka ma rację. W odpowiedzi Fronczewski zagrał Pchełkę w *Antygonie z Nowego Jorku* Głowackiego (1994) – dialogi wymiętoszonego przez życie kloszarda znów lśniły ironią, ruch aktora odzyskał swą dawną miękkość. Ale cała ta sytuacja zda się mieć skutek bardziej dalekosiężny. Fronczewski wyraźnie zaczął promować inne, niźli teatr, formy kontaktu z publicznością. Rozmawia z nią w telewizyjnych miniaturkach *Tato, a Marcin powiedział...*, pojawia się w sensacyjnej *Ekstradycji*, przywraca do życia Franka Kimono, ostentacyjnie sprzedaje twarz i głos w reklamowych klipach. Aktor, który zdobył sławę w teatrze, coraz wyraźniej demonstruje swój sceptycyzm wobec tej właśnie formy przekazu. Czas pokaże, jakie ma w tym argumenty. Póki co, zagrał Astrowa w *Wujaszku Wani*. Zresztą zagrał „po bożemu".

Jan Frycz

ur. 15 V 1954, Kraków

O takich aktorach mówiono kiedyś „amant dramatyczny", teraz pewien krytyk wymyślił dla Frycza specjalne określenie „amant gorzki". Istotnie, krakowski Stary T. korzysta chętnie z urody aktora, zlecając mu w zamian wykonawstwo przeżyć dość cierpkich. Kiedy jako student PWST debiutował w T. im. Słowackiego rolą urodziwego Porucznika we fredrowskich *Damach i huzarach* (1978), spadło mu na premierze z głowy czako, tocząc się ku widzom. Znawcy uznali to za złą wróżbę (fakt, że pech Frycza potem prześladował: przed premierą *Snu srebrnego Salomei*, gdzie grał Sawę, złamał nogę!, dwóch dyrektorów teatru musiało opuścić swe posady tuż po zaangażowaniu Frycza!), ale odezwały się też głosy, że przeciwnie! Że to omen wspaniałego kontaktu z widownią! I na to chyba w końcu wyszło. Już w T. im. Słowackiego miał szczęście zagrać tytułową rolę w sensacyjnej prapre-

Jan Frycz

Jan Frycz

mierze *Brata naszego Boga* Wojtyły (*urzekał siłą wewnętrznego przekonania*, 1979). Po serii głównych ról w Warszawie (*Amintas* Morsztyna w T. Narodowym, *Kordian*, Wacław z *Zemsty* w T. Polskim) wraca w 1984 do Krakowa. Znów kreacje w T. im. Słowackiego (*Mały bies* Sołoguba, Mozart w *Amadeuszu* Shaffera), od 1989 niekończąca się seria sukcesów w Starym T., gdzie do dziś zapracowuje na ten tytuł gorzkiego amanta. *Jest aktorem, który lubi grzebać w zmysłowych kojarzeniach* - mówi Krystian Lupa - *to nadaje jego aktorstwu wymiar osobisty. Wrażliwy i zarazem agresywny, finezyjnie inteligentny i obdarowany ogromem pierwotnej wręcz siły.* W 1990 za rolę Iwana w *Braciach Karamazow* Dostojewskiego otrzymuje Frycz nagrodę im. A. Zelwerowicza. Gra Astrowa w *Wujaszku Wani i Iwanowa* (w Teatrze TV), wspomnianego tu Sawę i Escha w *Lunatykach* Brocha, Księdza Piotra w *Dwunastu improwizacjach wg Dziadów* (powtórzy go potem w telewizyjnej wersji Jana Englerta) i Księdza w *Klątwie* Wyspiańskiego. Z każdą kolejną rolą jego aktorska amanckość schodzi na dalszy plan, przybiera na sile owa gorycz, w której potrafił już wyodrębnić ze sto barw. Jest aktorem jawnie emocjonalnym, a zarazem budzi podziw dla intelektualnej konstrukcji swoich ról. Za symbol można tu uznać Witkacego w *Grzebaniu* Jarockiego (1996), gdzie przeistacza się nieustannie z pisarza w postaci jego dramatów. *Przygląda się i wciela* - napisał jeden z krakowskich krytyków. Nie miał może Frycz nadmiernego szczęścia do filmu, w Teatrze TV grając za to wszystko, co jest do zagrania. Oprócz ról już wspomnianych - *Irydion*, *Kordian*, *Hamlet*, *Edyp*.

G

Janusz Gajos

ur. 23 IX 1939, Dąbrowa Górnicza

Ogromną popularność przyniósł mu udział w serialu o *Czterech pancernych i psie*, sympatyczny Janek Kos ustępował sławą chyba tylko samemu Szarikowi. Gajos chciał być przecież normalnym aktorem, a nie kolejnym wariantem Klossa. Od stycznia 1965 podejmuje pracę w łódzkim Teatrze 7¹⁵, który właśnie stawał się filią T. im. Jaracza. *Wbrew obawom, jakie żywię wobec bohaterów popularnych seriali, okazał się aktorem dojrzałym, dysponującym bogatym warsztatem* – napisał Marek Wawrzkiewicz, gdy Gajos zagrał *Mego przyjaciela Marika* Arbuzowa (1966). Mniej fortunnie zaprezentował się jako teatralne wcielenie *Pana Wołodyjowskiego* (1967), sukcesem był z kolei Jasiek w *Weselu* (1969, reż. Jerzy Grzegorzewski). Od 1970 przechodzi artysta – stale w pancernej glorii – na scenę warszawską. Kolejno T. Komedia, T. Polski, T. Kwadrat, T. Dramatyczny m.st. Warszawy, T. Powszechny. Sympatyczny junak Kos staje się jeszcze sympatyczniejszym, soczystym aktorem komediowym, łączącym plebejskie ciepełko z chwalebną precyzją w smeczowaniu point. Świetny jako Bimber w satyrycznej obyczajówce *Rozmowy przy wycinaniu lasu* Tyma (T. Kwadrat, 1975) i jako żwawy Figaro w *Weselu Figara* Beaumarchais (T. Dramatyczny, 1981), ale chyba najświetniejszy w telewizyjnych kabarecikach Olgi Lipińskiej. Niezrównany woźny Turecki! Popularności tej postaci przestraszył się sam Gajos, uciekł z telewizji do kabaretu Pod Egidą (*Kocham Janusza Gajosa!* – wołał Pietrzak), swe poczucie humoru demonstrując też w licznych filmach: *Czterdziestolatek* Gruzy, *Co mi zrobisz, jak mnie złapiesz* Barei, *Milioner* Szyszki (rola nagrodzona na festiwalu w Gdyni). Słowem – Gajos, uznany komik, może trochę odmienny od innych, lecz mimo wszystko jeden z wielu. I oto nagle przychodzi rola majora bezpieki w *Przesłuchaniu* Bugajskiego. Film wyprodukowany w 1981,

Janusz Gajos

Janusz Gajos w filmie *Piłkarski poker* Zaorskiego

przez lata nikt go w kraju nie mógł obejrzeć, a przecież przebudował on zarówno wyobrażenia reżyserów o możliwościach aktora, jak i jego samoświadomość. W kinie otrzymuje nowe dla siebie skale zadań: *Ucieczka z kina Wolność* Marczewskiego. *Dekalog* Kieślowskiego, *Limuzyna Daimler-Benz* Bajona, *Straszny sen Dzidziusia Górkiewicza* Kutza. W Teatrze TVP pojawia się jako pełen dziwnych pasji Kean (*Edmund Kean* Dumasa) i jako mądry Jan

Sebastian Bach (*Kolacja na cztery ręce* Barza). A w teatrze znajduje wspólny język z Zygmuntem Hübnerem. I objawia się tam nagle jako aktor właściwie poza *emploi*. Jest w stanie zagrać wszystko. Tragigroteskę, dramat i farsę. W monodramie *Msza za miasto Arras* Szczypiorskiego zespala z sobą te barwy, w gogolowskim *Ożenku*, gdzie zagrał Koczkariewa, bawi po prostu siebie i nas do szaleństwa, jako Nos w *Weselu* demonstruje rozluźnienie do granic absolutu, by jako Robert w *Nawróconym w Jaffie* Hłaski po prostu wzruszać. Odnosi porażki: *Makbet* (1996), *Fernando Krapp* w sztuce Dorsta, ale znamienne, że nie rzutują one na ocenę aktora. I to właśnie w tym najciekawsze: Jandę za kiepską Lady Makbet wydrwiono – kiepskim Makbetem Gajosa wszyscy się zmartwili. To dowód, że stał się zjawiskiem już spoza normy. Wspaniałe. I jakże niebezpieczne. Oczywiście dla samego Gajosa.

Ewa Gawryluk

ur. 13 XII 1967, Miastko

Jedna z bardziej uroczych przedstawicielek młodego pokolenia. Jej karierę zdeterminował jednak nazbyt szybko fakt, że filmowcy wytypowali ją sobie do ról rozbieranych. Absolwentka łódzkiej PWSTiTv (1991), związana z warszawskim T. Współczesnym. I nawet do macierzystego teatru ów obyczaj obnażania Gawryluk dotarł, więc kiedy w *Tangu* Mrożka (1997) zagrała Alę, jeden ze stołecznych recenzentów jej udział w przedstawieniu skwitował stwierdzeniem *odziana w podkreślającą kształty bieliznę* („Rzeczpospolita"). Gawryluk nie ma kompleksów. Wie, że jest zgrabna. Wie, że jest ładna. Próbuje tym handlować w sposób bardziej świadomy: *Przyzwyczajono się, że się rozbieram. Nie lubię tego robić, wstydzę się. Tam, gdzie rola polega tylko na tym, odmawiam.* Nie odmówiła już w kilkunastu filmach. Przeważnie tych komercyjnego nurtu (*Dziecko szczęścia* Kryńskiego, *Oczy niebieskie* Szarka, *Człowiek z...* Szołajskiego). Często przewija się w telewizyjnych serialach. Jej udział w *Matkach, żonach, kochankach* Machulskiego (1995), gdzie grała sekretarkę i kochankę trenera tenisowego – Englerta, ujawnił w ślicznej,

Ewa Gawryluk

Ewa Gawryluk
jako Ala
w *Tangu* Mrożka

trochę nadąsanej, trochę popłakującej blondyneczce także swoistą drapieżność, typową ponoć dla jej pokolenia. Więc może część sukcesów Gawryluk wynika i z tego, że typowa? Na scenie próbuje wzbogacać swe piękne równolatki o bardziej dopracowane mechanizmy psychologiczne. *Alę z Tanga nasyciła prawdą nieszczęśliwego uczucia. Cynizm natomiast, który zazwyczaj dominował w tej roli w innych inscenizacjach, został wzięty w cudzysłów. Ta Ala udaje jedynie nonszalancję wobec życia* (Joanna Godlewska). Debiutowała w roli Vickie w *Czego nie widać* Frayna (1992). Grała też Trzecią we *Wdowach* Mrożka, Luciettę w *Awanturach w Chioggi* Goldoniego, proletariacką aktywistkę Tatianę w *Miłości na Krymie* (1994).

Krzysztof Globisz

ur. 16 I 1957, Siemianowice Śląskie

*W*yznaje credo dość przewrotne: *Uważam, że aktorstwa należy się uczyć na kreskówkach. Najlepszym aktorem jest według mnie królik Buggs*. Sam na szczęście nie stosuje się do tych założeń. Jego aktorstwo jest gęste od uczuć, osiągając często siłę żywiołu. Do krakowskiego Starego T. przyszedł po krakowskim dyplomie i jednorocznym stażu w poznańskim T. Polskim (1983). Zaczynał od razu rolą znaczącą, Segismundo w *Życiu snem* Calderona. Potem szła seria zadań przynależnych jego wiekowi: Hajmon w *Antygonie* Sofoklesa, Wysocki w *Nocy listopadowej*, Wacław w *Zemście*, *Don Carlos* Schillera. Tę ostatnią już się zaznaczył: *Jego Carlos wibruje wrażliwością, porywa romantyzmem, rozwichrzeniem i natężeniem emocji. Ale nie ma w tej grze żadnego ekshibicjonizmu, jest dyscyplina, sprawność warsztatu, rysują się intencje i motywy działań* (Barbara Osterloff). W dalszym rozwoju najskuteczniej dopomógł aktorowi Jerzy Jarocki. *Bez jego pomocy* – wspomina Globisz – *nie istniałbym w te-*

Krzysztof Globisz
w *Krótkim filmie o zabijaniu*
Kieślowskiego

atrze, wszystko to, czym dzisiaj jestem jako aktor, zawdzięczam Jarockiemu. Jestem od niego uzależniony jak od kokainy. Potwierdzeniem tych słów jest piękna seria ról. Od Semenki w *Śnie srebrnym Salomei* po Sajetana w *Grzebaniu* Jarockiego (1996). Wyróżnia je przede wszystkim pedantyczna troska o formę, wolna przy tym od schematów i sztampy. Jak to w teatrze bywa, trafiają się i temu aktorowi role-serwituty (Odoaker w *Romulusie Wielkim* Dürrenmatta), czy role nie domyślane (*Peer Gynt* Ibsena). Wszedł przecież mocno Globisz do aktorskiej czołówki Starego T., współpracuje z T. Narodowym w Warszawie (Wielki Książę w *Nocy listopadowej*, 1997). W filmie zagrał wiele ról mniejszych i większych, za szczególnie znaczące trzeba uznać Adwokata w *Krótkim filmie o zabijaniu* Kieślowskiego (1988) i bohatera *Wszystko, co najważniejsze* Glińskiego (1992). *Globisz ma aktorstwo wpisane w mózg i duszę* – uważa kolega z krakowskiego zespołu, Andrzej Hudziak. Za rolę Vincencia w *Miarka za miarkę* otrzymał ostatnio Grand Prix na gdańskim Festiwalu Szekspirowskim (1998).

Ignacy Gogolewski

ur. 17 VI 1931, Ciechanów

Karierę rozpoczynał, jak tylko można najwspanialej, bo rolą Konrada-Gustawa na czołowej scenie Rzeczypospolitej (T. Polski, reż. A. Bardini, 1955). *Rewelacyjnie świetny* – stwierdziła Maria Dąbrowska w *Dzienniku*. Ujawnił nie tylko talent, ale nadspodziewaną dojrzałość. Umiał zachować ten własny styl, uznany przez publiczność za wzorzec w scenicznej interpretacji klasyki narodowej. Rozmaitość jej barw demonstrował na tejże scenie jako Mazepa w dramacie Słowackiego, Rizzio (*Maria Stuart* Słowackiego), Giano Gianni (*Beatrix Cenci* Słowackiego), przetwarzał je jako Kordian (T. Narodowy, 1965), wzbogacał o nową dojrzałość – swoją i swoich bohaterów – na scenach Polski. Jako Zygmunt August (*Kroniki królewskie* Wyspiańskiego, T. Dramatyczny m.st. Warszawy, 1972), *Fantazy* (T. im. Osterwy, Lublin, 1980), Chłopicki (*Warszawianka* Wyspiańskiego, T. Rozmaitości, Warszawa, 1985). Rozumiał od samego początku niebezpieczeństwa, jakie

Poczet aktorów polskich

Ignacy Gogolewski jako Neron w *Brytanniku* Racine'a

grożą, gdy aktor dopuści do nadmiernej jednostronnej gospodarki swą osobowością. W 1958 przenosi się do programowo współczesnej placówki – T. Dramatycznego, osiągając i tu sukcesy w nowym dlań repertuarze (Pastor Hale w *Procesie w Salem* Millera, Jęzory w *W małym dworku* Witkacego), w T. Narodowym ujmuje drapieżnością interpretacji roli Nerona w *Brytanniku* Racine'a, gdzie partnerował Irenie Eichlerównie, w T. Współczesnym cieszy go sentymentalizm Witusia w *Skizie* Zapolskiej. Z upływem lat wykazywał wzrastające zainteresowanie charakterystycznością swych bohaterów. Obsadził się w roli Rejenta w *Zemście*, obok Cześnika – Jana Świderskiego (Lublin, 1980), jako farsowy Podkolesin szalał w gogolowskim *Ożenku* (T. Rozmaitości, 1987).

Od 1957 zajmował się pedagogiką w stołecznej PWST, próbował sił w reżyserii (debiut – *Śnieg* Przybyszewskiego, 1969). Był trzykrotnie dyrektorem teatru: w Katowicach, Lublinie, w warszawskim T. Rozmaitości. Popularność zwielokrotniła mu jeszcze rola Antka Boryny w telewizyjnym serialu *Chłopi* (1972), gdzie odrzucając wiejskie naturalizmy, postawił na autentyzm i wdzięk. Z innych ról filmowych: Hrabia i Sylwio (*Wystrzał* Antczaka), *Bolesław Śmiały*, Stefan Żeromski (*Polonia Restituta*), sam reżyserował *Romans Teresy Hennert* oraz *Dom św. Kazimierza*. Wielokrotnie występował i reżyserował w telewizyjnym studio. Od 1993 znów powrócił do T. Polskiego. Nie gra już romantycznych kochanków – wydrwił ten gatunek, pozując się dość ironicznie na podtatusiałego Stanisława Augusta, smalącego polityczne koperczaki do podstarzałej carycy (*Popołudnie kochanków* Hena). Teraz interesuje go wszystko, co charakterystyczne. Zatem wariant awangardowy (Stary w *Krzesłach* Ionesco), wariant ironiczny (Orgon w *Świętoszku* Moliera), najbardziej zaś wariant fredrowski. I bogaci swe dawne ujęcie Rejenta, bawi się epizodem Twardosza w *Dożywociu*. A jeśli jeszcze czasem westchnie sobie do wspomnień, to tylko jako umierający Juliusz Cezar w tragedii Szekspira.

Wiesław Gołas

ur. 4 X 1930, Kielce

Zaczął od kabaretu, na kabarecie kończy. Wraz z grupą kolegów z warszawskiej PWST (Dobrowolski Jerzy, Czechowicz Mieczysław, Bogdański Zbigniew, Leśniak Zdzisław, co w autorskim pseudonimie brzmiało trochę z gruzińska – Godo Czebole) przygotował wieczór kabaretowy, *Koń*. Wszystko się tam działo poprzez ruch. Parodia ruchów, nieobecność tekstu. *Konia* wystawili w T. Dramatycznym m.st. Warszawy (1956). I tak się zaczęła

G

Wiesław Gołas jako Robert w *Uczcie morderców* Wydrzyńskiego

kariera Gołasa. Początkowo wielka kariera sceniczna. W *Paradach* Potockiego zagrał Gila tak, że mógł podczas występów gościnnych w Paryżu przeczytać o sobie w „Le Monde": *jest po prostu sensacyjny. Umie wszystko. Zagrać, śpiewać, tańczyć, grać pantomimę i pojedynkować, jak nikt we Francji by nie potrafił*. Potem poszły kolejne brawurowe role: Robert w *Uczcie morderców* Wydrzyńskiego, Walpurg w *Wariacie i zakonnicy* Witkacego, Brondley w *Czarnej komedii* Shaffera, Moczałkin w *Słoniu* Kopkowa, Hieronymus w *Czerwonej magii* Ghelderode, Niemowlę w *Szczęśliwym wydarzeniu* Mrożka. Podsumowaniem był uwielbiany przez aktora Papkin (*w tej roli zawarty jest cały nasz zawód*), którego grał ponad trzysta razy w trzech teatrach. Bo najpierw w T. Dolnośląskim w Jeleniej Górze, gdzie debiutował (1954), a potem w warszawskim T. Polskim, dokąd przeszedł w 1985. Zaś w tzw. międzyczasie coraz mniej na prace *stricte* teatralne zezwalał film i telewizja. Liczne role w serialach: Tomek Czereśniak w *Czterech pancernych i psie*, Marian w *Drodze*, Sowa w *Kapitan Sowa na tropie* (po emisji tego serialu milicjanci salutowali mu na ulicy!), a także tytułowa rola w filmie Petelskich *Ogniomistrz Kaleń*, która stwarzała aktorowi nieczęstą możliwość dramatycznego wyżycia. A nieczęstą, bo do telewizji dołączył na liście zajęć kabaret. Także kabaret w telewizji. W Dudku śpiewał Gołas *Tupot białych mew* i *W Polskę idziemy*, w Kabarecie Starszych Panów straszył i rozśmieszał zarazem *Upiornym twistem*. Jerzy Wasowski orzekł: *Gołas to taki aktor, co z niczego potrafi zrobić coś*. Dosadniejsza wersja tej opinii głosi, że zapytano kiedyś Gołasa: *skoro umie zagrać wszystko, czy zagra na przykład ołówek?* A Gołas: *Oczywiście! Ale zwyczajny, czy kopiowy?!* Spontaniczny, całkowicie organiczny, wielki talent tego aktora trochę jakby nad nim samym zagórował. W efekcie można go od lat usłyszeć, gdy na imprezach śpiewa *W Polskę idziemy* – rzadziej widać go w nowych rolach. Ale w *Kramie z piosenkami* (T. Polski, 1996) jeszcze pokazał, jak to mistrz Schiller uczył cieniować sławną balladkę o Arturze: *Bo my, niestety – ślepi jak krety – na trzy kobiety – kochamy dwie!...*

Krzysztof Gordon

ur. 14 II 1946, Ostrowiec Świętokrzyski

W 1968 ukończył wydział aktorski PWST w Warszawie i zaangażował do T. im. Osterwy w Lublinie. (Pierwsza rola – Laertes w *Hamlecie*. W *Hamlecie* nowoczesnym, w którym panowie chodzili w dżinsach, a Fortynbras miał na nosie druciane okularki! Potem jeszcze coś tam w *W Pustyni i w puszczy*. Potem w sentymentalno-wspomnieniowej *Balladzie o tamtych czasach* Grodzieńskiej i Jurandota gra rólkę, o której pisze recenzentka: *nastolatek nieco prędki, ale z gruntu dobra natura*.) Fragment ten wzięliśmy w nawias, bo też i w biografii Gordona dwulecie lubelskie było takim nawiasem. W 1970 przenosi się do T. Wybrzeże, w którym już prawie trzydzieści lat gra pierwszoplanowe role. Ale w Gdańsku los spotkał go z metafizycznym teatrem Stanisława Hebanowskiego. *Wszystko, co dobre we mnie, jest od niego. Był dla aktora reżyserem niezauważalnym, ale stale obecnym (...) nauczył mnie zwracać uwagę na to, co poza tekstem, na to, co tajemnicą* – wyzna Gordon. W T. Wybrzeże kreował m.in. Juliana w *Maleńkiej Alicji* Albee'go, Emanu w *Cmentarzysku starych samochodów* Arrabala, Augusta w *Nocy trybad* Enquista, Astrowa w *Wujaszku Wani*, Herzla w *Mein Kampf* Taboriego (Nagro-

Gdańska), Anatola w *Portrecie* Mrożka, Maestra w *Ja, maestro* Ragnarssona. O rolach tych pisali często krytycy jednym słowem, że „niezwykłe", a panie na widowni wpatrywały się w jego orzechowe oczy i wsłuchiwały w jego magiczny głos. Kreował także *Hamleta* (1974), a był to *Hamlet refleksyjny, z jakimś organicznym poczuciem swej bezsilności, od czasu do czasu wybuchający pasją, ogarniany gwałtowną i szybko gasnącą energią* (Leonia Jabłonkówna). Pojawiał się też często w Teatrze TV: Oswald w *Upiorach* Ibsena, Syn w *Pelikanie* Strindberga, Markiz Posa w *Don Carlosie* Schillera, w latach ostatnich zapraszany do udziału w premierach warszawskiej sceny Prezentacji. Andrzej Żurowski portretuje go jako *aktora poszukującego uwarunkowań ostatecznych, ocierającego się o tajemniczą sferę, gdzie pozostaje tylko niepewność*. Brzmi to bardzo pompatycznie. *Cóż, pewne rzeczy mogę zagrać lepiej lub gorzej* – dopowiada Gordon.

Mikołaj Grabowski

ur. 5 XII 1946, Chrzanów

Twórca ekspresyjnych widowisk, jak *Listopad* wg Rzewuskiego, czy *Opis obyczajów* wg Kitowicza, którymi *uwalnia Polaków z niewoli sarmatyzmu* (Roman Pawłowski). W 1969 ukończył wydział aktorski krakowskiej PWST. Czy tak po prawdzie jest jednak Grabowski aktorem? Dyplom ma, debiut odbył: zagrał w 1969 rólkę Asystenta w *Rzeczy Listopadowej* Brylla w T. im. Słowackiego, a było to zastępstwo za kolegę, Gustawa Krona. Wkrótce jednak zapisał się na studia reżyserskie, po ich zaliczeniu pracował jako reżyser w Jeleniej Górze i Łodzi, dyrektorował przez jeden sezon (1981-82) w poznańskim T. Polskim, potem przez trzy sezony w T. im. Słowackiego. W okresie tym pojawiał się na scenie raczej okazjonalnie. Raz w Jeleniej Górze, bo go zafrapowało uczestnictwo w groteskowym mariwodażu (grał Mario w *Grze miłości i przypadku* Marivaux, 1977), w Poznaniu też raz, bo nie miał w zespole wykonawcy, któryby mu dogodził jako Kazimierz Puławski w jego adaptacji *Listopada*, 1981). Dyrektorując T. im. Słowackiego dublował w *Irydionie* rolę Massynisy, zabezpieczając się przed kłopotami z wy-

Mikołaj Grabowski

stępującym gościnnie w tej roli gwiazdorem z konkurencyjnego teatru. Z tego wniosek, iż mogąc - niezbyt za graniem tęsknił. Niezbyt tęsknił za graniem w spektaklach tradycyjnych, nawet kiedy to on sam jako reżyser ich tradycjonalizm rewolucjonizował (w 1981 otrzymał zresztą nagrodę im. Swinarskiego za całokształt twórczości reżyserskiej). Ale przez wszystkie te lata frapowały go widowiska z pogranicza happeningu. Jeszcze jako student związany był z zespołem muzycznym MW 2, szeroko wędrującym po świecie. Z czasem poczęły go coraz mocniej interesować eksperymenty Bogusława Schäffera: budowanie scenicznej rzeczywistości od podstaw, improwizowanie dialogu podczas prób, by bawić się nim podczas przedstawień. Schäfferowski *Scenariusz na trzech aktorów* wykonywał z Janem Peszkiem i własnym bratem, Andrzejem ponad 400 razy. Już w Łodzi uczestniczył w wykonaniu *Kwartetu* Schäffera: *dziesiątki gagów, zagrań, zaczepek wobec publiczności. Jedne z tych popisów są lepsze, inne gorsze, ale są i znakomite* - zawyrokował wtedy Jan Kłossowicz. Z biegiem lat schäfferowskie scenariusze podlegały kolejnym przekształceniom, przetrwała przecież ich istota. Istota wspólnoty zabawy. Grabowski dostrzega w niej test na umiejętność docierania do widza. Przez pięć bodajże lat doskonalił to w gościnnej przestrzeni Teatru STU. I teraz otwarcie nawiązuje do niej, kiedy schodzi ze sceny T. im. Słowackiego ku widzom podczas *Opisu obyczajów*, by podzielić się z nimi wódeczką. Niektórych taki styl razi. Czy słusznie? - w epoce, gdy Dario Fo otrzymał Nobla! Na ile przecież takie uczestnictwo w zabawie jest aktorstwem? Tu o odpowiedź trudniej. Ale czy musimy jej właśnie teraz udzielać? Zwłaszcza, kiedy publiczność zadowolona. Z punktu zaś *stricte* formalnego odpowiedzieć wolno, że Mikołaj Grabowski za aktora uznany być może, gdyż w 1975 został obsadzony przez dyr Krystynę Skuszankę w ważnej roli Ojca w *Ślubie* Gombrowicza i wykonał zadanie właściwie, *odważnie posuwając się po krawędzi komizmu i dramatyczności*. Tak orzekł wtedy sam Zygmunt Greń.

Michał Grudziński

ur. 8 II 1944, Warszawa

Absolwent PWST w Warszawie (1970). Przez całe swe aktorskie życie związany z Poznaniem, od 1972 z tamtejszym T. Nowym. Przeżył tam kilka etapów. Niektóre trudne, zawsze przecież mógł liczyć na swoją publiczność. Spodobał się jej początkowo jako czupurny amancik. Najskuteczniej to sprawił słodki do zakochania Zbyszko z *Moralności pani Dulskiej* (1973). Bo niewątpliwie z tamtych jeszcze lat wywodzą się te głosy, które zbiera na dorocznych plebiscytach popularności *Biały Bez* (wygrywał już 7 razy!), a i ten damski *fan-club*, którego znakiem rozpoznawczym jest biały, jedwabny szalik. Ale w 1974 przybył do T. Nowego z Kalisza kolektyw Izabelli Cywińskiej. W walce o role stał Grudziński na pozycji kiepskiej. Konkurenci z nowego nadania, on zasiedziały. Jednak kilka ról sobie wywalczył. Brał, co dawali. I wygrał na tym, bo mógł zademonstrować swą warsztatową wielobarwność. Zaczął od Barona w *Na dnie* Gorkiego, grając go, jak na trzydziestolatka, z zastanawiającą dojrzałością. Zaliczył potem trzy nagrody na Opolskich Konfrontacjach. I to za role tak różnorodne, jak Bałandaszek

Michał Grudziński jako Sorin w *Czajce* Czechowa

w *Onych* Witkacego, molierowski *Tartuffe* i Wicherkowski w *Domu otwartym* Bałuckiego. Ostatnia z tych ról przydała mu na długo epitet komika. Zaprzeczał mu swym dramatycznym ujęciem roli Smierdiakowa w transkrypcji *Braci Karamzow* (1980), a przede wszystkim rolą Herzla w *Mein Kampf* Taboriego. Tym razem nagrodę za nią otrzymał w Kaliszu. W 1989 Cywińska powędrowała w ministry, konkurenci się jakoś rozpierzchli, Grudziński został. I dopiero teraz okazał się prawdziwie niezastąpiony. Publiczność nadal wmawiała mu, że zeń komik, co on sam komentował dość wstrzemięźliwie: *mam łatwość komediowania. Najszybciej odnajduję się w farsie czy komedii. Ale mówię o sobie – clown. Na zewnątrz wesoły, w środku smutny.* W ostatnich latach dorobek twórczy Grudzińskiego wzbogacił się o kilka znaczących pozycji, najbardziej znacząca to Sorin w *Mewie* Czechowa. Zagrana z pełną ekspresją, psychologicznie wycieniowana. Tyle, że niezbyt wesoła.

Ryszarda Hanin

30 VIII 1919, Lwów ☆ 11 I 1994, Warszawa

Pierwszą rolę, jaką zagrała na scenie zawodowej, była Aniela w *Ślubach panieńskich* (T. Wojska Polskiego, Lublin, 1944). Pierwsza i ostatnia amantka w aktorskiej biografii. Nie interesował jej na scenie ten gatunek uczuć. Chyba że miłość stawała się wstępem do nieszczęścia, jak u Nastki w *Na dnie* Gorkiego (T. Polski, 1949, reż. Leon Schiller) czy Soni w *Wujaszku Wani* (T. Kameralny, 1953). *Często gram kobiety pokrzywdzone przez los* – powiedziała kiedyś – *często grywam matki i lubię mierzyć się z tym materiałem. Matki są przecież tak różne.* Wydawało się to wszystko wiązać z jej prywatnym charakterem. Była bowiem Hanin zawodową niemal pocieszycielką w smutkach i obrończynią w krzywdach, o które tak łatwo za teatralnymi kulisami. Symbolicznym upostaciowaniem jej natury zdawała się być rola Oli w debiutanckim dramacie *Rok 1944* Kuśmierka (1954, Teatr Domu Wojska Polskiego, Warszawa). Oli, działaczki, która z troską i serdecznością pochyla się nad problemami nawet tych, których powinna zwalczać. Musiało ją to wszystko z czasem nieco męczyć, gdyż z latami chętniej sięgała po role perfidnych krzywdzicielek – Pelasia w *Na czworakach* Różewicza (1971).

Nie była aktorką z dyplomem. Do teatru dotarła tropem wojny, wygnana z rodzinnego Lwowa trafiła do teatrzyku I Armii WP. Aktorstwo odbierała raczej jako swój stan naturalny, a nie jako wyuczoną profesję. Może i stąd płynęła jej skłonność do poszukiwania psychologicznego materiału, z którym mogłaby się wewnętrznie identyfikować. W swoich środkach wyrazu stawiała przede wszystkim na prostotę i prawdę. To czyniło ją aktorką przejmującą. Także wtedy, gdy wkraczała w krąg literatury absurdu i groteski: Królowa-Matka w *Ślubie* Gombrowicza (1974), Winnie w *Radosnych dniach* Becketta. Związana przez całe niemal życie z dwiema scenami sto-

Adam Hanuszkiewicz

Ryszarda Hanin

łecznymi, T. Polskim i T. Dramatycznym m.st. Warszawy. Od 1952 pochłonięta pracą w szkole teatralnej. Mniej zajmowała się tam formułkami gry, podkreślała znaczenie uczuć. Jako piękne pożegnanie pozostawiła nagrodzoną na festiwalu w Gdyni rolę Chłopki w filmie *Jeszcze tylko ten las* (1993). Rolę zmęczonej życiem kobiety, która nie zwykła dużo mówić o obowiązku, ale dobrze wie, co ten termin znaczy.

Adam Hanuszkiewicz
ur. 16 VI 1924, Lwów

Podstawy rzemiosła zdobywał w studium przy teatrze rzeszowskim, teatr prowadziła Wanda Siemaszkowa, szkołę Gustawa Błońska. Zadebiutował tam rolą Wacława w *Zemście* (1945) i pojechał do Jeleniej Góry, gdzie zagrał Zbyszka w *Moralności Pani Dulskiej*. Potem był krakowski T. im. Słowackiego – u Juliusza Osterwy grał *Amfitriona* w komedii Giraudoux, potem w warszawskim T. Rozmaitości partnerował Jerzemu Leszczyńskiemu jako Zbigniew w *Mazepie* (1948). I zaangażował się już na dłużej do Poznania, bo dyr Horzyca zaproponował mu, dwudziestolatkowi, dublurę *Hamleta*. Horzyca zamyka listę pedagogów Hanuszkiewicza. Ich zasługi podsumował red. Jerzy Pomianowski, gdy recenzując w 1951 poznańską *Zemstę* pisał, że *Hanuszkiewicz jako jedyny w przedstawieniu mówił całą rolę Wacława wierszem*. Po odejściu z Poznania młody artysta troszczy się już o siebie sam. Przypomnijmy etapy: 1957-1963 – aktor w warszawskim T. Powszechnym, 1963--1970 – dyrektor T. Powszechnego, (od 1957 pracuje w Teatrze TV), 1968--1982 – dyrektor T. Narodowego, od 1990 kieruje T. Nowym. Przypomnijmy teraz ważniejsze role: Poeta w *Weselu*, Raskolnikow (*Zbrodnia i kara*), Baryka (*Przedwiośnie*), Konrad z *Wyzwolenia* Wyspiańskiego, Fantazy z *Nieboskiej Komedii*, Kreon z *Antygony* Sofoklesa, Narrator z *Wacława dziejów* Garczyńskiego (1973). I w tym miejscu Hanuszkiewicz – autor własnego biogramu w tomie *Kto jest kim w Polsce?*, skąd przepisaliśmy powyższą listę, swój rejestr ról zakończył. A należałoby z ważnych przyczyn do wykazu dodać Henryka w komedii *Dla miłego grosza* Korzeniowskiego (1963). Wojciech Natanson, niesłychanie zresztą aktora w tej roli chwaląc, użył dla tych pochwał słów iście profetycznych: *pozornie zimny, wyczekujący i ironiczny*. Sędziwy krytyk uchwycił oto istotę stylu, jaki z upływem lat począł prezentować nasz artysta. Stawał się narratorem. Sam uzmysłowił to sobie dopiero przy *Wacława dziejach*, gdy w gruncie rzeczy już jego, tak entuzjastycznie recenzowany i nagradzany (m.in. na festiwalu katowickim, 1965) Raskolnikow także pełnił w przedstawieniu funkcję narratora. Tyle że ów narrator równocześnie grał rolę protagonisty spektaklu – pasja i gorycz postaci górowały jeszcze nad epickością sprawozdawcy. Z czasem Hanuszkiewicz-inscenizator niesłychanie komplikuje Hanuszkiewiczowi-aktorowi szanse na łączenie obu scenicznych obowiązków. Do katastrofy dojść miało przy *Fantazym*, gdzie reżyser domagał się od wykonawcy nieledwie rozdwojenia jaźni. Od *Wacława dziejów* Hanuszkiewicz z wyraźną ulgą odrzuca cudze maski, stając przed widzem z odkrytą twarzą. Już jedynie własną. Nikogo już nie gra – jest tylko sobą. Niewątpliwie spożytkowuje przy tej okazji doświadczenia z telewizyjnego studia, które tak sugestywnie sobie sprawdzał w serialu o *Panu Tadeuszu*, w *Telepatrzydle pana Prusa* i przy stu innych uroczych okazjach. I odmieniony, swobodny, operuje z lekkością i kunsztem pełną gamą środków, na jakie zezwala mu jego nowa funkcja. Jest przy tym niesły-

Adam Hanuszkiewicz

Adam Hanuszkiewicz jako Prospero w *Burzy* Szekspira

chanie daleki od gładkości wszystkich Kydryńskich. Jego nowy sceniczny *image* dopuszcza nie tylko ironię czy historyczny komentarz, dopuszcza także namiętność, uprawomocniając tym samym wszelkie formy włączania się takiego narratora w materię i bieg scenicznej akcji.

Od 1990 kieruje T. Nowym, starając się wzbogacić i rozwinąć granice swej formuły. Tym razem może przy mniejszej wylewności uczuć u krytyki, ale przy stałym zainteresowaniu młodej widowni. Podoba się jej zwłaszcza, kiedy Hanuszkiewicz ze sceny na krytykach psy wiesza. I tak z kolei narrator zmienia się w felietonistę. Znamienne, że do każdego ze scenicznych wcieleń zmieniał też artysta obsadę roli własnej żony: Zofia Rysiówna, Zofia Kucówna, Magdalena Cwenówna...

Władysław Hańcza

18 V 1905, Łódź ☆ 19 XI 1977, Warszawa

Barczysta sylwetka, by tak rzec, senatorska. Twarz pociągła, zdobna wydatnym czołem i nosem. Oczy patrzące z siłą, ruchy zamaszyste i ten głos, tubalny i potężny. *Panisko sceny polskiej* napisano o nim w „Teatrze". Tyle że dotyczyło to lat, kiedy Hańcza zadomowił się już w warszawskim T. Polskim. A staż sceniczny liczył sobie od roku 1929. I był to staż pracowity. Jak sam wspominał – w Toruniu podczas jednego sezonu wystąpił w 33 premierach, śpiewał nawet w *Rigoletto* Verdiego. Co prawda, w Łodzi zaliczył sobie już Pankracego w *Nieboskiej komedii* Krasińskiego. I to w reżyserii Leona Schillera. Potem walczył w kampanii wrześniowej, pracował następnie jako magazynier, by wojnę zakończyć w niemieckim obozie w Cottbus. Powrót do teatru, Łódź, Kraków. I od 1948 *engagement* do T. Polskiego, gdzie przebyć miał aż do śmierci. Bo też dla tej akademickiej sceny jego warunki zewnętrzne pasowały, jak ulał. Kreował tutaj postaci władcze, dominujące w otoczeniu, o silnej osobowości, witalne i pełne ekspresji. Takie chociażby, jak Aleksander Medici w *Lorenzacciu* Musseta (*pełnokrwisty i nienasycony, opanowany zupełnie przez wieloraki głód swego potężnego ciała*), Car Mikołaj I w *Ostatnich dniach* Bułhakowa, Wojewoda w *Mazepie*, Inkwizytor w *Don Carlosie* Schillera, Senator w *Dziadach* (*miał pozory zblazowania, ale gdy prowadził inkwizycję polityczną, czuł się, jak ryba w wodzie*). Film i telewizja też powielały ten wzorzec, powierzając artyście role królów i możnowładców, jak chociażby Janusz Radziwiłł w *Potopie*. Był w nich znakomity. A przecież niezapomnianą sławę przynieść mu miały dopiero postaci reprezentantów ludu: Boryna i Kargul. W *Chłopach* Rybkowskiego udało mu się połączyć godność wiejskiego seniora rodu z dramatyzmem złej miłości; w trylogii

Władysław Hańcza

Sylwestra Chęcińskiego zabawił się z kolei w przekaz tradycyjnego obyczaju, wspaniale demonstrując komediowy miąższ tej rodzajowości. I te role pozostały...

Leszek Herdegen

23 V 1929, Poznań ✶ 15 I 1980, Toruń

Studiował teatr, a w swych skrytych fascynacjach bliższy był literaturze. Gdy zrobił dyplom aktorski w krakowskiej PWST (1953), kierował jednocześnie działem prozy współczesnej w Wydawnictwie Literackim i pełnił funkcję konsultanta programowego w T. Młodego Widza. Gdy zaraz potem debiutował w T. Wybrzeże (Łukin w *Barbarzyńcach* Gorkiego), dzielił tam etat kierownika literackiego z Konstantym Puzyną. Gdy w 1954 po-

Leszek Herdegen w filmie *Kwiecień* Lesiewicza

wrócił do Krakowa jako aktor T. Satyryków, został natychmiast kierownikiem działu prozy w „Życiu Literackim". W Starym T. grał w latach 1955-
-1964 m.in. *Hamleta*, Heliogabala (*Irydion* Krasińskiego), Kucharza (*Mutter Courage* Brechta) i nadal był kierownikiem literackim. Dopiero kiedy na osiem sezonów przeszedł do T. im. Słowackiego, był już tylko aktorem. I przy tej jedynej profesji trwał potem na scenach warszawskich – w T. Studio (1972-1974) i T. Powszechnym (1974-1980). Choć starym zainteresowaniom stale dług spłacał – opublikował książkowy zbiór szkiców, dwa tomiki poezji, pisywał w „Przeglądzie Kulturalnym", „Twórczości". Zaś rodzajem psychicznego dopełnienia życia stał mu się związek z kobietą, która zastąpiła mu Muzę – z pełną dynamizmu i fantazji reżyserką, Lidią Zamkow. Swym aktorskim talentem uwiarygodniał teraz jej inscenizacje. Był *Kaligulą* w dramacie Camusa, *Edypem* w tragedii Sofoklesa, Poetą w *Weselu*, *Makbetem*, Pankracym w *Nieboskiej komedii* Krasińskiego. Pracując z innymi reżyserami, jak choćby z Józefem Szajną przy *Dantem*, czy Andrzejem Wajdą przy *Sprawie Dantona* Przybyszewskiej, ujmował przede wszystkim inteligencją swych kreacji, przy premierach Zamkow dodawał do tego nieoczekiwane zasoby namiętności i poezji. Zdawała się go fascynować świadomość, że oto razem tworzą nowe barwy starych schematów. *Pisano po Makbecie* – notował Zygmunt Greń – *że Herdegen nie wytrzymuje wszystkich głębi i komplika-*

Gustaw Holoubek

cji swej roli. Ależ on grał znakomicie! Tylko że grał Makbeta wymyślonego przez Zamkow! Częściej przychodziło zresztą aktorowi czytać po premierze: dał jedną z najciekawszych swych ról. To tenże Greń po Kaliguli.

Gustaw Holoubek
ur. 21 IV 1923, Kraków

Przyszły Konrad-Gustaw grywał po ukończeniu szkoły dramatycznej w 1947 przez dwa sezony drobne rólki w T. im. Słowackiego, zaś debiutował w *Słomkowym kapeluszu* Labiche'a. Jesienią 1949 zdecydował się na przeprowadzkę do Katowic i tam dopiero rozpoczął swój prawdziwy start ku wielkości. Zresztą rozpoczął w stylu dla przyszłej kariery dosyć nietypowym, bo od rodzajowej roli Pierczychina w *Mieszczanach* Gorkiego nagrodzonej na Festiwalu Sztuk Radzieckich. Ale w tym nawiedzonym poczciwinie pobrzmiewały już tony, które miały odezwać się w głosie Holoubka po latach. Póki co, upajała go na Śląsku swoboda działań. Granice własnej charakterystyczności sprawdził sobie w Łatce (*Dożywocie* Fredry), potem ćwiczył wstrzemięźliwość patosu (Admirał w *Zagładzie eskadry* Korniejczuka) i ironię poezji w *Fantazym*. Wśród katowickich ról pojawia się także Dr Rank z *Nory* Ibsena. I właśnie o Ranku napisał w *Niebieskich kartkach* Adolf Rudnicki: *Holoubek był tylko sobą. To dużo i mało zarazem.* W latach 1954-1956 artysta pełni funkcję dyrektora artystycznego T. im. Wyspiańskiego, w 1958 pojawia się w Warszawie. W T. Kameralnym gra Custa w *Trądzie w pałacu sprawiedliwości* Bettiego, w dwa lata potem Goetza w *Diable i Panu Bogu* Sartre'a w T. Dramatycznym. Obie role uznane za objawienie. Ale narastającym zachwytom towarzyszyć zaczyna dyskusja, co przeciągnęła się na lata, a wywodziła właśnie z tamtej uwagi Rudnickiego: *znakomity, ale zawsze taki sam!* Dyskusja, której tłem była powszechna (choć różnie przez różnych rozumiana) próba wymiany tradycyjnego realizmu na metaforyczną nowoczesność. Usiłowała to podsumować Maria Czanerle: *Holoubek nie tyle upodabnia do siebie postaci o różnorodnych rodowodach – on je jedynie spokrewnia ze sobą własną postawą, pełną wewnętrznego napięcia.* Spór krytyków, czy to dobrze, czy źle, towarzyszyć będzie kolejnym kreacjom artysty. Na deskach T. Dramatycznego były nimi sofoklesowy *Król Edyp*, *Hamlet*, *Płatonow* Czechowa, w T. Narodowym, gdzie rozpoczął pracę w 1964, Przełęcki (*Uciekła mi przepióreczka*), oraz O. Riccardo (*Namiestnik* Hochhuta). I tak naprawdę spór zamknął dopiero Konrad-Gustaw w dejmkowskich *Dziadach* (1967). Klimat i rangę tej roli wyznaczała Wielka Improwizacja, wypowiadana niemal bez skreśleń, zatem trwająca prawie pół godziny. „Wewnętrzne napięcie" człowieka ze sceny zidentyfikowało się tam i wtedy z emocjami ludzi z widowni.

W 1969 wystąpił gościnnie w Ateneum, grając tytułową rolę w *Wujaszku Wani*. Okoliczności pozasceniczne pomogły mu w tym, by przegrany u Czechowa bohater wygrał u widza spór o racje. Wygranym zdawał się być i sam aktor: od jesieni 1968 dyrektor T. Dramatycznego, wkrótce poseł na Sejm i prezes ZG SPATiF. Z aktorskiego dorobku tego okresu, obfitującego w role tak pamiętne, jak Segismondo (*Życie snem* Calderona), Skrzypek (*Rzeźnia* Mrożka), Mistrz Fior (*Operetka* Gombrowicza), Tomasz Beckett (*Mord w katedrze* Eliota), wybija się niewątpliwie kreacja *Króla Leara* (1977). Wbrew tradycji Holoubek w tej roli *przeżywa nie rozczarowanie ojca wobec córek, ale błąd polityka, który przekazał władzę nie temu, co trzeba* (Jan Kłossowicz). W styczniu 1983 artysta, pozbawiony decyzją władz dyrekcji T. Dramatycznego, powraca do zespołu T. Polskiego, którym kieruje już Kaimierz Dejmek. Gra tam m.in. Stańczyka w *Weselu*, rolę tytułową w *Ja, Michał z Montaigne* Hena, Leibnitza we *Wzorcu dowodów metafizycznych* Bradeckiego, swe rozrachunki z epoką realnego socjalizmu kończąc jako bohater w *Małej Apokalipsie* Konwickiego, granej już na scenie Ateneum (1989). Ostatnim podzwonnym do tych rozliczeń zda się być Dyrygent w *Za i przeciw* Harwooda, prowadzony z gorzkim sarkazmem, na wyciszeniu. Coraz też większą uwagę poczyna przykładać Holoubek do prac reżyserskich. Realizuje w Ateneum *Mazepę* i *Fantazego*, w pierwszym przypominając swą katowicką rolę Jana Kazimierza, w drugim bawiąc się Rzecznickim. Gra szekspirowskiego *Kupca weneckiego*, nie przekonując krytyków, ale nie tracąc u widzów. Śmierć Janusza Warmińskiego (1996) zmusza artystę, związanego już z Ateneum na dobre i na złe, by zająć opróżnione miejsce. Obowiązki dyrektora w paradoksalny sposób dopingują i aktora: Holoubek coraz częściej pojawia się na scenie, a jubileusz 50-lecia twórczości obchodzony rolą Sira w *Garderobianym* Harwooda staje się pięknym sprawdzianem popularności zasłużonego artysty. Na popularność tę zapracował nie tylko na scenie, trudno przecież w krótkim biogramie omawiać także bogactwo jego

Gustaw Holoubek

Gustaw Holoubek

prac telewizyjnych (za Elektora w *Księciu Homburgu* Kleista otrzymał Prix Italia 1994) czy filmowych, ograniczyć się zatem wypada do przypomnienia najbardziej znaczących tytułów: *Pętla* i *Pożegnania* Hasa, *Salto* i *Lawa* Konwickiego, *Pokój z widokiem na morze* i *Jezioro Bodeńskie* Zaorskiego, *Gra* Kawalerowicza, *Księga wielkich życzeń* Kryńskiego.

Andrzej Hudziak

ur. 27 II 1955, Kraków

Aktor, który największe swe sukcesy osiągnął w przedstawieniach Krystiana Lupy, w krakowskim Starym T. Oznacza to, że swój styl gry potrafił w stopniu absolutnym podporządkować wyciszeniu ekspresji, gdyż u Lupy autoanaliza góruje nad radosnym rejwachem krzyku. Słowa tu raczej szeleszczą, niż dźwięczą, proces przeżywania skierowany zostaje do aktorskiego wnętrza, co wydaje się być sprzeczne z całą tradycją profesji. I zdarzyć się może, iż aktor pochwalony przez reżysera, przeczyta potem recenzje, że uprawia „metafizyczne mruczanda". Sytuację taką wypadnie mu zaliczyć w poczet kosztów własnych, pocieszając się, że ma jednak i entuzjastycznych wyznawców. Kiedy Hudziak za role w dwóch przedstawieniach Lupy (Lassman w *Malte* Rilkego i Konrad w *Kalwerku* Bernharda) otrzymał w 1992 nagrodę im. Zelwerowicza, Jacek Sieradzki napisał w „Polityce": *Talent i skromność nagrodzone – rzecz rzadka w tym paskudnym zawodzie*.

Debiutował zaś Hudziak w 1977, po ukończeniu krakowskiej PWST. Na deskach Starego T. zagrał Innocentego w *Iwonie, księżniczce Burgunda* Gombrowicza. Przez długi czas nie dopracował się własnej pozycji w zespole, choć wykonywał role tak znaczące, jak Zosima w *Braciach Karamazow* Dostojewskiego, czy Więzień w *Wiośnie narodów* Nowaczyńskiego. Dopiero współpraca z Lupą zwróciła na aktora uwagę. Jarocki powierzył mu Pafnucego w *Śnie srebrnym Salomei* Słowackiego (1993), zagrał potem *Wujaszka Wanię: bezwolny, rozmagnetyzowany, egocentrycznie skłonny do refleksji. Bardzo trudno grać słabość przez trzy godziny, Hudziak nie jest w tym nudny* (Andrzej Wanat). W *Dwunastu improwizacjach* wg *Dziadów* grał w reżyserii Grzegorzewskiego Guślarza, w *Grzebaniu* Jarockiego, przedstawieniu skonstruowanym wokół wątku śmierci i pogrzebu Witkacego, był Micińskim, u Lupy kreował Martina w *Lunatykach* Brocha i Serge'a w *Sztuce* Rezy. W zespole Starego T. stał się Hudziak artystą o wyraziście określonym stylu, o wielkiej skali aktorskich możliwości.

Tadeusz Huk

ur. 1 V 1948, Kraków

Przez cztery sezony po ukończeniu krakowskiej PWST (1970) pracował w T. im. Słowackiego, ale rozczarowany propozycjami obsadowymi przeniósł się do Starego T., gdzie na przywitanie otrzymał Mattiego w *Panu Puntilli* Brechta oraz Ryszarda w *Pokoju na godziny* Landowsky'ego. Gra tam nadal role bardzo różnorodne, z upływem lat coraz wyraźniej charakterystyczne: Achillesa w *Achilleis* Wyspiańskiego, Pozzo w *Czekając na Godota* Becketta, Hofgena w *Mefisto* Klausa Manna (gościnnie na scenie warszawskiego T. Powszechnego, 1990), Jerzego w *Trzeciej piersi* Iredyńskiego (*pod maską brutalności udało mu się odnaleźć w Jerzym głęboko skrywaną delikatność i czułość. A gra go ostro, często na krzyku, wspaniale operując głosem* – Bronisław Mamoń), Barona Kriega w *Wiośnie narodów* Nowaczyńskiego (*połowa świetnej roli w nogach i sylwetce, reszta w zabawie niemczyzną. W etiudzie pt. Niemiec czyta po polsku, jest tak śmieszny, że mógłbym oglądać ją w nieskończoność* – Andrzej Wanat), Hrabiego Szarma w *Operetce* Gombrowicza, nagrodzonego na opolskich konfrontacjach Gospodarza w *Weselu*, władczo zagranego Króla Neapolu w *Burzy* Szekspira. Ma w swoim dorobku kilka znaczących ról filmowych, m.in. głównego bohatera *Aktorów prowincjonalnych* Agnie-

Tadeusz Huk w filmie *Aktorzy prowincjonalni* Holland

szki Holland (1979), Couthona w *Dantonie* Wajdy, Witkacego w *Gwieździe Piołun* Kluby, wystąpił też w *Demonach wojny* Pasikowskiego. Mogło by być tych ról więcej, ale aktor sporo ofert odrzuca – jawnie nie zależy mu na występie dającym jedynie samą popularność. Jest autorem kilku niepublikowanych utworów teatralnych, a także fraszek i wierszy. Wydarzeniem artystycznym była jego wystawa obrazów i grafik w galerii przy ul. Stolarskiej. Prowadził też modny w Krakowie w połowie lat 90. aperitif-bar Maska, ulubione miejsce spotkań artystów i studentów. Na pytanie, czy uważa się za aktora o określonym *emploi*, odpowiada: *obsadzają mnie w rolach ludzi złych i bezdusznych, bo jestem wysoki, mam zachrypnięty głos i łysinę, a jak wiadomo włosy wypadają przez złe myśli, kobiety i alkohol. Kiedyś mówiono o mnie, że jestem nadekspresyjny. Teraz, kiedy coraz rzadziej ogląda się aktorów ekspresyjnych, moja nadekspresja powinna być w cenie.*

Krystyna Janda
ur. 18 XII 1952, Starachowice

Debiutowała 25 kwietnia 1976 r., w T. Ateneum, rolą godną marzeń, bo fredrowską Anielą w *Ślubach*, reżyserował jej profesor, Jan Świderski, Gustawem był mąż debiutantki, Andrzej Seweryn. Zaledwie po miesiącu i w zupełnie innym teatrze odbył się na prawach występu gościnnego debiut powtórny: dnia 26 maja 1976 r., T. Mały, rola tytułowa w *Portrecie Doriana Grey'a* Osborne'a, a reżyser – Andrzej Łapicki. Jak widać, z osobą absolwentki stołecznej PWST wiązali jej pedagodzy nadzieje zupełnie szczególne. Zaraz zaś potem debiut kolejny, tym razem filmowy: *Człowiek z marmuru* Andrzeja Wajdy. I istna lawina ról filmowych, polskich i zagranicznych: *Granica* Rybkowskiego, *Bez znieczulenia* Wajdy, *Golem* Szulkina, *Der Grüne Vogel* i *Mefisto* Istvana Szabo, *Espion, leve toi* Boisseta. Robiąc europejską karierę kinową, nie zerwała Janda więzów z macierzystym teatrem, choć tryb swojej w nim obecności określiła sobie niezmiernie precyzyjnie. Po kilku dziewczęcych rolach, o których krytycy pisali, że brawurowe, a sama artystka konsekwentnie skreśliła je ze swych wspomnień (Jenny w *Operze za trzy grosze* Brechta, Maud w *Dziewięćdziesiątym trzecim* Przybyszewskiej), postanowiła grać w teatrze jedynie to, co prawdziwie interesujące. Oczywiście dla niej. Większość artystów o tym marzy – ona to zrealizowała. Znamienne, że mniej ją – niżeli przyjaciół w zawodzie – pociągała polityka na scenie, tej służyła na filmowym ekranie. Rok 1981 to *Człowiek z żelaza* Wajdy oraz *Przesłuchanie* Bugajskiego. Na premierę drugiego z nich czekała aż 8 lat, ale wyczekała sobie nagrodę w Cannes. W teatrze natomiast określiła się Janda jako programowa sufrażystka, zajęta na scenie przede wszystkim sprawą kobiety. Przez dłuższy czas pojawiała się z reguły w sztukach małoobsadowych, najchętniej w monodramach. Jeszcze w Ateneum była to *Edukacja Rity* Russe-

Krystyna Janda

la, od 1984, już w T. Powszechnym, ciągnie się cały serial: *Z życia glist* Enquista, *Biała bluzka* Osieckiej, *Shirley Valentine* Russela, *Śmierć i dziewczyna* Dorfmana (to w T. Studio, z Wojciechem Pszoniakiem), *Kobieta zawiedziona* Beauvoir. Zespala te wszystkie teksty, pisane w różnych konwencjach i stylistykach, wspólnota tematu: to niekończąca się rozmowa o kondycji kobiety współczesnej, o jej tragediach, smutkach i życiu codziennym. Rozmowa przeprowadzona przez aktorkę przy zastosowaniu środków tak prostych, że zacierających granice pomiędzy sztuką a prawdą dnia. *Przyszła do mnie pewna pani, która myślała, że opowiadam na scenie własny życiorys i była oburzona, że zmieniłam w opowiadaniu nazwisko. Tylko to ją oburzyło, reszta wydawała się jej całkiem naturalna* (Janda o *Shirley Valentine*, 1994). Krytyka chwilami marudzi, że aktorka z uporem powiela ulubione chwyty: ostrą gestykulację, charakterystyczne załamania głosu, nerwową drżączkę zapalanego papierosa, nawet te same sweterki. Publiczność nie zwraca na zrzędzenia uwagi.

Z czasem artystka rozszerza skalę działania. Pojawia się na dużym i małym ekranie: Krystyna w *Kochankach mojej matki* Piwowarskiego, *Dekalogi* Kieślowskiego, serial o Modrzejewskiej, telewizyjna *Elektra*. Ją samą zaczyna też fascynować reżyseria. W telewizji, w kinie (*Pestka* wg Kowalskiej, 1995), w teatrze. Swe sceniczne rozmyślania o kobiecej psychice postanawia wzbogacić Szekspirem: *Lady Macbeth* (1996) i krzyk protestu krytyki. *Szlochy, połykanie słów i łamiący się głos* wytyka jej nielitościwy Roman Pawłowski. W kontrataku (a zaczyna się wydawać, że atak stał się naturalnym stylem Jandy!) odpowiada *Lekcją śpiewu* Mc Nally'ego. Bo wolno chyba rolę Marii Callas uznać za swoiste wyzwanie. Aktorka kpi z własnych słabości, bo świadoma jest własnej wielkości. Gra Callas i gra zarazem Jandę. Obu nie oszczędza, bo zna prawdziwą cenę jednej i drugiej. Rola ta idealnie chyba pointuje ten biogram.

Jadwiga Jankowska-Cieślak

ur. 15 II 1951, Gdańsk

Mówi o sobie, że lubi grać kobiety okrutne i fałszywe. Tymczasem jawi się nam stale w jakimś zalęknieniu. Z wilgocią w oczach i tremolem w głosie. Może to suma tych sprzeczności pozwoliła jej wyzwolić w krytykach taką miłość? Zbigniew Bieńkowski napisał o niej, że jest *cudem polskiej sceny*. Kiedy w 1972 szkolny teatr warszawskiej PWST wystawił *Matkę* Witkacego z Jankowską w roli tytułowej, recenzenci głosili, że *narodził się na scenie pol-*

skiej talent rzadko spotykany, że na polską scenę weszła wielka aktorka, że była rewelacją przedstawienia. Po studiach wraz z grupą kolegów wyjechała do Puław, bo właśnie tam postanowili założyć eksperymentalne studio. Po jego szybkiej likwidacji angażuje się jesienią 1973 do T. Dramatycznego m.st. Warszawy. Gra *Elektrę* Giraudoux z Gustawem Holoubkiem, Mańkę w *Ślubie* Gombrowicza z Zapasiewiczem i Fronczewskim, *Medeę* Eurypidesa. *Jest już w tej chwili aktorką dojrzałą, umiejącą w pełni posługiwać się danymi sobie środkami. Komponuje sceny, stopniując napięcia, umie zmieniać rytm, posługiwać się głosem* – sumował Jan Kłossowicz. Potwierdziły tę ocenę kolejne role: Kora w *Nocy listopadowej*, Judyta w *Księdzu Marku* Słowackiego. A w roku 1977 aktorka pojawiła się niespodziewanie w hanuszkiewiczowskiej parafrazie *Męża i żony* Fredry na scenie T. Narodowego. *Gra z lekkością farsy i elegancją komedii. Żywa, z wdziękiem, temperamentem. Szkoda, że nie może grać jednocześnie Justysi* (Zofia Jasińska). Jakby w pogoni za odmiennością stylu aktorka zmienia teraz teatry niemal co sezon. W T. Polskim gra Idalię w *Fantazym*, w T. Studio – Beatrice w *Dantem 92*, pojawia się w zespole T. Nowego, za chwilę w T. Powszechnym, by zakończyć powrotem do T. Dramatycznego, którego dyrekcję artystyczną obejmuje w 1995 r. jej mąż, reżyser Piotr Cie-

Jadwiga Jankowska-Cieślak w filmie *Pani Bovary to ja* Kamińskiego

ślak. W tej całej gonitwie brał udział także film. Grała role diametralnie odmienne. Zresztą z sukcesami. Za rolę lesbijki Ewy w węgierskim *Innym spojrzeniu* Makka otrzymała Grand Prix na festiwalu w Cannes (1989), rola Magdy w *Trzeba zabić tę miłość* Morgensterna zostaje wyróżniona prestiżową nagrodą im. Z. Cybulskiego (1972). W teatrze kierowanym przez męża przestrzega dobrych obyczajów. Gra rzadziej, ale nadal z sukcesami. Miał chyba słuszność krytyk filmowy Aleksander Ledóchowski, gdy pisał kiedyś: *posiada Jankowska-Cieślak umiejętność wytwarzania dla siebie sympatii*.

Alina Janowska

ur. 16 IV 1923, Warszawa

Na scenę skazały ją układy rodzinne: matka – śpiewaczka operetkowa, kuzyn, Janusz Minkiewicz – znany satyryk. Ukończyła szkołę tańca Janiny Mieczkowskiej, ale poważna kontuzja kolana przemieściła jaj zainteresowania ku aktorstwu. Zgłasza się w 1945 r. do łódzkiej *spółdzielni satyrycznej Syrena* jako najmłodszy jej członek, z najniższą gażą – zaledwie „0,5 marki" za występ. Po trzech latach zjawia się w Warszawie, pociąga ją sztuka bardziej serio, angażuje się do T. Domu Wojska Polskiego. Odchodzi, bo w dramacie wojennym *Za tych, co na morzu* Ławreniewa główną rolę kobiecą zagrała na premierze rywalka. Nawiązuje współpracę z Zenonem Wiktorczykiem, zalicza pierwsze sukcesy w kabarecie Szpak, potem w T. Buffo, potem w STS. Pojawia się też coraz częściej na ekranie kinowym. Od *Zakazanych piosenek* (1947), w których błyska w jednej zaledwie sekwencji, po *Skarb* (1949), gdzie w czołowej roli partneruje Dymszy i Sempolińskiemu. W 1957 znów w Syrenie, gdzie sukcesy zapewnia jej talent parodystyczny, z dowcipem pastiszuje Marlenę Dietrich, Ymę Sumac, Juliette Greco. W monologu pociąga ją satyra. Na cenzurę odkryła sposób w tym, że... myliła tekst, zaś każda taka zmyłka kryła w sobie dodatkowy żart, ironię i głębsze znaczenie. Od 1966 przechodzi do T. Komedia, dzięki jej grze stareńka *Jadzia wdowa* Ruszkowskiego osiąga ponad 300 spektakli. W 1978 sięga po rolę samej Stanisławy Wysockiej – z tekstu Validy Wrany w *Babie-dziwo*

Alina Janowska w filmie *Poradnik matrymonialny* Haupego

Pawlikowskiej-Jasnorzewskiej wydobywa cały jej ekscentryczny surrealizm. Pamięta nadal o kinie i telewizji: gra główną rolę w popularnej *Wojnie domowej*, w *Czterdziestolatku*, a także w *Lalce* i *Rozmowach kontrolowanych*. Pamięta o estradzie. Piosenki piszą dla niej Wojciech Młynarski i Andrzej Jarecki, monologi Jarosław Abramow. To właśnie Janowska wylansowała przebój *Widzisz mała, jak to jest*. A jest tak, że z szablistą i architektem, Wojciechem Zabłockim dochowała się trójki dzieci i czwórki wnuczat.

Zofia Jaroszewska

25 IX 1902 Irbit ☆ 25 IX 1985, Kraków

Jest sławą i legendą krakowskiego teatru. Nawet dla tych, co jej na scenie nie zdążyli podziwiać, uosabia łączność dnia dzisiejszego z tradycją czasów, kiedy w T. im. Słowackiego królowali Solski, Frycz i Osterwa. W ich teatrze pracowała Jaroszewska od 1927 aż do przejścia w 1972 na emeryturę (w latach 1954-1961 należała do zespołu Starego T. im. Modrzejewskiej). Pamiętne jej role w okresie powojennym to m.in. Raniewska w *Wiśniowym sadzie* Czechowa, George Sand w *Lecie w Nohant*, *Elżbieta, królowa Anglii* Brücknera, Mary Tyrone w *U kresu nocy* O'Neilla, Anna Pawłowna w *Płodach edukacji* Tołstoja. Starsi widzowie pamiętali ją jeszcze jako Ofelię u boku występującego gościnnie wielkiego Aleksandra Moissi; po jej *Fedrze* głosił Boy: *Kraków jest słusznie dumny z posiadania tej artystki*, a kiedy z Jaraczem grała w *Artystach*, ukazała publiczności premierowej niezamierzony strip-tease: źle ustawiony na scenie parawan zasłaniał ją przed partnerem, lecz uka-

Zofia Jaroszewska w filmie *Okno* Wójcika

zywał przebierającą się widzom. *A Pan Bóg nie poskąpił niepospolitej budowy jej pięknym kształtom* – orzekł dziennikarz. Szczególnie bliski był artystce repertuar zabarwiony dramatyzmem, który umiała wzbogacić precyzją gry psychologizującej. Wojciech Natanson napisał całe studium o jej Raniewskiej, gdy *tragizm nicowała subtelnie wycieniowanym kabotynizmem*. A choć z biegiem lat niektórzy krytycy zarzucali gwieździe pewien manieryzm w dialogowaniu, irytujący wrażeniem sztuczności, zdobyła sobie przecież liczne grono wiernych widzów, którzy ubóstwiali ją taką, jaką być zechciała. Na jubileuszu 50-lecia pracy wystąpiła jako Julia w *Coctail-party* Eliota (1972), a kiedy raz jeden dała się namówić Andrzejowi Wajdzie i powróciła na scenę Starego T. jako Demeter w *Nocy Listopadowej* (1974), umiała udowodnić, że i w prostocie potrafi być wielką. *Wspaniała i tragiczna* pisał o tej kreacji Zygmunt Greń. Jej pogrzeb ściągnął tysiące wielbicieli. Spoczywa w czarnym marmurowym grobowcu na Salwatorze. Ten nieużywany od lat cmentarz zezwolił na tę okazję otworzyć arcybiskup krakowski, Karol Wojtyła.

Kalina Jędrusik

5 II 1931, Częstochowa ✩ 7 VIII 1991, Warszawa

Jeremi Przybora nazwał ją *pierwszą damą piosenki lirycznej*, a ludzie mówili po prostu *polska Marilyn Monroe*. W 1953 zjawiła się w T. Wybrzeże wraz z grupą absolwentów krakowskiej PWST. Zadebiutowała w *Barbarzyńcach* Gorkiego, grając potem Kamillę w *Nie igra się z miłością* Musseta i Laryssę w *Pannie bez posagu* Ostrowskiego. W 1955 zaangażował ją Erwin Axer. Może trochę i z tej racji, że była żoną sławnego pisarza, Stanisława Dygata? Ale wkrótce tak się porobiło, że to Dygat był mężem sławnej Jędrusik! Konrad Swinarski wystawił mianowicie w T. Współczesnym brechtowską *Operę za trzy grosze*, a Kalina wystąpiła w niej jako zmysłowa i dziewczęca Polly Peachum (1958). *Jest właśnie tym, co recenzenci nazywają rewelacją* – zachwycał się Jerzy Pomianowski – *ironia i wdzięk, wyśmienita interpretacja songów, żadnej jaskrawości, zdolność nie wypowiadania spraw, które właśnie dlatego stają się zrozumialsze*. Właściwie ze wszystkich ról teatralnych, jakie Kalina potem za-

Kalina Jędrusik

Kalina Jędrusik
w telewizyjnym Kabarecie
Starszych Panów

grała, liczyła się już tylko urokliwa Holly w *Śniadaniu u Tiffany'ego* Capote'a (T. Komedia, 1965). A grała ich jeszcze sporo i w różnych teatrach (T. Narodowy, T. Rozmaitości, T. Polski), lecz choć sama bardzo się swymi premierami przejmowała i choć były one z pozoru znaczące, bo to i Katarzyna w *Poskromieniu złośnicy*, i George Sand w *Lecie w Nohant*, i caryca Katarzyna w *Termopilach polskich* Micińskiego, a u Dejmka prawdziwie rozkoszna Aniela w *Damach i huzarach*, ludzie kochali Kalinę nie za to. Kochali ją za telewizję. Mit polskiej Marylin Monroe narodził się w studio na Placu Powstańców. Dzięki lolitowatej bohaterce *Apollo z Bellac* Giraudoux, gdzie obok Jędrusik występowali Jacek Woszczerowicz i Adam Hanuszkiewicz. Dzięki premierom Przybory i Wasowskiego, przypominającym co kwartał, ile w tej niewysokiej dziewczynie o zmysłowych wargach, niepokojącym spojrzeniu i schrypniętym głosie kryło się seksu i wdzięku. Seksem prowokowała. Do tego stopnia, że wiosną 1962, po interwencji z samych szczytów władzy, gdzie ktoś nie zdzierżył widoku jej półgołych piersi (a może drażnił krzyżyk dekolt zwieńczający?), wzbroniono Jędrusik występów na wizji. Szczęściem trwało to krótko, a już latem tegoż roku plebiscyt czytelników „Expressu Wieczornego" przyniósł nagrodę Złotej Maski. Mit wspomagał także role filmowe: dziewczęca Helena w *Jowicie* Morgensterna (1967), pełna dowcipnej perwersji Pani Wąsowska w *Lalce* Hasa (1969), a na koniec wyuzdana Lucy Zukerowa. Jej brawurowo rozegrana, drastyczna scena orgii z Danielem Olbrychskim przydawała swoistej pikanterii *Ziemi obiecanej* Wajdy (1975). Mit wspomagały wreszcie jej piosenkarskie recitale, a nie było chyba w Polsce domu kultury, w którym by nie koncertowała. Przedwczesna śmierć Dygata stała się dla niej szokiem, z pomocą przyjaciół umiała się z niego otrząsnąć. Pracowała dalej. Zawsze pogodna, do końca podniecająca...

Janusz Józefowicz

ur. 3 VII 1959, Świecie

Dyrektor własnego teatru, choreograf, reżyser, scenarzysta. Ale także i aktor. Ukończył Wydział Aktorski warszawskiej PWST w 1985. Bardziej niźli granie interesowało go przecież wykreowanie nowego typu teatru, któryby złączył broadwayowski dynamizm z dowcipem polskiego kabaretu. Obu tych haseł nie traktował przy tym dosłownie: chciał po prostu stworzyć teatr, jakiego w Polsce nie było. Zaczął z Andrzejem Strzeleckim, ich wspólna premiera *Złe zachowanie* (T. Ateneum, 1984), w wykonaniu absolwentów PWST, oszołomiła widzów młodzieżowym rozmachem, a jeszcze bardziej imponującą dyscypliną w zbiorowości. Narodził się T. Rampa, w lokalu dawnego Teatru na Targówku. Współpraca Józefowicza ze Strzeleckim trwała pięć lat. *Rozstałem się z Rampą* - powiedział - *bo przestało się nam tak bardzo chcieć, jak kiedyś*. Józefowiczowi chciało się dalej. W styczniu 1991 na gościnnej scenie T. Dramatycznego m.st. Warszawy przedstawia musical *Metro*. Skompletowany drogą żmudnych eliminacji, młodzieżowy zespół demonstruje widowisko, jakiego w Polsce do tej pory naprawdę nie było. Tempo i rytm, akrobatyka tanecznych układów, prostota i ekspresja wykonania. I znów ten fenomen absolutnej zbiorowości. *Metro* prezentowane było w Warszawie ponad 900 razy, przedstawiano je także na Broadwayu. To był już spektakl kultowy, to był fakt socjologiczny, sieć własnych *fan-clubów*, widzowie, którzy oglądali je po kilkadziesiąt razy. Z młodego zespołu wyszły gwiazdy: Edyta Górniak, Katarzyna Skrzynecka, Dariusz Kordek, Robert Janowski. W 1993 zakłada Józefowicz wspólnie z kompozytorem Januszem Stokłosą własny teatr Buffo. Jest autorem jego kolejnych premier (*Do grającej szafy...*, *Grosik 2*, *Tyle miłości...*). Pojawia się w nich także jako aktor. Już w *Metrze* występował zresztą w roli głównego bohatera, Janka. Potem powierza sobie na ogół wykonanie piosenek lekko parodystycznych. Z ironią demonstruje w nich *urok starego kiczu, pokpiwa z celuloidowej miłości*, przetyka to nutką sentymentu. Chwilami jakby się wstydził swej obecności na scenie. *Nie spełniłem się jako aktor* – deklaruje, by zaraz przyznać: *ruch, głos, muzyka, czas, przestrzeń – fascynuje mnie suma tego wszystkiego!*

Edyta Jungowska

ur. 1 II 1966, Warszawa

Sukcesy zawdzięcza głównie telewizji. Maciej Wojtyszko powierzył jej w *Amadeuszu* Shaffera (Teatr TV, 1990) rolę Konstancji, żony Mozarta. Młoda dziewczyna o oryginalnej urodzie, o rzucającej się w oczy pasji gry, zwróciła powszechną uwagę. Partnerowała wtedy Zamachowskiemu. Gdy w *Pigmalionie* Shawa (Teatr TV, 1997) zagra Elizę, to jej będzie partnerować Jan Englert. Wiele nauczyła się od Olgi Lipińskiej. Szalała w tle kabarecików, ale zagrała w jej reżyserii również uroczą w swej naiwności *Baryłeczkę* Maupassanta (Teatr TV, 1996). Popularność wzmagały seriale: *Ucieczka z miejsc ukochanych*, *W środku Europy*, *Szaleństwa panny Ewy*, nowa wersja *Czterdziestolatka*. Od ukończenia stołecznej PWST (1989) związana jest Jungowska z warszawskim T. Nowym, któremu dyrektoruje Adam Hanuszkiewicz. *Związek łączy nas dosyć wybuchowy* – ocenia – *ten wizjoner lubi mieć efekt na scenie natychmiast. Muszę więc szukać aktorskiego wyrazu na tyle silnego, by go uwiódł, by nie mógł mu się oprzeć.* Warunki zewnętrzne ma typowo dziewczęce, takimi były więc i jej bohaterki, którymi uwiodła już także publiczność: Hesia w *Moralności pani Dulskiej* Zapolskiej, Solwejga w *Peer Gyn-*

cie Ibsena, Wieroczka w *Miesiącu na wsi* Turgieniewa (1996) – *podlotek, którego pierwszy zawód miłosny przemienia w kobietę*. Egzamin dojrzałości – aktorskiej i kobiecej – zdać jej przyszło w *Balladynie* Słowackiego (1997). Tej roli można by przypisać wyznanie aktorki, poczynione przy całkiem innej okazji: *kobiety są bardzo biologiczne*. I chyba właśnie akcent na biologizm Balladyny sugerował krytyce, by bohaterkę tego hanuszkiewiczowskiego *remake'u* określić, jak następuje: *to monstrum o filigranowych kształtach, samo sobą przerażone* (Małgorzata Kołowska). A Jungowska stwierdziła skromnie: *Kobiety, które grały Balladynę, zawsze były piękne i dostojne. Ja mam w sobie coś plebejskiego i coś z dziewczyny. Musiałam więc szukać innych środków.*

Kazimierz Kaczor

ur. 9 II 1941, Kraków

Swoją zasłużoną popularność zawdzięcza trzem serialom telewizyjnym. Najpierw były *Polskie drogi* Morgensterna (1976), a w nich Kuraś, warszawski cwaniak o wrażliwym sercu, który bohaterem został właściwie wbrew intencjom. Taki ekstrakt pozytywistycznego realizmu i patriotycznych ciągot podbił wszystkich. Potem delikatny i kochliwy *Jan Serce* (1978). Amant –

Kazimierz Kaczor w filmie *Planeta Krawiec* Domaradzkiego

kanalarz, który ze względu na osobliwy fach i niezbyt atrakcyjny wygląd nie posiadał obiektywnych danych, by stać się zawodowym pożeraczem damskich serc. A stał się. To znów się wszystkim podobało. Na zakończenie była *Najdłuższa wojna nowoczesnej Europy* Sztwiertni (1981), gdzie Kaczora obsadzono w roli antypatycznego polakożercy, ale kapitał sympatii, uciułany przy poprzednich okazjach, zezwalał wszystkim mówić, że jest to aktor wyśmienity, bo profesjonalny. I to skądinąd było prawdą. Absolwent krakowskiej PWST (1965) udokumentował na czołowych scenach Krakowa (T. Stary) i Warszawy (od 1975 T. Powszechny), że po prostu włada fachem. Po prostu potrafi zagrać esesmana Schielkego (*Rozmowy z katem* Moczarskiego) i zagrać Pana Pickwicka, w obu przypadkach zarabiając na korzystne recenzje. Grał Albina w *Ślubach panieńskich* i Lebiadkina w *Biesach* Dostojewskiego, grał dramatycznego Smugonia w *Uciekła mi przepióreczka* Żeromskiego i groteskowego facecika Ola w *Całopaleniu* Bukowskiego. Za swego Browarnika w *Audiencji* Havla (1989) otrzymał nagrodę im. Al. Zelwerowicza, a swojemu wielostronnemu, bo wyrażającemu się także pracą w podziemnej Solidarności, zaangażowaniu w sprawy teatralnego środowiska zawdzięcza wybór na prezesa ZG ZASP (1996). *Moje postaci teatralne nie były nigdy pozbawione cech ludzkich* – powiedział w jednym z wywiadów – *zawsze starałem się to podkreślać. Przecież my wszyscy jesteśmy mieszaniną dobra i zła.*

Jerzy Kamas
ur. 8 VIII 1938, Łódź

Zaczynał od Romea, a Julią była mu Pola Raksa (T. Powszechny, Łódź, 1961). Kiedy po trzech sezonach trafił do krakowskiego T. im. Słowackiego, rozpoczął poszukiwanie najbliższych mu duchowo bohaterów, znalazł w O. Riccardo z *Namiestnika* Hochhutha (w Warszawie grał tę rolę Gustaw Holoubek), w Sewerze z *Kosmogonii* Iwaszkiewicza (1967), marzycielu i niedoszłym poecie, uwikłanym w sprzeczności pomiędzy trwaniem a przemijaniem. Jesienią 1968 zaprasza go do współpracy Adam Hanuszkiewicz, rozpoczyna się piękny okres w życiu aktora. W T. Narodowym gra Cara

Jerzy Kamas

Jerzy Kamas jako Kurt w *Tańcu śmierci* Strindberga

w *Kordianie* i Klaudiusza w *Hamlecie*. Obu monarchów wyraźnie uwspółcześnia. Jego Car o duszę Kordiana gra z Wielkim Księciem niczym szuler, Klaudiuszowi narzuca myślenie współczesnego polityka: *potrafił Kamas pokazać, jak narasta w Klaudiuszu z biegiem niezależnych od niego wydarzeń przeświadczenie, iż likwidacja Hamleta stanowi rzecz konieczną dla porządku Danii* („Kultura"). W 1971 przechodzi do T. Ateneum. Partneruje Śląskiej jako bezwzględny Kurt w *Tańcu śmierci* Strindberga (1974), Świderskiemu jako przymilny biskup Ignacy Krasicki we *Fryderyku Wielkim* Nowaczyńskiego. Za Fryderyka, ale w *Pornografii* Gombrowicza otrzymuje nagrodę im. Al. Zelwerowicza (1983), jedną z jego najlepszych ról w tym okresie jest witkacowski *Guybal Wahazar*. Kształtuje się opinia, że Kamas to aktor chłodny, elegancki, panujący nad emocjami, ale sprawdza się także w rolach wymagających większej ekspresji. On sam nie ma tu zdania: *Nie uważam się za specjalistę od jakiegoś określonego typu ról bądź gatunku literackiego. I cieszę się, że nie przylgnęła do mnie żadna etykietka* („Teatr"). Taki ton obiektywizacji demonstruje najbardziej chyba sugestywnie w *Czytadle* Konwickiego (1994). Ma w swoim dorobku wiele ról telewizyjnych i filmowych, najważniejsza to Wokulski w telewizyjnym serialu *Lalka* Bera. Grał Wokulskiego tuż po kinowym Dmochowskim. Ujął bohaterowi nieco siły, przydał piekło wątpliwości. Od 1997 w zespole T. Narodowego; w *Nocy listopadowej* Wyspiańskiego grał Lelewela.

Ida Kamińska

4 IX 1899, Odessa ☆ 21 V 1980, Nowy Jork

Jedna z najwybitniejszych aktorek współczesnego teatru żydowskiego, córka Estery R. Kamińskiej – założycielki zawodowej sceny żydowskiej. W okresie międzywojennym, wraz z ówczesnym mężem, Zygmuntem Turkowem, prowadziła placówki teatralne w Warszawie, Łodzi i Wilnie, występując w skupiskach żydowskich całego świata. Dotarła nawet do Argenty-

Ida Kamińska jako Matka w *Dziesięciu było braci* Slovensa

ny. Drobna, niepozorna, urzekała widownię magnetycznym blaskiem ogromnych oczu i śpiewną melodyjnością głosu. Znakomita odtwórczyni ról w klasyce jidysz: Judyta w *Urielu Acoście*, Mirełe w *Mirełe Efros* Gordina, Chawa w *Tewje mleczarzu* Alojchema. Grywała także repertuar światowy: *Teresę Raquin* Zoli, Gruszę w *Braciach Karamazow* Dostojewskiego, Laurencję w *Owczym źródle* Lope de Vegi. Okres wojenny spędziła na emigracji w ZSRR, występując głównie na terenach radzieckiej Azji. Od 1945 dyrektorowała, wspólnie z drugim mężem, aktorem Marianem Melmanem, scenom żydowskim we Wrocławiu, Łodzi i Warszawie, dołączając do prac aktorskich także działalność reżyserską, pedagogiczną i literacką (opracowała między innymi inscenizację *Meira Ezofowicza* Orzeszkowej). Z nowych kreacji godne szczególnego zapamiętania są *Serkele* Etingera, Babka w *Drzewa umierają stojąc* Cassony i brechtowska *Mutter Courage*. Jan Kott napisał, że w tej roli była od słynnej Heleny Weigel *tragiczniejsza o wszystkie krematoria*. W 1962 wystąpiła gościnnie w T. Dramatycznym m.st. Warszawy jako Otylia w realizowanym przez Konrada Swinarskiego przedstawieniu *Franka V* Dürrenmatta. *Trudno sobie wyobrazić lepszą odtwórczynię tej roli* – komentował Andrzej Wirth. – *Song rozczarowanej matki, który śpiewa w finale, jest zapewne najlepszym aktorsko songiem, jaki można było słyszeć na polskiej scenie. Jest zarazem demoniczna i komiczna, jest postacią z farsy i kryminału*. Sukces przyniósł także artystce występ w czeskim filmie *Sklep przy głównej ulicy*. Niestety, marzec '68 zmusił ją do opuszczenia ojczyzny. W USA i Izraelu kierowała jeszcze efemerycznymi trupami dramatycznymi.

Elżbieta Karkoszka

ur. 17 III 1943, Ścięgny

Można o niej z bezwarunkową pewnością powiedzieć, że jest wśród tych, co zapracowali na wielkość krakowskiego Starego T. Grała tam role prawdziwie ważące na harmonii legendarnych premier. Tyle że perfidny los decydował, iżby te role ważące były częściej drugie, niżeli pierwsze, a jeśli już pierwsze, to w przedstawieniach, które okazywały się drugie. Nikt, kto

Elżbieta Karkoszka
w filmie *Drewniany różaniec*
Petelskich

sam nie jest człowiekiem teatru, nie pojmie piołunnej goryczy tego paradoksu. Ale też każdy człowiek teatru zna realną wartość takich artystów, jak Karkoszka. Na scenie Starego T. pojawiła się jeszcze jako studentka PWST – zagrała małą Isię w *Weselu* (1963). Już formalnie zadebiutowała w 1967, w T. Rozmaitości. Przez trzy sezony grała tam potem wszystko. Od śpiewogry po Antygonę i Ofelię. *Z wielu Ofelii, jakie oglądałem, ta wydała mi się postacią najpełniejszą, najbardziej zarazem poetycką* (Juliusz Kydryński). Konrad Swinarski porwał ją stamtąd do Starego T., bo szukał takiej właśnie Hermii do swego *Snu nocy letniej* (1970). *Obsadził mnie, bo potrzebował kogoś niższego od obsadzonej w Helenie Anny Polony* – lubi wzdychać Karkoszka. Wtedy pocieszyli ją recenzenci: *Młodzieńcza, pełna żaru i niekłamanego uczucia, przepięknie mówiąca wiersz*. W ciągu trzydziestu niemal lat zagrała w tym teatrze kilkadziesiąt ról. Były wśród nich prawdziwie pamiętne: Smugoniowa w *Uciekła mi przepióreczka*, Masza w *Dziesięciu portretach z czajką w tle* wg Czechowa, Emilia w *Z biegiem lat, z biegiem dni* Wajdy, Ismena w *Antygonie*, Maria w *Wujaszku Wani*, Katarzyna w *Marii* Babla, ostatnio Mary w *Ocalonych* Bonda. Z ról filmowych m.in. Natalka w *Drewnianym różańcu*, Żona Przybyszewskiego w *Dagny*, Celina Szymanowska w *Epilogu*. W teatrze TV: Jewdocha w *Sędziach* Wyspiańskiego, Szimena w *Cydzie* Corneille'a, Blada w *Żegnaj, Judaszu* Iredyńskiego. Pisano o niej, że jest aktorką pełną wewnętrznego smutku. Że swoje bohaterki, często skrzywdzone i nieszczęśliwe, szkicuje z bergmanowską pasją, a mroki ich namiętności przekazuje z prawdziwą subtelnością. Jest jedną z tych, co tworzyli legendę Starego Teatru.

Elżbieta Kępińska

ur. 5 V 1937, Częstochowa

Jedyną w naszym teatrze godną następczynią Eichlerówny nazwał ją kiedyś Lucjan Kydryński. W 1959 ukończyła z wyróżnieniem warszawską PWST i zaangażowała do T. Wybrzeże, gdzie odniosła pierwszy, wielki sukces jako Jo w *Smaku miodu* Delaney. Wpływowy krytyk stołecznej „Nowej Kultury", Andrzej Wirth całą swoją recenzję poświęcił wyłącznie grze debiutantki, choć obok niej występował Zbyszek Cybulski, a przedstawienie reżyserował Konrad Swinarski. Zachwycał się zwłaszcza jej głosem: *ma tonację dziewczęcą, ale i zmysłową*. W 1960 przeniosła się do warszawskiego Ateneum, znów wielki triumf w roli Gizeli z *Dwoje na huśtawce* Gibsona. Partnerem w dwuosobowej sztuce był znowu Cybulski, reżyserował Andrzej Wajda. Staje się jednym z filarów świetnego ansamblu Ateneum, gra szereg ważnych ról – *kobiet udręczonych do ostateczności, pożeranych przez namiętności, często na pograniczu normalności i psychopatologii* (Marta Fik). Te kobiety to Claire w *Poko-*

Elżbieta Kępińska jako Uczennica w *Lekcji* Ionesco

jówkach Geneta, Frieda w *Zamku* Kafki, Simona w *Marat-Sade* Weissa i chora jedynie na smutek Sonia z *Wujaszka Wani*. W 1974 przenosi się do T. Powszechnego. I tu gra dużo. Przez sześć, siedem sezonów. Eleonora w *Sprawie Dantona* Przybyszewskiej, Ona w *Otwórz drzwi* Choińskiego, Helena w *Dniach Turbinych* Bułhakowa, Emma w *Zdradzie* Pintera, Elmira w *Świętoszku*. W kolejnych latach aktorka jakby coraz rzadziej występuje w rolach godnych jej talentu. Sama przypisuje to swej małej przebojowości. *Aktorstwo wymaga pewnych predyspozycji psychicznych* – powiedziała w jednym z wywiadów – *trzeba umieć walczyć o swoje miejsce. I grać, grać, grać. Jeśli nie grasz – zaczynasz się cofać, obrastasz w lęki, zahamowania. Niestety, jestem bardzo bierna. Nigdy nikomu nie zaproponowałam, że chętnie zagram u niego jakąś rolę. Myślę, że to bardzo zaważyło na moich aktorskich losach*. Pierwszym mężem Kępińskiej był znany aktor, Władysław Kowalski, drugim Mieczysław F. Rakowski.

Jerzy Kiszkis

ur. 4 III 1938, Warszawa

Aktor prawdziwie wszechstronny, równie swobodny w Bałuckim, jak w Bablu, równie przekonywający w bajeczce dla dzieci, co w *Przed sklepem jubilera* Wojtyły. A przy tym aktor zaskakująco uparty w przeprowadzaniu własnych zamierzeń. Nie tylko zresztą scenicznych. Ta konsekwencja Kiszkisa ujawnia się w sposób szczególnie dobitny w jego tęsknocie do sytuacji stabilnych. W tęsknocie nieledwie dziwacznej w środowisku tak rozkojarzonym, jak teatr. Po młodzieńczej peregrynacji przez sceny Polski Zachodniej (Zielona Góra, Katowice, Poznań), od trzydziestu lat pozostaje wierny T. Wybrzeże w Gdańsku. Ponad trzydzieści lat jest mężem znakomitej aktorki, Haliny Winiarskiej. Niemal trzydzieści lat wykłada kulturę żywego słowa w oliwskim Seminarium Duchownym. Absolwent stołecznej PWST (1961) swój pierwszy znaczący sukces zanotował w Poznaniu, gdzie Marek Okopiński realizował *Antoniusza i Kleopatrę* Szekspira (1964), Kiszkis grał Pompejusza *nadając swemu bohaterowi skrótową jednoznaczność, tak korzystną dla współczesnego rozumienia tragedii* (Zygmunt Greń). Z Okopińskim, a także ze Stanisławem Hebanowskim przyszło mu potem długo współpracować w Gdańsku, acz jeszcze za dyrekcji Tadeusza Minca zabłysnął tam rolą Leona w *Matce* Witkacego (1969). Spektakl ten, w którym tytułową rolę kreowała Halina Winiarska, pobił na Wybrzeżu rekord długowieczności, utrzymując się na afiszu przez 9 lat (jeszcze w 1977 demonstrowany był podczas występów gościnnych w Goeteborgu). W ciągu tych lat uczestniczył Kiszkis niemal we wszystkich znaczących premierach, że zaś był to teatr programowo kolektywny, często po prostu służył swym talentem zespołowi. Osobistą satysfakcję przynosiły mu przecież liczne role pierwszego planu: Dr Stockman we *Wrogu ludu* Ibsena, Tomasz w *Zamianie* Claudela, Menelaus w *Helenie* Eurypidesa. Bieg czasu wzbogaca jego aktorstwo o wyraźny ton refleksji, nie odbierając przy tym jego bohaterom ich naturalnej barwności. Są w dorobku artysty postacie tak różnorodne, jak *Lenin* Grubińskiego i Hiob z *Księgi Hioba*, jak Dr Wangel w *Kobiecie z morza* Ibsena, Mendel Krzyk w *Zmierzchu* Babla, czy ciepły Kalmita, bezradnie nieco przymilający się do swej Kalmitowej - Winiarskiej (*Chłopcy* Grochowiaka, 1997). W tej roli właśnie obchodził jubileusz 35-lecia pracy artystycznej.

Roman Kłosowski

ur. 14 II 1929, Biała Podlaska

Aktor o ogromnej vis comica, a nie zatracający przy tym ciepła i sympatyczności – pisał Wojciech Natanson. Po ukończeniu warszawskiej PWST (1953) wraz z grupą kolegów został, wedle ówczesnych zasad, skierowany do pracy w terenie. Trafił do Szczecina, gdzie debiutował w *Szczęściu Frania* Perzyńskiego. Spektakl bił rekordy powodzenia, osiągając niemal sto prezentacji! Od 1955 w Warszawie, w T. Dramatycznym m.st. Warszawy grał role o wyraźnym zabarwieniu dramatycznym, o co zadbał jego profesor, Jan Świderski, był Wajnonenem w *Optymistycznej tragedii* Wiszniewskiego, Piotrem van Daan w *Pamiętniku Anny Frank*. Kiedy przecież w 1961 przyszedł do T. Ludowego reżyserzy poczęli eksploatować jego komiczne predyspozycje. Śmieszył więc jako Spodek w *Śnie nocy letniej*, Truffaldino w *Księżniczce Tu-*

Roman Kłosowski jako Chandebise w *Wiele hałasu o pchłę* Feydeau

randot Gozziego, Walenty w *Sarmatyzmie* Zabłockiego, czy *Mistrz Pathelin*. Świadom, że jedynie samodzielne sterowanie własną karierą uchroni go przed obsadową jednostronnością, studiuje na wydziale reżyserii. W latach 1975-1981 kieruje T. Powszechnym w Łodzi, gdzie, zabezpieczając frekwencję swoim *Szwejkiem*, sięgał też śmiało po zadania stricte tragiczne (*Ryszard III* Szekspira), przemożną swą komediowość wzbogacając o liryzm (*Colas Breugnon* Rollanda). Od 1981 pracuje nieprzerwanie w stołecznym T. Syrena, niezawodny w refleksyjnym monologu politycznym (*Seks i polityka*, *Seks i pieniądze*, *Śmiech na linii* Grońskiego i Passenta, *Sprawa Romana K.* Korpolewskiego), nie stroni też od prac reżyserskich. Niski i niezbyt foremny potrafił ze swej zewnętrzności uczynić środek w pozyskiwaniu sympatii widzów. Jej objawy wręcz obłędne wyzwolił jako prostoduszny roztropek Maliniak w *Czterdziestolatku*. W telewizji zresztą gościł często, jak i w filmie. Od komediowego debiutu w *Ewa chce spać* (1958) po dramatyczne role w obrazach Andrzeja Barańskiego (*Kramarz*, *Dwa księżyce*, *Horror w wesołych bagniskach*) czy w słowackim *Ja kocham, ty kochasz* Hanaka, nagrodzonym na festiwalu berlińskim (1988). Ludzie i tak mówią do niego „Maliniak", co go przyprawia o szewską pasję!

Bogumił Kobiela
31 V 1931, Kraków ☆ 10 VII 1969, Gdańsk

W 1953 przybył na Wybrzeże wraz z grupą absolwentów z krakowskiej PWST, był wśród nich także Zbigniew Cybulski. *Mówiło się, że Bobek był przeznaczony do ról komicznych, a Zbyszek do poważnych. Bzdura! Obaj byli wszechstronni, tylko nie umieli wykorzystać swych możliwości* – wspomina Elżbieta Chwalibóg-Cybulska. Potwierdzeniem tej oceny było brawurowe ujęcie roli *Kaliguli* w dramacie Rostworowskiego (1959), jedna z najwspanialszych, niestety nielicznych, ról Kobieli na scenie. Niemal od razu Kobiela do prac w teatrze dołączył bowiem aktywne zajęcia w środowisku studenckim, był jednym z założycieli teatrzyku *Bim-Bom* (1954). W T. Wybrzeże częściej reżyserował niźli grał, a wszystkie te poczynania odbijały się szerokim echem w Polsce, były prezentowane za granicą, w Paryżu, Wiedniu, Berlinie. W 1960 przenosi się Kobiela do Warszawy, tam absorbuje go przede

Bogumił Kobiela

wszystkim film (Trestka w *Popiele i diamencie* Wajdy, Piszczyk w *Zezowatym szczęściu* Munka), a także telewizja, gdzie z Jerzym Gruzą i Jackiem Fedorowiczem przygotowują cykl *Poznajmy się* (1967), pod pozorem szaleńczej improwizacji demonstrujący wnikliwy, ironiczny portret czasów i żyjących w nich ludzi. W T. Telewizji tworzy groteskową rolę Pana Jourdain w molierowskim *Mieszczaninie szlachcicem*, z pozoru całkowicie umieszczoną poza stylem i epoką, tym przecież śmieszniejszą; uczestniczy też w objazdach kabaretu Wagabunda. Początkowo był na etacie w T. Ateneum, w 1964 przeniósł się do T. Komedia, gdzie stworzył wzruszającą postać Bartnickiego w *Żabusi* Zapolskiej (1968). Ilość i intensywność tych zajęć powodowały, że na wszystkie zaczyna mu brakować czasu, a ogromna popularność, którą zawdzięczał głównie przejmującemu swym tragikomizmem Piszczykowi, domagała się jeszcze zwiększenia tempa. Śmierć w wypadku samochodowym przerwała wszystko.

Jan Kobuszewski

ur. 19 IV 1934, Warszawa

Fernandelowskie iście warunki zewnętrzne zmuszały aktora przez całe nieledwie życie do farsowych błazenad na scenie i w telewizyjnym studio. Komizm był mu stanem naturalnym, ale nawet błahą rolę Kobuszewskiego nieodmiennie cechuje dyskrecja w dawkowaniu efektów, umiar w gagach, a na dodatek ujmujące ciepło, którym przesyca wszystkich swoich bohaterów. Miał przy tym szczęście, że w jego teatralnej młodości bulwarowa farsa nie była w łaskach u władzy, jeżeli zatem śmieszył to we Fredrze (Barbi w *Rewolwerze*, 1962), jeśli błaznował to w Szekspirze (Hugo w *Wesołych kumoszkach z Windsoru*, 1971). Obie role grane na deskach warszawskiego T. Polskiego, gdzie pracował z kilkuletnią przerwą do 1975.

Absolwent stołecznej PWST (1956) debiutował w T. Młodej Warszawy, skąd przeszedł właśnie do T. Polskiego. Start ku ogromnej popularności zawdzięczał niewątpliwie telewizji, a konkretnie wypracował ją sobie w tygodniowym magazynie satyrycznym *Wielokropek*, gdzie w latach 60. zachwycał

Jan Kobuszewski

Jan Kobuszewski jako Biondello w *Poskromieniu złośnicy* Szekspira

inwencją w kreowaniu przezabawnych typów i typków w migawkowych skeczach. Uszlachetnił potem ten kunszt w kabarecie Olgi Lipińskiej. W latach 1964-1969 aktor T. Narodowego; *pięknie rozwijał się tu jego talent* – pisał Roman Szydłowski. Dyr Dejmek aplikował bowiem Kobuszewskiemu odtrutkę na telewizyjny humorek w postaci ról Witkacego. Grał parobka

Parblichenko w *Kurce wodnej* (1964) i *Jana Macieja Wścieklicę* (1966), paradoksy witkiewiczowskiego tekstu cieniując z prawdziwym wyrafinowaniem. Uczestniczył jako Pelikan w historycznej prezentacji *Dziadów* (1967). Od 1976 związał się ze stołecznym T. Kwadrat, z rozrywkowej oferty tej popularnej scenki dobierając sobie role niezmiernie starannie. Bawił go Fredro (Rotmistrz w *Damach i huzarach*), Słonimski (Wojewoda w *Rodzinie*), Mrożek (Lis w *Polowaniu na lisa*). W broadwayowskich standardach, określających profil repertuarowy Kwadratu, decydował się na role najlepsze. Jak choćby Harvey w *Moim przyjacielu, Harveyu* Chase'a, którego uczynił podręcznikowym przykładem gry farsowej. Zwłaszcza że za partnerkę miał tu Irenę Kwiatkowską. Wspierał swą osobistą popularnością stale niezbyt liczne pozycje z polskiej dramaturgii. Prezes w *Godzinach błaznów w składnicy złomu* Ulmana, Rąsia w *Basenie* Kondrackiego, Siekierowy w *Rozmowach przy wycinaniu lasu* Tyma, wreszcie Kosela w *Dwóch morgach utrapienia* Rębacza (1997), sprawiając, *że opis polskiej rzeczywistości zaproponowany przez autora zyskiwał nie tylko komediowe walory* (Jacek Wakar).

Marian Kociniak

ur. 11 I 1936, Warszawa

Aktor związany od zawsze ze stołecznym Ateneum, gdzie po studiach w warszawskiej PWST debiutował rolą Marka w *Studniach* Karpowicza (1960). Szczupły, o eleganckich ruchach i sylwetce, miłym głosie i uśmiechu posiada Kociniak tę wspaniałą zaletę, że zarówno jego zewnętrzność, jak i emocjonalna giętkość pozwalają mu na absolutną niemal przydatność zawodową. Stąd w jego życiowym biogramie role jawnie dramatyczne (Piotr Wierchowienski w *Biesach* Dostojewskiego) sąsiadują z groteską (Plejtus w *Matce* Witkacego), gładkie rezonerstwo (Paul Riboudel w *Balu manekinów* Jasieńskiego) wymienia się z tragizmem (Benio Krzyk w *Zmierzchu* Babla), estradowa zaś swoboda, jakiej nabył w telewizyjnych rewiach Olgi Lipińskiej, pozwala błyszczeć także w repertuarze musicalowym (Mężczyzna w *Apetycie na czereśnie* Osieckiej, Hucklebee w *Fantasticks* Jonesa, liczne wieczory

Marian Kociniak

K

Marian Kociniak jako Ribaudel w *Balu manekinów* Jasieńskiego

kabaretowe Młynarskiego). Ta imponująca łatwość w operowaniu różnorodnością środków wyrazu, profitująca nie jeden raz komplementami krytyków, kryje w sobie i pewne niebezpieczeństwo, gdyż utrudnia określenie wewnętrznej tożsamości aktora. Przy okazji *Ptaka* Szaniawskiego, w którym Kociniak grał rolę Studenta, trafną obserwację poczynił przecież mądry Wojciech Natanson: *w grze Kociniaka dosłyszeć można zawsze krok młodego pokolenia, dostrzegamy w niej przede wszystkim triumf młodości, a jej urok i siła są przecież nieodparte*. Tę cenną właściwość udało się aktorowi uchronić przed złymi wpływami biegnącego czasu. Dziś już lekko szpakowaty zachował w swej sylwetce dawną sprężystość, jego głos nadal pobrzmiewa z metaliczną czystością, może tylko uśmiech nieco mu spoważniał. Ten sześćdziesięciolatek niemal źle się czuje w rolach osób statecznych. Zapewne dlatego tak imponuje giętkością w *Garderobianym* Hartwooda (1998). Gra tę rolę niemal komediowo, nie kapitulując bynajmniej w starciach ze scenicznym przeciwnikiem, choć jest nim sam Holoubek. Bo też naprawdę to nie z nim Kociniak tu walczy, lecz z legendą Pszoniaka – pierwszego odtwórcy tej roli w Warszawie. I trzeba przyznać, że inaczej rozstawia akcenty...

Młodszy o rok, wyraźnie niższy i chyba od zawsze stateczny Jan Kociniak, brat stryjeczny Mariana, jest także członkiem zespołu aktorskiego Ateneum.

Dorota Kolak

ur. 20 VI 1957, Kraków

Chyba największy talent, jaki się na Wybrzeżu w ostatniej dekadzie objawił – napisała o niej „Polityka". Tyle, że objawieniu niesłychanie dopomógł szczęśliwy przypadek, bo za taki wolno chyba uznać udział Kolak w popularnym serialu *Radio-romans*. Absolwentka krakowskiej PWST (1980) rozpoczynała w Kaliszu, grała tam szekspirowską Julię, Klarę w *Ślubach panieńskich*, Marynę w *Weselu*. Do Gdańska dotarła jesienią 1982, by w *Kordianie* zagrać Trzecią Czarownicę. Ale już w 1983 kreowała *Antygonę* Sofoklesa w reżyserii Marka Okopińskiego. Kiedy w 1988 otrzymała nagrodę im. Wyspiańskiego „za osiągnięcia aktorskie w T. Wybrzeże", miała za sobą szereg ról prawdziwie znaczących (Smugoniowa w *Uciekła mi przepióreczka* Żeromskiego w reżyserii Byrskich!). A przecież reklamowy *boom* wokół Kolak zaczął się dopiero po owej Wandzi w *Radio-romansie*. Kolejne wielkie role. *Kolak zmaga się głównie z wielkim repertuarem tragicznym. To tragizm w bardzo współczesnym rozumieniu, odnajdywany tam, gdzie dotykamy palcem rany samej egzystencji ludzkiej* („Teatr"). Te role to m.in. *Panna Julia* Strindberga (1990), Maria Lebiadkin w *Biesach* Dostojewskiego (1992), Masza w *Trzech siostrach* (1995), Senja w *Poznać strach* Enquista (1996), Solange w *Pokojówkach* Geneta (1997). Jej Masza: *fascynuje sposób, w jaki się porusza, siada, kuli na kanapie*. Jej Senja: *znerwicowana, zawiedziona kobieta, szukająca nadaremnie ładu świata*. Jej Solange: *grana jakby całym ciałem. Każdy gest i grymas doprowadzony do perfekcji. Ostatnia tyrada zagrana ze zrozumieniem każdej litery tekstu.* I właśnie to w aktorstwie Kolak wydaje się być najbardziej znamienne: perfekcjonizm. *Wszystko w spektaklu musi być po coś* – mówi. Na ten kult dla perfekcji rzutuje może fakt, że kiedyś musiała ogromnym wysiłkiem przewalczać własne, wrodzone wady wymowy. Przy pomocy krakowskich pedagogów zdołała je przezwyciężyć. Dziś sama wykłada w Akademii Muzycznej w Gdyni.

Krzysztof Kolberger
ur. 13 VIII 1950, Gdańsk

Gogolewski nauczył go kiedyś, jak wierszem mówić, Hanuszkiewicz nauczył potem, jak wierszem krzyczeć. Kolberger był i pozostanie aktorem, który naprawdę swobodnie czuje się w poezji. Teraz rzadziej już to grywa, więc powędrował w krąg muzyki. Reżyseruje przedstawienia operowe, a zdarza się, że w nich nawet uczestniczy. Absolwent warszawskiej PWST (1972) zaczynał w katowickim T. im. Wyspiańskiego. Wytrzymał tam zaledwie rok i uciekł do T. Narodowego. U Hanuszkiewicza przeżył swój okres bohaterski. Grał herosów (Wacław w *Wacława dziejach* Garczyńskiego, 1973; Zan w *Mickiewiczu*, 1976; Konrad w *Dziadów części III*, 1978; Sawa w *Śnie srebrnym Salomei*, 1977), ale rozsmakował się też w komedii fredrow-

Krzysztof Kolberger w filmie *Ostatni prom* Krzystka

skiej (Papkin w *Trzy po trzy*, Alfred w *Mężu i żonie*). Role herosów przeżywał: *to aktorstwo pasji. Kolberger płacze ze wściekłości, nie zmieniając przy tym wiersza* (Józef Kelera po *Wacława dziejach*), komedią się bawi. Ale o średniówce też nigdy nie zapomni. Po czym na trzy lata zapomina w ogóle o teatrze, wciąga go film. Serial *Najdłuższa wojna nowoczesnej Europy* Sztwiertni (1979), w którym gra Chłapowskiego, ujawnia młodemu aktorowi zupełnie nową skalę zadań i trudności. Obie podniecające. Kolberger współpracuje z Kutzem (*Na straży swej stać będę*), Żebrowskim (*W biały dzień*), Zanussim (*Kontrakt*), Barbarą Sass (*Rajska jabłoń*, *Dziewczęta z Nowolipek*), Wosiewiczem (*Kornblumenblau*). Hanuszkiewicz tymczasem już nie dyrektoruje w Narodowym, od 1982 Kolberger gra więc w T. Współczesnym, całkowicie przemodelowując swój styl. Staje się przystojnym trzydziestolatkiem do ważnych poruczeń. Gra potem w *Apetycie na czereśnie* Osieckiej, najpierw na peryferyjnym Ursynowie, potem w całej Polsce, od 1989 w Ateneum. Tam Gustaw Holoubek przypomina mu o jego miejscu w szeregu: Kolberger znów kocha się wierszem jako Zbigniew w *Mazepie* (1994), cierpi za ojczyznę wierszem jako Jan w *Fantazym* (1994). W 1991 reżyseruje w Operze Wrocławskiej *Krakowiaków i górali* Bogusławskiego, powtarza inscenizację w stołecznym. T. Wielkim. *Przez wiele lat byłem po drugiej stronie rampy. Obserwowałem, uczyłem się, w pewnym momencie uświadomiłem sobie, że chyba też bym potrafił.* Pociąga także artystę coraz wyraźniej wątek współczesny. Zwłaszcza melodramat. Odnoszą z Marią Ciunelis ogromny sukces w *Dzieciach mniejszego boga* Medoff (1989), w kameralnej *Oleannie* Mameta (1994). Kusi go też udział w komercyjnych serialach: *Kuchnia polska* Bromskiego, *Ekstradycja*. Mimo sukcesów wydaje się przecież, że to wyraźnie wtórny nurt zainteresowań artysty...

Maja Komorowska

ur. 23 XII 1937, Warszawa

Jedna z nielicznych aktorek polskich, której wybitna pozycja wiąże się w powszechnym odczuciu z kinem, a tam z nazwiskiem jednego reżysera, choć z 30 filmów, jakie dotąd nakręciła, Krzysztof Zanussi reżyserował za-

Maja Komorowska

ledwie 11. Na jej obecny *image* złożyły się przy tym nie tylko dokonania aktorskie, ale również postawa życiowa, będąca zaprzeczeniem zwyczajowego statusu gwiazdy. Jest energiczną organizatorką rozmaitych akcji charytatywnych, w młodości marzyła o karierze lekarki, pracowała nawet przez rok w szpitalu dziecięcym *jako – wedle własnych słów – ktoś pośredni pomiędzy pielęgniarką, salową, a świetliczanką.*

Studiowała na wydziale lalkarskim PWST w Krakowie, by w 1960 zaangażować się tam do T. Lalki i Maski *Groteska*, zafascynowana jednak głośnym eksperymentem Jerzego Grotowskiego przystała już w następnym se-

Maja Komorowska w filmie *Panny i wdowy* Zaorskiego

zonie do jego opolskiego T. 13 Rzędów, gdzie grała m.in. Rachelę w *Akropolis* Wyspiańskiego i Wiolettę w *Kordianie*; po zmianie nazwy teatru na Laboratorium, już we Wrocławiu, uczestniczyła w przedstawieniu *Księcia niezłomnego* Słowackiego. Swoje gwałtowne rozstanie z Grotowskim kwituje lakonicznym stwierdzeniem, że *szukała dla siebie własnej drogi*, a zawdzięcza mu nie tyle swą wielokrotnie podziwianą sprawność fizyczną (akrobatyczne ćwiczenia w *Bilansie kwartalnym* Zanussiego, karkołomne fruwanie na żyrandolu w przedstawieniu *Stara kobieta wysiaduje* Różewicza), co ważne dla niej przeświadczenie, że *aktorstwo wymaga zdejmowania, a nie wkładania maski*. Lata 1968-1972, kiedy występowała na scenach wrocławskich (T. Współczesny i T. Polski), ukazały w pełnym blasku jej niezwykłą osobowość, a także szerokie możliwości warsztatowe. To Krasawica, Echo i Śmierć w *Bolesławie Śmiałym* Wyspiańskiego, *Stara kobieta wysiaduje* oraz porażona egzystencjalną rozpaczą męska rola Hamma w *Końcówce* Becketta. W filmie zaś to ogromny sukces ekscentrycznej Belli o smukłych nogach i wspaniałych włosach (*Życie rodzinne*), zaraz potem obezwładnionej nieśmiałością Anny, której nie udaje się nawet samobójstwo (*Za ścianą*). Obu tym, tak odmiennym postaciom, podobnie jak później Marcie z *Bilansu kwartalnego* i Emilii z *Roku spokojnego słońca* (wszystkie filmy Zanussiego), podobnie jak Joli z *Panien z Wilka* i bardziej znerwicowanej niż rozpoetyzowanej Racheli z *Wesela* Wajdy, wspólne zdaje się być ciągłe wewnętrzne rozchwianie, ciągłe poczucie niespełnienia. Ton ten odezwie się nawet w kreacji komediowej Komorowskiej, w *Letycji i lubczyku* Shaffera już w warszawskim T. Współczesnym, z którym artystka związała się od 1972. Jej ostatnie role sceniczne (Klara Zachanassian w *Wizycie starszej pani* Dürenmatta, Eliza w *Lady i generał* Clarka, Winni w *Szczęśliwych dniach* Becketta, *Semiramida* Wojtyszki) dowodzą jednak, że w aktorstwie Komorowskiej tak dotąd ekspresyjnym, pojawiła się pewna wysmakowana powściągliwość. Jest autorką bardzo osobliwej książki *31 dni Maja*, która bardziej stanowi zapis nieustannego poszukiwania sensu życia niż próbę biografii. Jest także pełnym pasji pedagogiem w stołecznej PWST.

Marek Kondrat

ur. 18 X 1950, Kraków

Halski z *Ekstradycji*. Przebił Klossa, bo Mikulski to już cień z archiwum historii, a Kondrat jawi się symbolem dnia dzisiejszego. Tego, w którym bezwzględni wygrywają, choć lubią sobie potem popić dla rozproszenia *weltschmertzów*. Swe symboliczne wcielenie umiał przy tym Kondrat wyposażyć w odpowiednie *exterieur* (twarz, spojrzenie, *timbre* głosu, sylwetka, ruchy), a także w precyzję gry. Jego sztuka aktorska musi budzić podziw. Warto prześledzić, jak zdobył zarówno kunszt, jak i specjalizację. *Rolę swą zbu-*

Marek Kondrat w filmie *Zaklęte rewiry* Majewskiego

dował konsekwentnie, ukazując stopniowo dojrzewanie świadomości młodego chłopca, który staje się człowiekiem myślącym. Tak pisał Roman Szydłowski po premierze *Hamleta* w T. Dramatycznym m.st. Warszawy (1979). Hamleta grał Fronczewski, Kondrat Laertesa. Miał za sobą tradycyjne familijne (ojciec, Tadeusz i stryj, Józef, obaj aktorzy wyśmienici), dyplom stołecznej PWST (1973), efektowny debiut w katowickim T. im. Wyspiańskiego (Błazen w *Kronikach królewskich*), od 1975 występował w Warszawie. Grał, zbierał dobre recenzje, ale musiał zauważyć, że czasy nie sprzyjają aktorom o jego gładkiej urodzie i predyspozycjom do ról bohaterów. Czasy sprzyjały rozmemłanym inteligentom, których pociągało zagłębianie się we wnętrzu swej jaźni. Po wprowadzeniu stanu wojennego próbuje Kondrat szukać szczęścia za granicą. Gra po francusku we Francji, usiłuje po włosku we Włoszech. W 1987 wraca do T. Dramatycznego, przenosi się w 1994 do Ateneum. Znów gra swoich bohaterów, w teatrze *Mazepę* i *Fantazego*, w telewizji *Kordiana* i *Sułkowskiego*. Znów kolekcjonuje wspaniałe recenzje: *Jego Fantazy był znudzonym fanfaronem, który poetyczne pozy przybierał dla dowcipu, w głębi duszy pozostając człowiekiem ciemnym i nieodgadnionym* (Roman Pawłowski). A w tle działań scenicznych nabierały rozpędu działania filmowe. Niemal od samego początku fortunne. Za Romana w *Zaklętych rewirach* Majewskiego otrzymał nagrodę im. Z. Cybulskiego (1975). Podobał się jako bohater *Smugi cienia* Wajdy, w *Dreszczach* Marczewskiego, wreszcie jako niezweryfikowany ubek w *Psach* Pasikowskiego (1992). I właśnie ten ostatni film zaważył na dalszych losach Kondrata. Był niczym punkt zwrotny. Tam narodził się Halski. Tam narodził się osobnik, którego teraz aktor doskonali, cyzeluje, wzbogaca, którym się bawi, jak lalką. *Ekstradycja*, *Pułkownik Kwiatkowski* Kutza. *Kiler* Machulskiego, *Pułapka* Drapińskiego. Po obejrzeniu materiałów zdjęciowych do tego filmu Pasikowski powiedział: *Kondrat jest geniuszem*. Sam Kondrat ujmuje to bardziej wstrzemięźliwie: *Zawsze wierzyłem, że przychodzi czas, kiedy człowiek potrzebuje jakiegoś spełnienia, jakiejś prawdy, do której musi się bardziej otworzyć niż do tej pory*.

Andrzej Kopiczyński

ur. 15 IV 1934, Międzyrzec Podlaski

Inżynier Karwowski z *Czterdziestolatka* (1975). Rola, którą aktor uznał za podwójny sukces. Przyniosła mu bowiem popularność, co do dziś profituje w telewizyjnych reklamach, a także satysfakcjonowała zawodowo. *Udało mi się wykreować postać, która jest całkowicie odmienna ode mnie. Ten Karwowski to właściwie jakiś całkowicie dla mnie obcy człowiek*. No i ten obcy, nieco ofermowaty, ale poczciwy człowiek zaczął być o wiele bardziej znany, niż rzeczywisty Kopiczyński. Wygląda zresztą na to, że aktor pogodził się z losem. Od 1982 pracuje w warszawskim T. Kwadrat, gdzie dbając o to, by czasami błysnąć w repertuarze bardziej wysmakowanym (Poeta w *Indyku* Mrożka, 1988), sumiennie realizuje rozrywkowe założenia swej placówki. A kiedyś...

Absolwent łódzkiej PWSA (1958) przewinął się przez sceny Olsztyna, Bydgoszczy, Szczecina. Właśnie w Szczecinie, za dyrekcji Jana Maciejow-

Andrzej Kopiczyński
w filmie *Motylem jestem*
Gruzy

skiego (1962-1969), wysmukły trzydziestolatek o dźwięcznym głosie i szczerym spojrzeniu sięgał po rolę herosów. Wystartował tam *Kordianem*: *bezbłędnie kładł akcenty, czytał najbardziej trudne partie tekstu zawsze w zgodzie z założeniem nadrzędnym swej roli* (Zygmunt Greń, 1962). Wprawdzie osłabiała mu lot suma słabości pozostałego ansamblu, zaznaczył przecież swą indywidualność. Przypieczętowała to nagroda na IV Festiwalu Teatrów Polski Północnej w Toruniu. Jako Konrad-Gustaw (*Dziady*, 1966), wsparty tym razem o solidny fundament myśli reżyserskiej Maciejowskiego, stworzył już Kopiczyński kreacje o pełnym brzmieniu: *racjonalisty wątpiącego i zgorzkniałego, w sposób bardzo współczesny* (Bohdan Kurowski). Z innych prac szczecińskich zasługuje na przypomnienie Beranger w *Nosorożcu* oraz Jan w *Głodzie i pragnieniu* (obie sztuki Ionesco), gdzie całkowicie odmienna materia literacka prowokowała już do gry bardziej wyrafinowanej. Jesienią 1969 Adam Hanuszkiewicz, kompletując swój zespół w T. Narodowym, ściąga tam i Kopiczyńskiego. Przez osiem sezonów aktor realizuje bardzo zmienny zakres zadań. Od epizodów po znaczące role. Epizody gra z inwencją (Nos w *Weselu*, Książę Fryderyk w *Jak wam się podoba* Szekspira), role ze szczecińskim rozmachem (Alfred we fredrowskim *Trzy po trzy*, Kirkor we współczesnej wersji *Balladyny*). W 1979 przechodzi do T. Rozmaitości, stamtąd do Kwadratu. Koło się zamyka. *Obiit Konrad, Karwowski natus est.*

Lidia Korsakówna

ur. 17 I 1934, Baranowicze

Tańca uczyła się we wrocławskiej szkole baletowej, interpretowania piosenki w „Mazowszu", dokąd zgłosiła się w 1949. Z „Mazowsza" porwał ją film (*Przygoda na Mariensztacie*), a z filmu przejął Kazimierz Pawłowski, organizujący właśnie T. Satyry na Śląsku. Teatrzyk dał zaledwie dwie premiery, splajtował, ale Korsakówna trafiła, i to na całe życie, do warszawskiego T. Syrena (1955). Tam stała się niekwestionowaną królową wszystkich rewii, wystawianych przez kolejne dyrekcje. *Prezentuje paryski szyk i sznyt* – orzekła Karolina Beylin, *ta dziewczyna ukradła mi nogi* – wołała Loda Hala-

Lidia Korsakówna

Lidia Korsakówna w rewii *Oby nam się!*

ma. Cała Warszawa nuciła jej popisowy szlagier: *Jak to dziewczyna* Rembowskiego. Poczęła też coraz śmielej sięgać po role w repertuarze komediowym, rozpoczynając od amantek rozśpiewanych i roztańczonych. *Mąż Fołtasiówny* Jurandota, *Sprawa Kowalskiego* Gozdawy i Stępnia, *Latające dziewczęta* Camolettiego, *Skok do łóżka* Conneya i Chapmana, Z czasem wzrastała skala ambicji: operująca subtelnymi kalamburami literackimi Hera w prapremierze *Saszy i bogów* Swinarskiego (1979, reż. Ignacy Gogolewski), zadzierzysta praczka Katarzyna (*Madame Sans-Gené* Marianowicza i Minkiewicza, 1982, reż. Jerzy Gruza). Prawdziwym zaskoczeniem dla krytyki był jej występ w T. na Woli, gdzie zagrała z pozoru wiedźmowatą, a po prawdzie to dramatyczną Donnę Zowrillę w *Gdy rozum śpi* Vallejo (1976, reż. Andrzej Wajda). Partnerowała samemu Łomnickiemu i sprostała próbie, co nie było zaskoczeniem dla kinomanów, którzy pamiętali artystkę z roli zniszczonej przez alkohol, bezradnej kobiety w *Wyroku* Lenartowicza (1961). Do dziś występuje na deskach Syreny, kunsztem charakterystycznym błyskając choćby jako Heroina w *Nocy w teatrze* Robaczewskiego (1995). Była żoną Kazimierza Brusikiewicza, jest matką aktorki, Lucyny, przebywającej od lat w USA. Sama koncertowała tam wielokrotnie.

Ryszard Kotys

ur. 20 III 1932, Mniów

Aktor Łódzkiego T. im. Jaracza, acz bohaterski okres jego twórczości wiąże się przede wszystkim z pracą w T. Ludowym w Nowej Hucie (1956-1965), skąd wraz z Krasowskimi przeszedł do Wrocławia, działając tam potem za dyrekcji Jerzego Grzegorzewskiego i następnie Jacka Bunscha. Związany równie ściśle z kinem, występował w przeszło 200 filmach, m.in. Agnieszki Holland, Sylwestra Chęcińskiego, Feliksa Falka, Juliusza Machulskiego, Edwarda Żebrowskiego. Dosyć precyzyjnie dyferencjuje własną pracę w obu tych dziedzinach, uznając, że teatr prowokował go zawsze do poszukiwania formy, gdy jego role filmowe bliższe były *życiu i powszedniości* (krytycy pisali nawet, że *gra jak natursczyk!*). Studia na krakowskiej PWST ukończył wraz z legendarną grupą Zbyszka Cybulskiego, lecz kiedy koledzy poszli zbiorowo na Wybrzeże, Kotys zdecydował się na T. im. Żeromskiego w Kielcach, gdzie Irena i Tadeusz Byrscy bawili się w laboratorium nowych

Ryszard Kotys jako Senator w *Dziadach* Mickiewicza

form i treści. Przeszedł stamtąd do Nowej Huty, by uczestniczyć we wszystkich niemal manifestacjach teatralnych Skuszanki i Krasowskiego. Grał Semenkę w Śnie srebrnym Salomei Słowackiego, grał molierowskiego *Tartuffe'a* (*lisią układność zastępując bezczelną władczością*). O jego Kalibanie pisał Zygmunt Greń, że *więcej jest w nim jakiegoś Lemowego Aldebarana niż raju utraconego*. O jego bodajże najbardziej pamiętnej kreacji nagrodzonej Grand Prix na wrocławskim festiwalu, Macieju w *Kondukcie* Drozdowskiego (1962) pisała z kolei Marta Fik, że to *studium nowego obyczaju – bezwzględnego, ale pełnego humoru*. W roli tej udało się Kotysowi zespolić oba elementy, jakie wyróżnia w swym aktorstwie, *poszukiwanie formy* oraz *prawda życia* połączyły się tutaj we wspaniałą całość. Pełnokrwistością obdarowuje zresztą wszystkich swoich bohaterów, dla każdego koncypując przy tym jakąś osobną kolorystykę. A nazbierało się już tych bohaterów istne bogactwo. We Wrocławiu pamiętają mu XX w *Emigrantach* Mrożka, w Tarnowie (bo i tam zabłądził na jeden sezon, 1975) Solonego w *Trzech siostrach* Czechowa, z ról łódzkich szczególnie wyraziste to niewątpliwie Senator w mickiewiczowskich *Dziadach* (reż. Maciej Prus, 1984), Clifford w *Obróbce* Crimpa, Edgar w *Tańcu śmierci* Strindberga.

Jest obecnie mężem koleżanki z T. im. Jaracza, Kamili Sammler. Jego syn z pierwszego małżeństwa jest już czterdziestoletnim kapitanem żeglugi wielkiej, syn z obecnego związku ma lat 10.

Krzysztof Kowalewski

ur. 20 III 1937, Warszawa

Edward Dziewoński powiedział o nim: *Dla mnie nie jest ani aktorem komicznym, ani tragicznym. Dla mnie jest to aktor wybitny*. Z pointą takiej oceny zgadzają się wszyscy, ale w przytłaczającej większości łączą osobę tego zwalistego, dobrodusznego aktora o okrągłej, uśmiechniętej twarzy jednak z komedią. Od ukończenia w 1960 stołecznej PWST przeszedł Kowalewski przez kilka scen warszawskich. Najtrwalej związał się z T. Kwadrat, kiedy dyrektorował mu właśnie Dziewoński (niezapomnianym był Siekierowym

Krzysztof Kowalewski w filmie *Lata dwudzieste, lata trzydzieste* Rzeszewskiego

w *Rozmowach przy wycinaniu lasu* Tyma, 1975), potem z T. Współczesnym. Sam artysta wyrok publiczności, co do swego *emploi*, przyjmuje z pokorą: *Może to nie do końca takie słuszne, ale moi profesorowie mówili, że gdy aktor umie grać komedię i farsę, to zagra tragedię.* Grał zatem i Szekspira. W młodości był Mercutiem w *Romeo i Julii* (T. Polski, 1963), później Tobiaszem Czkawką w *Wieczorze Trzech Króli* (nagroda na Spotkaniach Kaliskich, 1988). Grał Witkacego (Ryszard w *Kurce wodnej*) i Mrożka. Właśnie z twórczością Mrożka wiąże się jego najciekawsze osiągnięcie na scenie dramatycznej. Ekselencja w *Krawcu*, Czelcow w *Miłości na Krymie*, Edek w *Tangu* (1997). *Tworzy w roli Edka prawdziwą kreację. Jednym gestem buduje komizm sytuacji. Początkowo niezgułowaty, z czasem staje się groźny* (Jacek Wakar). Grał też ostatnio Kowalewski Gogola, a jego Cziczikow w *Martwych duszach* (1994) bliższy był już współczesności niżli kanonom MChAT. Siła komiczna aktora uległa tu sile skojarzeń widowni i Cziczikow przeistoczył się w Grobelnego. Dyr Maciej Englert czyni z tego komizmu swego artysty instrument strategii repertuarowej, Kowalewski stał się prawdziwą ozdobą fars tak chętnie granych przy ul. Mokotowskiej. Od *Jak się kochamy* Ayckbourne'a (1983) po *Koniec początku* O'Caseya (1997). W tej ostatniej *Kowalewski nawet ze zmywania naczyń potrafi zrobić arcydzieło inteligentnego humoru* (Roman Pawłowski). Swój dar wykorzystywał często i chętnie na estradzie, współpracując z kabaretami Jerzego Dobrowolskiego, Jana Pietrzaka, Marcina Wolskiego. A jego samego wykorzystywał z kolei film: Stanisław Bareja, Jerzy Gruza, Janusz Rzeszewski. Ostatnio liczy na jego Zagłobę Jerzy Hoffman. Ogromną popularność przyniosła też aktorowi postać gamoniowatego Pana Sułka w *Ilustrowanym Tygodniku Rozrywkowym* (Program III PR).

Władysław Kowalski

ur. 24 II 1936, Żurawy

Aktor, który swą zasłużoną popularność zawdzięcza rzadkiemu darowi pozyskiwania nie tylko sympatii, ale i zaufania widza. Ma w sobie jakiś wewnętrzny spokój i ład, a potrafi go też ożywić dyskretnym poczuciem humoru. Po studiach w warszawskiej PWST (1959) rozpoczynał karierę, wraz z ówczesną małżonką, Elżbietą Kępińską, w gdańskim T. Wybrzeże. Partnerował żonie w *Smaku miodu* Delaney jako Goeff. Za rolę Harrego w *Zabawie jak nigdy* Saroyana otrzymał swą pierwszą w życiu nagrodę na festiwalu w Toruniu (1960). W dwa miesiące potem znalazł się już w zespole warszawskiego Ateneum, gdzie grał przez 14 lat. Znaczący sukces odniósł jako Andri w *Andorze* Frischa: *unikał środków jaskrawych, do których popycha młodość i brak doświadczenia. Był ofiarą ujmującą widza, ale nie był pozytywnym bohaterem, Zdaje się, że przybył nam nowy, świetny aktor* (Andrzej Wirth). Optymizm krytyka potwierdziły kolejne role: Don Pedro w *Martwej królowej* Montherlanta, Kiryłow w *Biesach* Dostojewskiego, Baron w *Na dnie*. A przecież zachwycającą pełnią wyrazu wyzwolił w Kowalskim dopiero czas, oswobadzając aktora z gorsetu scenicznej młodości, a dając w zamian dojrzałość (czasami wprawdzie uroczo nieporadną!). Aktor dość szybko nau-

Władysław Kowalski jako Baron w *Na dnie* Gorkiego

czył się nią gospodarować, tłumiąc, gdzie trzeba, naturalne swe słabości do wszystkiego, co zacne. Przykładem aż zimny w swym okrucieństwie (*rewelacyjny!* – zachwycał się Kłossowicz) Saint Just w *Sprawie Dantona* Przybyszewskiej, którego zagrał na otwarcie hübnerowskiego T. Powszechnego (1975), wiążąc się na lata z tą właśnie sceną. Wykorzystywany jest na niej wszechstronnie: sarkastyczny Rejent w *Zemście*, tragikomiczny *Gimpel* w sztuce Singera, gamoniowaty Spodek (czy wedle użytego tu przekładu Barańczaka raczej – Podszewka!) w *Śnie nocy letniej*, rozkoszny w swej naiwności Podkolesin w gogolowskim *Ożenku* (nagroda na festiwalu w Kaliszu, 1995). I tak kroczy ten zacny korowód. Malkontent z *Ostatnich dni ludzkości* Krausa (1997), jak to inteligent w okularkach, wnosi na scenę ton bardziej zgryźliwy, Czebutykin z *Trzech sióstr* (1998) jako ruski starowina o słabej głowie bardziej jest dobroduszny. Zadomowił się też na stałe Kowalski na dużym i małym ekranie, demonstrując tam imponujące bogactwo barw, którymi potrafi namalować prostotę, mądrość, radość i ciepło (ostatnio Profesor Alcybiades w *Sponie* Szarka, 1998).

Gabriela Kownacka

ur. 25 V 1952, Wrocław

W rozrywkowym T. Kwadrat debiutowała w miłej komedyjce *Pepsie* Bruno (1975). Potem w *Trędowatej* Hoffmana zagrała postać z drugiego planu, która dzięki jej grze awansowała do czołówki - hrabiankę Ritę. Potem pojawiła się w Teatrze TV, w sztuce *Po upadku* Arthura Millera; objęła rolę, w której amerykański pisarz sportretował ponoć swą żonę, Marylin Monroe. A potem dostała nagrodę im. Zb. Cybulskiego (1977). Niezwykłość ostatniego z wydarzeń tym większa, iż dorobek laureatki wiązał się jawnie z literaturą klasy B. To Kownacka swą grą przeistoczyła ją w klasę A. *Była świetna. Miała w sobie coś Marilyn. Naiwność, ciepło, seks* (Andrzej Łapicki, reżyser *Po upadku*). Mija 20 lat. Kownacka gra w błahej komedyjce francuskiej *Tej nocy albo nigdy* Etienne (T. Prezentacje, 1997). Recenzent *Rzeczypospolitej* pisze o niej: *kwintesencja kobiecości*. I dodaje: *nie bez powodu nazywano ją polską Marylin Monroe*.

Trudno tylko zrozumieć, dlaczego ta aktorka nie ma Warszawy u swych nóg? Może zadziałał tu pech. Pierwszy teatr, w którym pracowała (T. Kwadrat, 1975-1978), nie miał w sobie siły, by narzucać stolicy gwiazdy. W drugim (T. Współczesny, 1978-1982) trafiła na niekorzystne dla siebie układy. Trzeci, w którym działa najdłużej (T. Studio, od 1985), zajmuje się estetycznymi eksperymentami, a nie lansowaniem pięknych kobiet. Zatem pech. Ale czy tylko? Obsesję tej aktorki stanowiła zawsze oryginalność w psychologicznej obróbce wnętrz swoich bohaterek. Kiedy zagrała w Studio szekspirowską Ofelię (1986), a jeden z recenzentów napisał, że *w scenie obłędu, czeka się tylko, kiedy wejdą sanitariusze z kaftanem bezpieczeństwa* - Kownacka uznała to za komplement. *Te słowa zgadzały się doskonale z koncepcją roli* - stwierdziła. Jak zatem widać, artystka - co nie tak powszechne - zespala w swym aktorstwie kobiecość z inteligencją. Symbioza obu zalet, choć z pozoru imponująca, nie okazała się dla Kownackiej w pełni korzystna. Ta urzekająca kobieta stale nie jest wykorzystana na skalę swego talentu. I jakby wcale o to nie zabiega. Przypomina o sobie co jakiś czas kolejnym wielkim błyskiem. Tak zdarzyło się na samym starcie: *Po upadku*. Całkiem inaczej zaśniła w filmie *Nadzór* Saniewskiego (1983) - sugestywnym reportażu z krainy bezprawia, jej Danusia Wabik była tam jedną z głównych bohaterek. Ostatni błysk to Dorota z serialu *Matki, żony, kochanki* Machulskiego (1995) - żałosna próba godzenia pozoru stabilizacji z pozorami miłości;

Gabriela Kownacka
w filmie *Spokojne lata*
Kotkowskiego

w tym wspaniała, że zagrana z troską o prawdę spojrzeń, odruchów, urywanych słów. W planie teatru było też, co oczywiste, wiele ról znaczących: Linda w *Zagraj to jeszcze raz* Allena, Anna w *Lecie* Bonda, Florance w *Zimie pod stołem* Topora, Eurydyka w *Antygonie* Sofoklesa. Były filmowe role u Wajdy, Hasa, Zygadły, Bajona. Była Siostra Angelika w *Port-Royal* Montherlanta w Teatrze TV. *Często grywałam kobiety, których nie rozumiałam. Oczywiście, to, co tworzę, przefiltrowuję przez siebie. Jest rola i jestem ja, interesuje mnie suma tych dwóch. Inteligencja, kobiecość, przydałoby się więcej fartu!*

Barbara Krafftówna

ur. 5 XII 1928, Warszawa

Artystka o życiorysie tak bujnym, jak jej talent. Trudno o niej pisać, bo trzeba się nią jedynie zachwycać. Ukończyła studio dramatyczne Iwo Galla w Krakowie (1946), po czym przeszła w triumfie przez sceny Gdańska, Ło-

Barbara Krafftówna jako Cecylia Cardew w *Lordzie z Walizki* Wilde'a

dzi i Wrocławia. Drobna, niezbyt wysoka, ruda i piegowata uznana została za najbardziej fertyczną odtwórczynię fredrowskiej Klary w *Ślubach* (T. Polski, Wrocław, 1951). Przez szereg lat lśniła na scenie T. Dramatycznego m.st. Warszawy: jej Zerzabella z *Parad* Potockiego oszołomiła Paryż, jej Iwona, z *Iwony, księżniczki Burgunda* Gombrowicza nie znalazła do dziś lepszej interpretatorki, o jej Laurze w *Indyku* Mrożka pisano: *nie znajduje konkurencji*. Uznana przez krytykę za niezrównaną odtwórczynię ról Witkacego. W T. Narodowym i T. Współczesnym grała Zosię w *Małym dworku*, Kurkę wodną, Wandę w *Janie Karolu Wściekłicy*, Dorotę w *Matce*. W dziwną rzeczywistość owych utworów – pisała Marta Fik – *wkracza z równą naturalnością, jak* w rzeczywistość codzienną, staje się jej integralnym elementem, podporządkowuje się wszelkim dziwacznościom i sama bez żadnej groteskowości zaczyna ową dziwacznością emanować. A z identyczną swobodą, przesyconą właściwym tylko dla niej sarkazmem umiała się odnaleźć w *Play Strindberg* Dürrenmatta, czy nawet we Fredrze (Szambelanowa w *Panu Jowialskim*). Do końca zaś tej listy chwały jeszcze daleko...

Była *świetlistym punktem* (Jeremi Przybora) telewizyjnego Kabaretu Starszych Panów i do dziś dźwięczą nam w uszach jej przeboje z owych widowisk: *W czasie deszczu dzieci się nudzą*, czy *Przeklnę cię!* Spośród licznych kreacji kinowych nagrodzona na festiwalu w San Francisco rola Felicji w *Jak być kochaną?* Hasa (1963) zachowała nadal swą dramatyczną atrakcyjność. Podobnie jak jej miniatury piosenkowe. I te z kabaretu Pod Egidą (*Sztuczny miód* Osieckiej) i te nagrodzone na festiwalu opolskim (*Dramat w ogródkach działkowych* Kleyffa). W 1983 wyjechała do USA, gdyż otrzymała propozycję zagrania roli tytułowej w *Matce* Witkacego w jednym z kalifornijskich teatrów. Wyjechała nie znając języka angielskiego i po roku już występowała w Los Angeles, otrzymując za *Matkę* nagrodę prestiżowego miesięcznika „The Drama Logue". W Polsce pojawiła się w 1993, uczestnicząc w dwóch serialach telewizyjnych: *Bank nie z tej ziemi* oraz *Sprawy domowe*.

Był taki XIX-wieczny dramatopisarz niemiecki, Karol Grabbe, autor sztuki o dosyć długim tytule: *Żart, satyra, ironia i głębsze znaczenie*. Pisarz i sztuka już doszczętnie zapomniani, lecz sam tytuł przetrwał, by stanowić idealny opis talentu Barbary Krafftówny.

Jan Kreczmar

6 V 1908, Warszawa ☆ 29 VIII 1972, Warszawa

𝒫rzez lata królował na deskach Teatru Polskiego, rządząc też i teatrem polskim. Na reprezentacyjnej scenie stołecznej grał w latach 1946-1963 m.in. Orestesa (*Oresteja* Ajschylosa), Rodryga (*Cyd* Corneille'a), Fantazego, Szczęsnego (*Horsztyński* Słowackiego), Czackiego (*Rozumowi biada* Gribojedowa), króla Filipa (*Don Carlos* Schillera), na kameralnej scenie bawiąc się

Jan Kreczmar

Jan Kreczmar jako George
w *Kto się boi Virginii Woolf?*
Albee'ego

uroczo Wacławem w *Mężu i żonie* Fredry. Warszawską PWST kierował jako rektor przez lat 17 (1950-1967), przez jakiś czas prezesował też ZG SPATiF. Jeśli w jego aktorstwie było istotnie coś władczego – a było! – określić rzecz wypada jako absolutyzm oświecony. Rzemiosła uczył go Zelwerowicz, w 1929 ukończył jego Szkołę Dramatyczną, za jego dyrekcji w Wilnie debiutował jako Guślarz w *Dziadach*, ale życiową mądrość wyniósł z domu rodzinnego: dziad, ojciec i stryj byli chlubą warszawskiej pedagogiki, tworząc i prowadząc renomowane gimnazjum Kreczmarów.

Postawny, barczysty, o regularnych rysach i wysokim czole. Harmonię twarzy zakłócał mu lekki zez – potrafił go w wyniku uporczywych ćwiczeń likwidować na potrzebny dla gry moment (!). Bo dewizą sceniczną, a i życiową Kreczmara było absolutne panowanie nad ciałem i uczuciami. Tak też grał swoich romantycznych bohaterów. Byli wzorcowi, choć trochę okradzeni z namiętności. Całe życie marzył, by zmierzyć się z rolą Konrada-Gustawa. Nie zagrał jej. W 1955 napisał swemu uczniowi Ignacemu Gogolewskiemu po premierze *Dziadów*: *Smutno mi, że nie ja, ale cieszę się, że to ty.*

W 1963 przeszedł do T. Współczesnego, co pozwoliło mu sprawdzić swe doświadczenia na zupełnie nowym dlań materiale tekstowym – efekt okazał się nadspodziewanie świetny. Cezar (*Androkles i lew* Shawa), George (*Kto się boi Wirginii Woolf?* Albee'go), sir Henry (*Coctail party* Eliotta) były przykładem absolutnego mistrzostwa w aktorstwie intelektualnym. A w tamtych latach, aby zasłużyć na taką ocenę, nie wystarczało ładnie wypowiadać się w środowiskowych dyskusjach – aktor musiał nie tylko wiedzieć, ale i naprawdę umieć, nie tylko umieć, ale i naprawdę wiedzieć. Kreczmar umiał i wiedział. Potwierdził to w swoich nielicznych filmach (*Szyfry* Hasa, *Piłat i inni* Wajdy, *Życie rodzinne* Zanussiego), potwierdził w książkach (dwa tomy *Notatników aktora*). Był głową klanu. Brat Jerzy – znany reżyser, żona Justyna – aktorka, syn Adam – poeta i satyryk, zięć Krzysztof Daukszewicz – *ditto*, siostrzeniec Zbigniew Zapasiewicz – bez komentarza...

Agnieszka Krukówna

ur. 20 III 1971, Chorzów

Z dam najmłodsza w *Poczcie*, choć stażem aktorskim już doświadczona, bo zaczynała jako dwunastolatka w serialu *Ucieczka z miejsc ukochanych Dziedziny* (1987). Skończyła szkołę warszawską, na ogólnopolskim przeglądzie aktorskich dyplomantów wyróżniona została główną nagrodą kobiecą (Łódź, 1995). W zdobyciu popularności pomogły jej niewątpliwie dobre stosunki z filmem. Zdążyła już zagrać trzy znaczące role (Córka w *Kramarzu* Barańskiego, 1989; Weronka w *Szwadronie* Machulskiego, 1992; Sabina w *Pestce* Jandy, 1995) i jedną rolę tytułową (*Farba* Rosy, 1998). Zaznaczyła wyraziście swoją obecność w powszechnie oglądanej *Bożej podszewce* Cywińskiej (1998). Zwłaszcza po *Farbie*, gdzie młoda aktorka sugestywnie przekazała ten osobliwy stan złączenia cynizmu i delikatności, uznana została przez krytykę za przedstawicielkę pokolenia. Jej role w warszawskim T. Powszechnym każą jej przyznać także i wysoką notę z aktorskiego rzemiosła. Jako Allison w *Miłości i gniewie* Osborne'a (1995) mieściła się wprawdzie w skali uczuć i reakcji uznanych za pokoleniowe, ale jako Natalia w *Trzech siostrach* (1998) przekonywająco zadomowiła się w czechowowskim *entourage'u*, znajdując dla swej niezbyt sympatycznej bohaterki właściwy ton i ko-

Agnieszka Krukówna

loryt. Zdaje się też rozumieć rzecz w tej profesji niezmiernie istotną: widzi mianowicie swe postacie w czasie i ruchu, wie, co to kulminanta, co wyciszenie. Jej dotychczasowy dorobek każe z niecierpliwością oczekiwać na ciąg dalszy...

Zofia Kucówna

ur. 12 V 1933, Warszawa

Debiutowała w krakowskim T. Młodego Widza w 1955, ale pierwszej recenzji doczekała się dopiero po trzeciej premierze, recenzent "Echa Krakowa" napisał, że *ma dar wypełniania przestrzeni scenicznej, większej niż zasięg jej gestów i nośność słów*. Bohaterka i tytuł sztuki dawno już poszły w niepamięć, recenzja nadal pozostaje w mocy, zaś jej autorem był młody Sławomir Mrożek. Po *Norze* Ibsena, rewelacyjnie zagranej w Lublinie, znalazła się w 1958 w warszawskim T. Powszechnym, gdzie w szekspirowskiej *Burzy* po raz

Zofia Kucówna jako Panna Młoda w *Weselu* Wyspiańskiego

pierwszy stanęła na scenie obok Hanuszkiewicza, który niezadługo stał się jej mężem, a także reżyserem niemal wszystkich przedstawień, w jakich występowała. Jednak jeszcze przedtem, za dyrekcji Ireny Babel i w jej reżyserii Kucówna objawiła się jako urzekająca Grusza w *Kaukaskim kredowym kole*

Brechta, rozpoczynając tą kreacją nieprzerwane pasmo sukcesów. Aktorki wybitne, a nawet wielkie miewają role nieudane, gdy w jej przypadku bodaj o jednej Lady Makbet mówiono, że *raczej była nie dla niej*. Promienna i dziewczęca Panna Młoda w *Weselu*, ziemska, prosta i czysta w grzechu Sonia w *Zbrodni i karze*, wytworna i cudnie kobieca Pani Wąsowska w *Panu Wokulskim* wg Prusa. Nieoczekiwanie radosna Masza w *Trzech siostrach*, Królowa w *Hamlecie*, jedna z niewielu jej ról, obok telewizyjnej *Panny Julii* Strindberga, gdzie kobiecość została zabarwiona seksem, *Fedra* w tragedii Racine'a, tak od nas odległa, którą uczyniła zrozumiałą i przejmującą, Natalia w słynnym przedstawieniu *Miesiąc na wsi* Turgieniewa, gdzie na scenie T. Małego rósł prawdziwy trawnik, a ona pojawiała się z prawdziwymi chartami, powabna kobieta, którą nagle dosięgła tęsknota za miłością. Wszystkie te postacie zyskały coś więcej niż tylko podziw dla świetności jej talentu, bo też aprobatę i sympatię dla swych racji. Kucówna nie ukrywa, że tworząc rolę gra siebie w danej sytuacji – siebie, czyli Sonię, Maszę, Natalię. I to się chyba nie zmieniło po odejściu z T. Narodowego, kiedy, rozstawszy się z Hanuszkiewiczem, zaczęła pracować z innymi reżyserami. Choć w jej ostatnich rolach w T. Współczesnym (Charlotta w *Letycji i lubczyku* Shaffera, *Wdowy* Mrożka), a także w Starej z *Krzeseł* Ionesco, granej w T. Dramatycznym m.st. Warszawy dostrzec można pewien nowy element: nieskrywaną radość gry. Do ogromnej popularności artystki przyczyniła się z pewnością telewizja. Wiele występowała w Teatrze TV, śpiewała w *Listach śpiewających* Osieckiej, grała Bronkę w *Dziewczętach z Nowolipek*, ale największym chyba triumfem były *Opowieści mojej żony* Żuławskiego, które snuła przez kilkanaście wieczorów, sam na sam z okiem kamery. I może dzięki tym zbliżeniom widzowie tak akceptują to wszystko, co oferuje im Kucówna, która mówi o sobie, że *wszędzie szuka okruchów szczęścia* i heroicznie pragnie wierzyć, iż *nie ma tego złego, co by na dobre nie wyszło*. Tą wiarą przepełniła obie swe książki-wyznania: *Zdarzenia potoczne* i *Zatrzymać czas*. W życiu zaś prywatnym najbardziej jest dziś dumna ze swej pracy na rzecz Schroniska Weteranów Sceny w Skolimowie.

Jan Kurnakowicz

27 I 1901, Wilno ☆ 4 X 1968, Warszawa

Krytycy pisali o nim, że wspaniały, a ten komplement ujawniał jedynie bezsiłę piszących, bowiem nie sposób było zamknąć w słowach ognia jego gry. W życiu prywatnym sprawiał wrażenie niepozornego, wyszarzałego człeczyny, jakby zalęknionego, przeważnie milczącego. W T. Narodowym, gdzie pracował, żartowano, iż najdłuższym tekstem, jaki poza rolami wygłosił w życiu, było pytanie do kierowniczki personalnej, czy łażące po bufecie zwierzę to kot, czy kotka? – personalna nie wiedziała, zaś Kurnak orzekł: *to źle! personalna powinna takie rzeczy wiedzieć!* Po czym ten zacny człowieczek, bo był do tego drobnego wzrostu, wychodził na scenę (kolejna anegdota głosiła, że zawsze się przedtem musiał w kulisie wysiusiać!) i... eksplodował! Najczęściej były to fajerwerki szaleńczej zabawy, gdy jednak nakazywał tekst, osiągały groźny kształt furii. Furia z zabawą zawsze się potem jakoś jednoczyły, gdyż Kurnakowicz nigdy nie zapominał, że życie lubi śmiech przez łzy, a każda niegodziwość, choćby i najstraszniejsza, jest rzeczą ludzką, zatem godną wytłumaczenia. Swych ról on nie grał – on był Cześni-

Jan Kurnakowicz

kiem Raptusiewiczem, Famusowem (*Mądremu biada* Gribojedowa), Horodniczym (*Rewizor* Gogola), Majorem z *Fantazego* i Majorem z *Panny mężatki* Korzeniewskiego, Szwandią (*Lubow Jarowaja* Treniewa), Szczastliwcewem (*Las* Ostrowskiego) czy Szadrinem (*Człowiek z karabinem* Pogodina). Tak znaczny procent ról rosyjskich w dorobku artysty należy tłumaczyć nie tylko repertuarowymi priorytetami epoki, ale i życiorysem Kurnakowicza. Urodzony w Wilnie, ukończył w 1921 szkołę dramatyczną w Piotrogrodzie, występując następnie w tamtejszym T. Bohaterskim, kierowanym przez gruzińskiego eksperymentatora, Kote Mardżanowa. Do ojczyzny powrócił w 1922, działał na scenach warszawskich. Po wojnie pojawił się w Olsztynie, Wrocławiu, Krakowie, a w 1952 wszedł do zespołu T. Narodowego, gdzie każda nowa jego rola stanowiła podnietę do obszernych studiów krytycznych, że przywołamy esej Konstantego Puzyny o Horodniczym (w tomie *To, co teatralne*) czy szkic Zygmunta Grenia o Wielkim Księciu Konstantym w *Kordianie* (1955). Zwłaszcza ta druga kreacja, zespalająca wszystko, co było w Kurnakowiczu rosyjskie, z tym, co tak przemożnie tragicznie polskie, *przeszła do historii*. Trafnie to tak określił Erwin Axer, reżyser tego *Kordiana*. Pamięć o tym oryginalnym, jedynym w swoim rodzaju, pełnym absolutnej prawdy, spontanicznym talencie przekazują nieliczne, niestety, filmy: *Robinson warszawski* Zarzyckiego (1949) oraz *Zemsta*, będąca przetworzeniem scenicznej inscenizacji Bohdana Korzeniewskiego (1954), a także zapis telewizyjnego monodramu *Quod libet z Czechowa* (1963), ostatnia praca artysty, którego choroba zmusiła do wcześniejszego wycofania się ze sceny. W tym właśnie Czechowie ujawniła się chyba najpełniej prawda o Kurnakowiczu, człowieku skromnym i dobrotliwym, który lubił świat i życie, a ciekawili go ludzie. I koty.

Irena Kwiatkowska

ur. 17 IX 1912, Warszawa

W kronikach przedwojennego PIST zachowała się opowieść, jak to w 1932 zgłosiła się do szkoły *szczupła panienka w skromniutkim paltociku i szkolnym, granatowym berecie*, a na uwagę, że *egzamin wstępny bardzo tu trud-*

K

ny, odpowiedziała z absolutną pewnością siebie: *Ja zdam. Ja jestem komiczka.* Istotnie zdała. Z pierwszą lokatą. Ale swój wielki talent komiczny ujawniła w pełni dopiero po wojnie, w krakowskim kabarecie Siedem Kotów, gdzie dopomógł jej fakt, że nikt tak finezyjnie, jak ona, nie trafiał w nastrój wtedy arcypopularnych grotesek K.I. Gałczyńskiego (1946). *W Krakowie zaczęła się droga Irki do sukcesów* – wspomina koleżanka i rywalka, Hanka Bie-

Irena Kwiatkowska

Irena Kwiatkowska

licka. Ano właśnie! – bywają świetni aktorzy-komicy, którzy dają się uwieść własnej łatwości w wywoływaniu śmiechu u widzów. Kwiatkowskiej nigdy nie chodziło o sam ten śmiech, zawsze sprawiała wrażenie, że szuka osobistej radości w tym, co komiczne. I tym była śmieszniejsza! Od 1948 pracuje nieprzerwanie w Warszawie, którą oczarowała rolą zwariowanej pogromczyni duchów, Madame Arcati w *Seansie* Cowarda (T. Klasyczny, 1948), przypomnianą po latach w hanuszkiewiczowskim T. Nowym (1993). W axerowskim T. Współczesnym grała rezolutną Marię w *Wieczorze Trzech Króli* Szekspira (1948). Jej aktorstwo dalekie było od rodzajowej rubaszności, wyróżniała je ironiczna dyskrecja mimiki i słowa, a przede wszystkim wyczucie sekretów *pure nonsensu*. Gałczyńskiego miał wkrótce w jej repertuarze zastąpić Jeremi Przybora. W latach pięćdziesiątych bawiła radiosłuchaczy jako Wdowa Eufemia w Teatrzyku Eterek, w latach sześćdziesiątych zdobiła kolejne premiery Kabaretu Starszych Panów. Współpracowała także z kabaretami żywego planu: Szpakiem, prowadzonym przez Zenona Wiktorczyka, od 1963 z Dudkiem, Edwarda Dziewońskiego. Osiadła też na dłużej w zespole T. Syrena, uznawana przez kolejnych dyrektorów za ich supergwiazdę. Tyle że Syrena w tamtych latach nastawiona była głównie na satyrę obyczajową. Cóż, Kwiatkowska nauczyła się nobilitować i ten *genre*. Jeden, na pozór bezsensowny akcent, jedno dyskretne uniesienie brwi i już wygłaszany monolog poczynał nabierać perspektywy i głębi. W 1972 zdecydowała się przecież na rewolucyjny płodozmian: czy znudziło się jej samo śmieszenie bliźnich? czy nie podobał się jej czas? Przechodzi z Syreny do T. Nowego, rozpoczynając od brawurowej Szambelanowej w *Panu Jowialskim*, potem z Mariuszem Dmochowskim gra w dwuosobowej *Staroświeckiej komedii* Arbuzowa, wzruszająco przedstawiając meandry uczuć osób nie najmłodszych. Dalej jest *Wariatka z Chaillot* Giraudoux i *Moralność pani Dulskiej*. Julią Czerwińską w *Domu Kobiet* Nałkowskiej (1978) rozpoczyna swe sceniczne opowieści o kobiecej starości. Jej kolejne rozdziały to Babcia Eleonora w *Tangu* Mrożka i *Babcia Lorelei* Gałczyńskiego. Ale czas się odmienia – Kwiatkowska wraca do śmiechu. Dyr Zbigniew Korpolewski nakłania artystę do gościnnych występów w rewiach Syreny, w T. Kwadrat w duecie z Janem Kobuszewskim zachwyca w komedii *Mój przyjaciel Harvey* Chase'a (1994). Zaś we wdzięcznej pamięci widzów trwają też wspomnienia o groteskowych miniaturach z seriali *Wojna domowa* oraz *Czterdziestolatek*. Są niczym znaki firmowe jej wspaniałego komizmu.

L

Jacek Lecznar
ur. 1 IX 1958

Jest po prostu znakomitym aktorem i najwyższa pora, żeby wiedziano o tym nie tylko w Rzeszowie – tak pisał o Lecznarze miesięcznik „Teatr" (1993). Lecznar uparł się przecież na Rzeszów. Debiutował, co prawda, w tarnowskim T. im. Solskiego (Policjant w *Policji* Mrożka, 1982), ale nie dotrwał tam na-

Jacek Lecznar

wet do końca sezonu – uciekł do Rzeszowa. Jesienią 1984 dał się co prawda skusić dyr Krzysztofowi Ziembińskiemu i wyjechał do Olsztyna, występując tam przez pełen sezon, ale do Rzeszowa i stamtąd wrócił. Żegnano go z żalem: *Dał się poznać jako Dziennikarz w „Weselu", jako Nieud w „Letnim dniu" Mrożka, demonstrując w obu rolach pomysłowe detale. Przy takim opanowaniu warsztatu, sprawnym posługiwaniu ciałem, wyrazistością, a zarazem delikatnością gestu i ciekawie ustawionym głosie jest w stanie podejmować każde zadanie aktorskie* („Gazeta Olsztyńska"). Potwierdzeniem komplementów staje się lista rzeszowskich już osiągnięć aktora: Neron w *Teatrze czasów Seneki* Radzińskiego (Grand Prix na Spotkaniach Rzeszowskich, 1987), fredrowski Papkin (tu za nagrodę wolno uznać zaczynającą nasz biogram recenzję Janusza Majcherka), Popryszczyn w *Pamiętniku wariata* Gogola (nagroda na festiwalu toruńskim, 1994), Pan Młody w *Weselu*, którym T. im. Siemaszkowej czcił swe półwiecze (dyplom Ministra Kultury i Sztuki, 1995). Dodać by trzeba jeszcze Barbiego z *Rewolweru* Fredry, camusowskiego *Kaligulę*, Clarina z *Życie snem* Calderona, Cauchona ze *Skowronka* Anouilha, zaś z lat ostatnich Puka ze *Snu nocy letniej* oraz Profesora z *Cudu na Greenpoincie* Redlińskiego (*mały stłamszony inteligent o przygaszonym głosie*). Potwierdza ta wyliczanka tezę olsztyńskiego dziennikarza o absolutnej giętkości warsztatowej Lecznara, który swe role przesyca przy tym niemal zawsze jakąś wewnętrzną ekscytacją. *Przepełniony jestem chaosem sprzeczności* – mówi sam o sobie. – *Ale w teatrze cenię wyrazistość i formę.* Absolwent PWST w Krakowie.

Jerzy Leszczyński

6 II 1884, Warszawa ☆ 9 VII 1958, Warszawa

Był niczym pomost, łączący historię z czasem nam współczesnym. Wnuk Wincentego Rapackiego, syn Bolesława i Honoraty Leszczyńskich, w sposób niejako naturalny zespalał w sobie to wszystko, co przesądzało przez dziesiątki lat o klasie aktora. Aktor mianowicie powinien był posiadać talent (*ogłupiałam z zachwytu*, pisała Maria Dąbrowska, gdy w 1917 zobaczyła Leszczyńskiego na scenie po raz pierwszy) i powinien posiadać tzw. warun-

Jerzy Leszczyński jako Marek Antoniusz w *Juliuszu Cezarze* Szekspira

ki. Leszczyński posiadał. Wysoki, szczupły, brunet o pełnych elegancji ruchach i melodyjnym głosie. *Był dla nas królem i wyrocznią mody* – to z kolei stwierdził Leon Schiller. Po ukończeniu klasy dramatycznej przy Warszawskim Towarzystwie Muzycznym debiutował w teatrzyku Bagatela na Mokotowie (1902), po czym, mimo familijnych powiązań, nie zaangażował się do Warszawskich Teatrów Rządowych, ale wyjechał do Krakowa, skąd dopiero po 10 latach wrócił do szyfmanowskiego T. Polskiego. Z rodzinnego poniekąd nadania stał się na lata strażnikiem tradycji fredrowskiej. W *Zemście* grał Wacława, Papkina, Cześnika, w *Ślubach panieńskich* Gucia i Radosta, w *Dożywociu* Birbanckiego i Doktora Hugo. W *Mazepie* był Paziem i Królem, w *Moralności pani Dulskiej* pełnym szelmowskiego wdzięku Zbyszkiem. A do tego jako młody jeszcze aktor zachwycił dojrzałym brzmieniem tyrady Marka Antoniusza nad zwłokami Juliusza Cezara. Bo w tamtych czasach markowy aktor musiał równie dobrze grać Fredrę, jak i Szekspira, nie mówiąc już o farsie.

W okresie międzywojennym właśnie kreacjami w farsowych bulwarówkach zapewniał Leszczyński frekwencję w teatrach stołecznych, wojnę przepracował jako kelner. Rok 1945 rozpoczął w łódzkim T. Wojska Polskiego, potem w krakowskim T. im. Słowackiego błysnął dramatyczną kreacją Komandora w *Owczym źródle* Lope de Vegi. W 1949 znalazł się znów u Szyfmana. W warszawskim T. Polskim występował aż do śmierci, zagrał tu majestatycznego Łęckiego w *Lalce* Prusa i Hetmana Kossakowskiego w *Horsztyńskim* Słowackiego (1953). Jego wykwintne aktorstwo niezbyt pasowało do obowiązujących pryncypiów estetycznych. Ponoć, gdy na próbie przedstawiono mu młodego kolegę o krzykliwie plebejskim *exterieur*, mistrz miał westchnąć: *Pora umierać...*

Zdzisław Leśniak

ur. 13 XII 1930, Borysław

Całą jego twórczość cechuje fascynacja burleską, pantomimą, chaplinadą – formami, które w dramatycznym skrócie ukazują wyrazistość ludzkiego ciała, śmieszne zespalając z tragicznym. Już jako student stołecznej PWST dał temu wyraz, organizując z grupą kolegów kabaret *Koń* (1956), wyróżniony na wiedeńskim festiwalu młodzieży, a oparty przede wszystkim na beztekstowej zabawie ciałem. Po latach swe szczególne zainteresowania i możliwości demonstrował w telewizyjnym cyklu *Słownik wyrazów obcych*, wg scenariuszy KTT (lata 1969-1971) oraz w filmach autorskich, z których *Kareta* zdobyła nagrodę na festiwalu w Barcelonie (1972). W 1975 otrzymał dy-

Zdzisław Leśniak
w rewii *Trzeci program*

plom reżyserski, inscenizował w teatrach stołecznych m.in. *Burzliwe życie Lejzorka Rojtszwańca* Erenburga, *Czarną Mańkę* Waldorffa i Lutowskiego oraz fredrowską *Piczomirę, królową Brandlomanii*, która dzięki jego uporowi i reżyserskiej inwencji doczekała się po stuleciu przemilczeń swego teatralnego prawykonania (T. Syrena, 1987). Sam nie lubił grać ról wielkich, pochłonięty rozwiązywaniem zagadek, jakie każdej roli narzuca jej własna cielesność. Stał się mistrzem epizodu, różnicując swoich bohaterów przede wszystkim odmiennością ich cech zewnętrznych, mechaniki ich ruchów i gestów. Jego epizody osiągały wyrazistość równą braciom Marx. *Leśniak wie, jak to się robi. I jako jeden z nielicznych wie nie tylko „jak", ale i „dlaczego"* – pisał Bohdan Łazuka.

Od kilku lat chroniczna choroba uniemożliwia artyście działalność sceniczną.

Bogusław Linda

ur. 27 VI 1952, Toruń

Sztandarowy *macho* polskiego kina. Miłość widzów zaskarbił sobie konsekwentnym kreowaniem własnego wizerunku na ekranie, a i w życiu osobistym. Na ekranie jawi się zazwyczaj jako twardy mężczyzna, który samotnie wygrywa kolejne pojedynki z silniejszym przeciwnikiem. Przyświeca mu w tym przeważnie jakaś racja wyższa, może nią być jedynie jego osobiste po-

Bogusław Linda w filmie *Kroll* Pasikowskiego

czucie honoru lub swoiście rozumiany obowiązek. Jest zimny, opanowany, energiczny, sprawny. Jeśli zabija, to skutecznie. Jeśli cierpi, to się tym nie chwali. Nie jest nigdy rzecznikiem oficjalnej moralności czy sprawiedliwości – przemawia wyłącznie we własnym imieniu. W życiu niechętny mediom, które chciałyby poznać sekrety jego prywatności.

Reżyserzy, z którymi stykał się na filmowym planie, zachwycają się jego sprawnością warsztatową. *Pamiętałam go z „Gorączki", przystojnego i atrakcyjnego* – mówi Agnieszka Holland. – *W „Kobiecie samotnej" nie bał się brzydoty, utraty image'u pięknego chłopca.* Jednym z ważkich elementów tej sprawności jest techniczna łatwość Lindy w spełnianiu zlecanych mu zadań. *Z Holoubkiem bym się musiał namęczyć* – wyznaje Pasikowski – *Linda natychmiast zrobi to, czego właśnie chcę.* Ważniejsze role filmowe: z Agnieszką Holland – *Gorączka* (1980), *Kobieta samotna* (1981), z Krzysztofem Kieślowskim – *Przypadek* (1981), z Januszem Zaorskim – *Matka Królów* (1982), *Szczęśliwego Nowego Jorku* (1997), z Jackiem Bromskim – *Zabij mnie, glino* (1988), z Władysławem Pasikowskim – *Kroll* (1990), *Psy* (1992), *Psy 2* (1994), *Słodko-gorzki* (1995), *Demony wojny* (1998). Wajda obsadził go w *Panu Tadeuszu* jako Jacka Soplicę.

Absolwent krakowskiej PWST (1976). Jeszcze jako student nawiązał kontakt z krakowskim Starym T., jego formalnym debiutem był tam Mikołka w *Zbrodni i karze* Dostojewskiego (reż. Maciej Prus, 1977). W latach 1978-1981 znalazł się w T. Współczesnym we Wrocławiu, gdzie zagrał m.in. Hansa Castorpa w adaptacji *Czarodziejskiej góry* Manna oraz Robinsona w *Ameryce* Kafki (1980). W początku lat 80-tych jego nazwisko figurowało w spisie aktorów warszawskiego T. Studio. Za aktorstwem scenicznym chyba nie tęskni. *To głupi zawód, w którym nie można prognozować, kto wygra, kto przegra. Wiem tylko, że nie polega on na powtarzaniu lepiej lub gorzej wyuczonych kwestii.*

Edward Linde-Lubaszenko
ur. 23 VIII 1939, Białystok

Zaliczył chlubnie sześć semestrów na wrocławskiej Akademii Medycznej, ale zaczął też zaglądać na zajęcia studenckiego teatrzyku Kalambur. W efekcie zdał w 1963 egzamin eksternistyczny ZASP, zagrał wymagany debiut w tamtejszym T. Polskim (*Autobus do Montany* Inge), po czym pojechał przez rok występować w Gorzowie, przez rok w Opolu. W 1966 zaangażował się do T. Współczesnego we Wrocławiu. Muskularny, o sylwetce żołnierza, wyrazistych ruchach i mięsistym, głębokim głosie. Nie przypadkiem zdobył w 1964 wyróżnienie na Festiwalu Piosenki w Opolu. Sprawiał wrażenie nieledwie flegmatycznego, ale kryła się w nim jakaś spokojna mocarność. Potrafił ją przelać w postać Ojca z *Paternoster* Kajzara: *solennie wybijając rytm w zdaniach, ważonym gestem dodając znaczenia słowom. Staropolski patriarchalizm łączy tu z ewangelickim spokojem Cieszyna* („Kultura"). Zdobył za tę rolę nagrodę na Festiwalu Sztuk Polskich we Wrocławiu (1970). Drugą zgarnął potem za Charona w *Od świtu do świtu* Karpowicza. Brał udział w całej serii wrocławskich premier Jerzego Jarockiego: Leon w *Matce* Wit-

Edward Linde-Lubaszenko
w filmie *Kobieta
z prowincji* Barańskiego

kacego, Kelner w *Stara kobieta wysiaduje* Różewicza, Matka Przełożona w *Mniszkach* Maneta. I to Jarocki zaprotegował Lubaszenkę do krakowskiego Starego T. Pracuje tam od 1973 do dziś. *O tym marzyłem, tam chciałem być i jestem* – powiedział wtedy. Rozwija tu swój specyficzny, epicki styl gry. Wciela się najchętniej w ludzi silnych, spokojnych, choć ów spokój bywa im przeważnie maską. U Swinarskiego grał Reżysera w *Wyzwoleniu*, u Wajdy Chłopickiego w *Nocy* Listopadowej, grał go także w *Warszawiance* Wyspiańskiego (1977). Najczęściej grywa u Jarockiego. Ze swych ról ceni zwłaszcza Łopachina w *Wiśniowym sadzie* (1975): *udało mi się osiągnąć równowagę pomiędzy tupetem a wstydem, grubiaństwem i delikatnością. Czułem, że stworzyłem postać o własnej scenicznej tożsamości.* W swoim dorobku ma ponad 50 ról filmowych, ponad dwieście telewizyjnych, dużą popularność przyniosła mu rola Dr. Bognara w serialu *Układ krążenia*.

Marta Lipińska

ur. 14 V 1942, Borysław

Już za swój debiut otrzymała od redakcji dwutygodnika „Teatr" nagrodę specjalną. A grała Irinę w *Trzech siostrach* Czechowa (T. Współczesny, 1963). *Pełna uroku i lirycznego wdzięku* – napisał z powszechnie podzielanym entuzjazmem Roman Szydłowski. I tak zostało. Warunki zewnętrzne określiły Lipińskiej *emploi*, a musiały się chyba zgadzać z jej przyrodzoną kompleksją psychiczną, skoro w źródłowym studium *Trzydzieści pięć sezonów*, omawiając sylwetkę tej aktorki, przypisuje jej autorka, Marta Fik, zagranie roli tytułowej w sztuce Iredyńskiego *Sama słodycz*. W rzeczywistości rolę tę grała Stanisława Celińska, a pomyłka swoją wymowę posiada! Mijają bowiem lata i premiery, a aktorka wciąż zachwyca nas młodością, liryzmem i właśnie słodyczą. Swoje sceniczne kobiety Lipińska najchętniej wyposaża we właściwy jej od zawsze czar wiośnianego poranka, zaś jeśli idzie o kobiecy erotyzm, to bardziej jego istnienie sygnalizuje niżeli uwidocznia. Przez dziesięć lat odtwarzała role, co w spisie osób dramatu opatrzone były określeniem „córka" (Róża w *Dożywociu* Fredry, Laura w *Szklanej menażerii* Wil-

Marta Lipińska

Marta Lipińska jako Rózia w *Dożywociu* Fredry

liamsa, Waria w *Wiśniowym sadzie* Czechowa), a w ostateczności „siostrzenica" (Aniela w *Wielkim człowieku do małych interesów* Fredry), by w stosownym momencie przeistoczyć się od razu w role „żon" (*Szczęśliwe wydarzenie* Mrożka, *Życie wewnętrzne* Koterskiego, *Jak się kochają* Ayckbourne'a, *Miłość na Krymie*, *Tango*). W swym aktorstwie daleka jest jednak Lipińska od łatwych schematów, różnicuje swoje bohaterki z wytrwałą konsekwencją. Od kokieteryjnej Ady w *Lekkomyślnej siostrze* Perzyńskiego po klasyczną reprezentantkę humoru anglosaskiego w *Czego nie widać* Frayna, od rodzajowej, rosyjskiej damuli w *Martwych duszach* Gogola po matkę przełożoną klasztoru Benedyktynek w *Najlepszych z przyjaciół* Whitmore'a, które to komedie przyciągają widzów do teatru przy ul. Mokotowskiej. Od lat również jest Lipińska żoną Macieja Englerta, dyrektora tej sceny.

Olaf Lubaszenko

ur. 6 XII 1968, Wrocław

Ojciec, Edward – aktor, matka, Asja Łamtugina, także aktorka, ale też plastyczka i poetka. Jako 12-letni chłopak zagrał dużą rolę, Kamila w filmie *Życie Kamila Kuranta* Warchoła, trzy lata później już rolę prowadzącą – chłopca wychowanego w polskiej rodzinie i wstępującego do Hitlerjugend (*Młyn nad Lutynią*, 1983). W 1983 doszedł do tego Rysiek z *Sonaty Marymonckiej*: *Lubaszenko ma w sobie coś z młodego Hłaski* – pisał Władysław Cybulski – *ale nic ze stereotypu tzw. twardziela. Połączenie chłopięcej powierzchowności z męskim brzmieniem głosu okazało się bardzo fortunne*. A potem to już idzie lawinowo. 1988: Olek w *Piłkarskim pokerze* Zaorskiego i Tomek w *Krótkim filmie o miłości* Kieślowskiego – nastolatek zakochany w pięknej Szapołowskiej, nagrodzony na filmowym festiwalu „Gwiazdy jutra" w Genewie. W 1991 Lubaszenko zdaje aktorski egzamin eksternistyczny. Ten papierek jest jedynie dopełnieniem formalności, gra w tym czasie jednego z bohate-

Olaf Lubaszenko w filmie
Piłkarski poker Zaorskiego

rów *Metra* w kultowej premierze Józefowicza (T. Dramatyczny m.st. Warszawy, 1989), pracuje nad serialem *Pogranicze w ogniu* Konica, przymierza się do udziału w kolejnych filmach fabularnych. Z chłopięcego amatora stał się normalnym zawodowcem, ma już własne fanki i tylko spory trwają, jakie mu przydzielić *emploi*? Bo oczywiste, że z niego amant, ale chyba charakterystyczny? Nieśmiały, nieszczęśliwie zakochany, miękki. Za takiego wolno go uznać po *Krollu* czy po Młodym w *Psach* Pasikowskiego. Że potrafi być inny, ową inność uznając za naturalny objaw własnego zawodowstwa, przekonuje już nie tylko na kinowym ekranie, lecz i w nowych dla siebie działaniach. Wraz z Cezarym Pazurą wyjeżdża do Rzeszowa, by grać tam w objeździe *Emigrantów* Mrożka (1994), przystępuje też do reżyserii swego pierwszego filmu – *Sztos* (1997), utrzymanego w stylistyce współczesnego kina akcji, podbarwionego przecież mocno obyczajowym sosem. Ta wszechstronność zainteresowań każe sobie wiele po młodym artyście obiecywać.

Gustaw Lutkiewicz

ur. 29 VI 1924, Kowno

Dziś wiek przesądził, że aktor zeń jednoznacznie charakterystyczny, ale już w młodości odczuwał do tej charakterystyczności ciągoty i jeśli przychodziło mu zagrać człowieka zakochanego, to kochał się on dosyć nieporadnie, jak ów Pisarz Prowentowy w schillerowskim *Kramie z piosenkami* – wystawionym przez młodzież z łódzkiej PWST, w reżyserii samego autora (1948). Grał co prawda molierowskiego *Don Juana* (1955), lecz lepiej bawił się w tej sztuce jako Sganarel. Po dziesięciu latach i jego zagrał. Na scenie czuł się najpewniej, gdy mógł być tam rubaszny i jowialny, z szerokim gestem, trochę w miłym rozleniwieniu, misiowaty. Nie oznacza to, że jeśli trzeba było, nie potrafił się Lutkiewicz zdobyć na ton bardziej serio. Przykładem jego Danton w *Śmierci Dantona* Büchnera (1968) czy *pełen refleksji i entuzjazmu* Jerzy w *Kolumbach* Bratnego (1965). Po studiach zadomowił się w łódzkim T. Nowym (1949-1960), skąd przeszedł do T. Dramatycznego m.st. Warszawy, potem do Hanuszkiewicza w T. Powszechnym i Narodo-

Gustaw Lutkiewicz
w filmie *Ojciec królowej*
Solarza

wym, skąd w 1974 powrócił do Powszechnego. Z innych ważniejszych ról: Tariełkin, (*Śmierć Tariełkina* Suchowo-Kobylina), Jazon w *Medei*, Mąż w *Ich czworo* Zapolskiej, Dr Szuman w *Panu Wokulskim*, O. Farley w *Nawróconym Davisa*. Ma w swoim dorobku wiele pierwszoplanowych i epizodycznych ról filmowych, telewizyjnych, radiowych. Popularność zawdzięcza zwłaszcza sympatycznemu kresowiakowi Lepieszce w radiowych *Jezioranach* oraz udziałowi w serialach *Noce i dnie*, *Czterdziestolatek*, *Daleko od szosy*, *W labiryncie*, *Zespół adwokacki* (w tym ostatnim grał szefa własnej prywatnej małżonki – Wiesławy Mazurkiewicz). Zapytany, czy jest zadowolony z wyboru zawodu aktorskiego, odpowiada: *przyzwoitym inżynierem na pewno bym nie był!*

Andrzej Łapicki

ur. 11 X 1924, Ryga

Aktor, reżyser, pedagog (dwukrotny rektor stołecznej PWST), wieloletni prezes ZASP, poseł na Sejm z ramienia „Solidarności" (1989-1991), od 1996 dyrektor T. Polskiego w Warszawie. Ukończył konspiracyjny PIST, debiutował w wystawionym przez T. Wojska Polskiego *Weselu* jako Kosynier (1945), od 1948 związany z zespołem Erwina Axera, u którego jako Fred w *Ladacznicy z zasadami* Sartre'a odniósł swój pierwszy, spektakularny sukces: *mimo pociągającej powierzchowności potrafił nawet zewnętrznie być odrażający* – napisał August Grodzicki. Tym Fredem, sygnalizował Łapicki, że gładka powierzchowność nie przeszkadza w doborze aktorskich zadań. Miało się atoli okazać, że skala tych zadań jednak się z urodą ściśle wiąże. *Mariusz Pagnola*, Zbyszko w *Moralności pani Dulskiej*, Fedycki w *Ich czworo*, Horacy-Fryderyk w *Zaproszeniu do zamku* Anouilha, Łoński w *Aszantce* Perzyńskiego, Tolo w *Skizie* Zapolskiej. Pierwszą próbą buntu aktora był Eisenring (*Biedermann i podpalacze* Frischa, 1959). Blada, przecięta blizną twarz, odrażająca łysina, w głosie *jadowitość* (Jan Kott). Druga próba buntu to monodram Kazimierza Brandysa *Sposób bycia* (STS, I nagroda na Festiwalu Wrocławskim, 1966). Łapicki staje przed widzem *zmęczony, zaniedbany, zmięty* (Roman Szydłowski). I wreszcie Kurt w *Play Strindberg* Dürrenmatta (1970) – wszystko, co ludzkie, a więc i zewnętrzność człowieka rozpływa się w szaleństwie groteski. A pośród tego ciągu obsesyjnych nieco zmagań aktora z własną twarzą jeszcze jedna, ważna z zupełnie odmiennych przyczyn, rola: Birbancki w *Dożywociu* (1963) – pierwsze praktyczne zachwycenie tekstem Fredry. I zaraz potem Alfred w *Mężu i żonie* (Teatr TV).

W 1972 Łapicki zrywa definitywnie z T. Współczesnym, przechodzi do hanuszkiewiczowskiego T. Narodowego, by zagrać tam Autora w *Trzy po*

Andrzej Łapicki jako Fedycki w *Ich czworo* Zapolskiej

trzy Fredry. A także Pana Młodego w *Weselu*. A także Arnolfa w molierowskiej *Szkole żon* (1979). Rola, o której – jak inni o Hamlecie czy mickiewiczowskim Konradzie – zawsze ponoć marzył. Marzenie prawdziwie kokieteryjne: *nie tylko nie chcę wyglądać, jak amant, ale może ja już w ogóle amantem nie jestem?!*

Odmiana zadań scenicznych nie rzutuje na charakter prac Łapickiego w filmie i telewizji. Rok 1972 to *Piłat i inni* Wajdy oraz *Jak daleko stąd, jak blisko* Konwickiego. Obaj reżyserzy szczególnie mu bliscy. Konwicki od premiery *Salta* w 1968, Wajda od *Wszystkiego na sprzedaż* w 1969. Godne zapamiętania: to w filmie dokumentował Łapicki współczesność swego rzemiosła, skalę swego talentu. Różnorakie fascynacje społeczne i zobowiązania organizacyjne poczynają go zresztą odciągać od działań *stricte* aktorskich, silniej też zaczyna go ciekawić reżyseria. W dejmkowskim T. Polskim wystawia *Śluby panieńskie* (1985), w rok potem *Damy i huzary*. Z czasem obowiązki wobec tego właśnie autora, którego uznał za patrona polskiej szkoły gry, stają się nową pasją Łapickiego. W działalności pedagogicznej, w teatrze telewizyjnym, na scenach warszawskich. Jubileusz 50-lecia pracy obchodzi w *Ślubach panieńskich* w podwójnej roli, reżysera i Radosta (T. Powszechny, 1995). We własnym T. Polskim reżyseruje kolejno *Dożywocie*, *Męża i żonę*, *Zemstę*. Ale sam w nich nie gra. Dyrektorowanie też mu się nudzi. Jesienią 1998 rezygnuje z T. Polskiego...

Jerzy Łapiński

ur. 2 XI 1940, Lublin

Wnuk wybitnego komika zaczynał, jak dziadek, od tespisowych peregrynacji po kraju. T. Ziemi Łódzkiej, Kalisz, T. Dolnośląski w Jeleniej Górze. W 1968 zadomowił się w T. Wybrzeże, gdzie przecież przez dwa sezony musiał czekać na swój moment. Dopomógł przypadek: nagłe zastępstwo w *Tragedii o bogaczu i Łazarzu* Anonima Gdańskiego. Po czym od razu rozpoczął się korowód ról świetnych, który trwa do dzisiaj. Znamienne, że *młody Łapa* (zwany tak w odróżnieniu od dziadka, *starego Łapy*) jest również aktorem bliskim komediowości, lecz bardzo dalekim od wszelkich jej form tradycyjnych. Ostentacyjną nowoczesność środków wyrazu zademonstrował już w jednej z pierwszych gdańskich ról, jako Gloribus w *Dlaczego mnie budzą* Ghelderode'a (1970), gdzie wyraziście wymodelowana sylwetka paralitycznego garbusa o neurastenicznie drgającej twarzy stawała się w przebiegu akcji czymś pośrednim między farsą a tragedią. Kolejny przykład to *Arlekin z Zielonego Przylądka* Gherardiego (1974). Łapiński, przystrojony w kostium

Jerzy Łapiński w filmie
Koniec sezonu na lody
Szyszki

inny po lewej, inny po prawej stronie ciała, grał jakby dwie dialogujące ze sobą postaci – błazenada rodem z *commedia dell'arte* nabierała drapieżności teatru absurdu. I ten właśnie styl gry, co śmieszy jedynie z pozoru, a chwilami już przeraża, prezentuje Łapiński konsekwentnie do dziś. Zmieniają się jedynie literackie preteksty (Król Ignacy w *Iwonie, księżniczce Burgunda*, XX w *Emigrantach*, Szewc w *Pułapce* Różewicza, Ojciec w *Historii* Gombrowicza, Mecenas Hold w *Procesie* Kafki), a jego obecność na scenie nabiera powoli znamion kanonu. Można wręcz mówić o osobowości. Jej oszałamiający w swej technicznej maestrii pokaz dał Łapiński ostatnio jako Autor w *Rękopisie znalezionym w Saragossie* (T. Narodowy, 1998). Nieszczególne warunki zewnętrzne – niski wzrost, korpulentna sylwetka, łysina, płaski timbre głosu – przemienia artysta w swą siłę. To ta jego zwyczajność staje się wstępem do tragikomizmu, do porażającej groteski.

Stanisław Łapiński

25 IX 1895, Warszawa ☆ 26 I 1972, Łódź

Zakulisowa przypowiastka głosi, że wielki Jerzy Leszczyński tak doradzał młodszemu koledze w zakamarkach T. Narodowego: *jeżeli chcesz coś w teatrze znaczyć – musisz koniecznie utyć!* Młodszym kolegą był właśnie Stanisław Łapiński. W 1918 ukończył Szkołę Dramatyczną w Warszawie, pracował w Poznaniu i Bydgoszczy, by w 1930 dotrzeć do teatrów TKKT. Obdarzony wrodzonymi uzdolnieniami charakterystycznymi, a nawet znaczną siłą komiczną nie mógł jakoś dopracować się własnej pozycji w teatrze, co wypływało niewątpliwie z bogactwa wielkich indywidualności komediowych w ówczesnych zespołach stołecznych. Po wojnie Łapiński stawił się w Łodzi rozkosznie zaokrąglony, by do końca już życia królować na tamtejszych scenach. Jego siła komiczna eksplodowała tu bez żadnych ograniczeń, a grać lubił od kulisy do kulisy. Zaliczył triumfalnie całą niemal klasykę komedio-

Stanisław Łapiński jako Fikejz w *Brygadzie szlifierza Karhana* Kani

wą: Cześnika Raptusiewicza, *Pana Geldhaba*, *Pana Damazego*, Dyndalskiego (na jubileuszu 50-lecia pracy artystycznej, 1970), Miechodmucha w *Krakowiakach i Góralach*, gogolowskiego Horodniczego, molierowskiego Grzegorza Dyndałę, obu szekspirowskich Falstaffów (*Wesołe kumoszki z Windsoru* i *Henryk IV*). Krytycy marudzili, że jego Cześnik nadmiernie dobroduszny, a jego Falstaff zbytnio upodobniony do Zagłoby, lecz publiczność łódzka rekompensowała te recenzenckie zrzędzenia hałaśliwie wyrażaną miłością, zaś lokalne władze licznymi honorami. Kolejna plotka (ich obecność uprawomocnia chyba znana jowialność naszego bohatera!) podaje, że kiedy po inauguracji T. Nowego utrzymaną w socrealistycznym sosie *Brygadą szlifierza Karhana* spadł na wykonawców deszcz orderów, które ominęły tylko Łapińskiego jako odtwórcę „wroga klasowego", majstra Fikejza, aktor użalił się na popremierowym bankiecie ministrowi Sokorskiemu, iż nie powinien chyba cierpieć za błędne poglądy swego bohatera. Zafrasowany dygnitarz przyznając, że dodatkowego orderu od Bieruta nie wydębi, ofiarował w zamian superpodwyżkę gaży. I Łapiński potem kpił, że koledzy dostali blaszki, a on prawdziwe pieniądze. A że pieniążki sobie cenił, to już chyba nie plotka, gdyż wspominają o tej słabostce artysty absolutnie wszyscy pamiętnikarze i koledzy.

Bohdan Łazuka

ur. 31 X 1938, Lublin

Ukończył w 1961 warszawską PWST, by rozpocząć natychmiast bezprzykładną karierę estradową, która już od zarania przyniosła mu Grand Prix na I Festiwalu Piosenki w Opolu oraz Złotą Maskę w plebiscycie „Expressu Wieczornego" (1965). Był pierwszym polskim artystą, który się odważył na pełnowieczorowy, własny recital w Sali Kongresowej, a jego ówczesne przeboje (*Bohdan, Bohdan, trzymaj się*; *Dzisiaj, jutro, zawsze*; *Miłość złe humory ma*) oklaskiwała zgodnie cała Polska i Polonia. Po krótkim i bezbarwnym stażu w T. Współczesnym (1961-1963) wiązał się – równie na krótko – ze stołecznymi scenami rozrywkowymi (T. Komedia, T. Syrena, STS), głównie

Bohdan Łazuka

Bohdan Łazuka jako Ostap Bender w *Dwunastu krzesłach* Ilfa i Pietrowa

zaś poświęcał działalności koncertowej, przez siedem lat występując z Jackiem Fedorowiczem i Piotrem Szczepanikiem w objazdowym programie *Popierajmy się*. Brylował w tym okresie w licznych komediach filmowych, m.in. *Małżeństwo z rozsądku*, *Przygoda noworoczna*, *Kochajmy Syrenki*, *Przygoda z piosenką*, *Motodrama*; był ozdobą licznych programów telewizyjnych, z których szczególnie mile wspomina kabarety Jeremiego Przybory oraz seriale Gruzy i Fedorowicza. W latach 1978-1993 znów pojawił się w T. Syrena, gdzie grał Adolfa Dymszę w *Wielkim Dodku* Kofty i Fillera, Fouche'go w *Madame Sans-Gené* Minkiewicza i Marianowicza, Ostapa Bendera w *Dwunastu krzesłach* Ilfa i Pietrowa, Prowadzącego w *Walce kogutów* S. Broszkiewicza, a przede wszystkim uczestniczył w licznych widowiskach rewiowych. *Naklejali mi łysą perukę – byłem Sokorskim, dodawali roztańczony Sabat – byłem wodzirejem, wkładali koronę – byłem królem* – wyznaje w autobiografii *...trzymam się* (1993), gdzie podaje również, iż miał cztery żony, a najbardziej ubóstwia córkę Oleńkę oraz dobre jedzenie. Może być do niego jedna wódka. Najwyżej dwie! Po kolejnej przerwie na krajowe i polonijne trasy koncertowe przeprosił się znów z T. Syrena, gdzie w *Rozkosznej dziewczynie* Benatzky'ego (1997) powtórzył rolę swego ukochanego Dymszy. Ukochań ma zresztą trochę więcej: przyznaje się jeszcze do Sempolińskiego i Rudzkiego. Nie bez pewnych podstaw.

Laura Łącz

ur. 25 X 1954, Warszawa

Całą swą karierą związana z warszawskim T. Polskim, gdzie po studiach w stołecznej PWST debiutowała w 1978 jako jedna z tłumku Kobiet w *Balladzie łomżyńskiej* Brylla. W tym samym przedstawieniu grała też matka debiutantki, po której piękna Laura odziedziczyła urodę, Halina Dunajska, grał ojciec, Marian Łącz (ongiś popularny piłkarz Polonii), a uczestniczył również przyszły małżonek – Krzysztof Chamiec. Do Urzędu Stanu Cywilnego zaprowadził ich co prawda dopiero wspólny udział w filmie Petelskich *Kamienne tablice*. Krytyka na film wybrzydzała, lecz tłoczyła się na nim publiczność, w czym walny udział miała odtwórczyni głównej roli kobiecej, która prócz uroku i talentu ukazała w tym obrazie dosłownie całą siebie. I było czym się zachwycić. Pozwalamy sobie przypomnieć: 100-63--92. Popularność młodej gwiazdy starali się skwapliwie wykorzystać kolejni twórcy filmowy, czego dowodem cała seria dzieł kinowych: *Białe tango*,

Laura Łącz

Układ krążenia, *Kontrakt*, *Dłużnicy śmierci*, *Latawce*, a także znany serial *07 – zgłoś się!* Na deskach macierzystego teatru prezentowała się w tym czasie jako stylowa amantka komediowa: Aniela w *Sarmatyzmie* Zabłockiego czy Flora we fredrowskim *Panu Geldhabie* (1980). Na repertuar współczesny zdecydował się artystkę przestawić dopiero Kazimierz Dejmek. W premierach mrożkowskich (*Vaclav* i *Portret*) objawiła się zupełnie nowa Łączówna: po dawnemu olśniewająca urodą, ale wyzwolona z gorsetu konwencjonalnych uczuć i uśmiechów. Że przecież żadna aktorka nie jest w stanie na długo uciec od swej zewnętrzności, więc też niezadługo widzowie T. Polskiego mogli znowu podziwiać Łączównę w tradycyjnie wiośnianej *Zaczarowanej królewnie* Or-Ota (1992). Jej niezmienna dziewczęcość tym większe budziła zadziwienie, że wyznała kiedyś prasie, iż *ubóstwia dobrą golonkę z kapustą i bigos, zagryzione potem czekoladą z orzechami!* Słabość do sutej wyżerki nie przeszkadzała jej zresztą w stałym poszukiwaniu nowych podniet: w 1982 ukończyła Wydział Filologii Polskiej na UW, wydała dwie kasety ze swoimi opowiadaniami dla dzieci (*Nowa wyspa* i *Sklep z zabawkami*), pisze wiersze i scenariusze. Suma tych działań sprawiła, że telewidzowie przyznali jej w 1993 tytuł aktorki najlepiej uosabiającej typ współczesnej Polki.

Tadeusz Łomnicki

18 VII 1927, Podhajce ✩ 22 II 1992, Poznań

Reżyser, pedagog, dramatopisarz (*Noe i jego menażeria*, *Kąkol i pszenica*), a przede wszystkim aktor. Rzemiosło sceniczne opanował w stopniu równym magii. W 1946 ukończył studio przy krakowskim Starym T., debiutując pod okiem samego Osterwy jako Władek w *Teorii Einsteina* Cwojdzińskiego. Po krótkim stażu w Krakowie, podejmuje pracę w katowickim T. im. Wyspiańskiego, gdzie gra Frania w *Szczęściu Frania* Perzyńskiego (*w słynnej roli Jaracza zdobył się na własny wyraz*), Chłopca z deszczu w *Dwóch teatrach* Szaniawskiego, Puka w *Śnie nocy letniej* Szekspira (*dzięki młodzieńczemu wdziękowi i uzdolnieniom niemal akrobatycznym, był rewelacją*). Powtórny pobyt w Krakowie jeszcze zwiększa listę sukcesów (Błazen w *Wieczorze Trzech*

Tadeusz Łomnicki jako Wituś w *Skizie* Zapolskiej

Króli Szekspira). W 1949 Łomnicki przystąpił do zespołu Erwina Axera, w jego T. Współczesnym w Warszawie działał do 1973. Okres ten cechować będzie szczególne bogactwo proponowanych przez aktora form, stałe poszukiwanie granic własnych możliwości. *Kordian* (1955) to próba przekładu romantycznych uniesień na język współczesnej prostoty, *Kariera Arturo Ui* (1962) to sprawdzian przydatności groteski, Łatka z fredrowskiego *Dożywocia* (1963) to studium nad istotą persyflażu na kanwie starej roli Solskiego. W 1973 Łomnicki przechodzi do T. Narodowego – gra Prysypkina w *Pluskwie* Majakowskiego (reż. Konrad Swinarski) – możliwości zostały rozpoznane, aktor zaczyna je spożytkowywać. W tym momencie, częściowo także dzięki swym sukcesom filmowym (od *Pokolenia* Wajdy i *Niewinnych czarodziejów* po *Pana Wołodyjowskiego* Hoffmana) zdaje się być Łomnicki u szczytu. Od 1971 jest rektorem warszawskiej PWST, od stycznia 1976 obejmuje dyrekcję stworzonego przez siebie T. na Woli. Nowe prace sceniczne aktora to tyleż jego zabawy własną omnipotencją techniczną, co konsekwentne myślenie o otaczającym go życiu. Goya (*Gdy rozum śpi* Vallejo, reż. Andrzej Wajda, 1976), Bukara (*Przedstawienie Hamleta we wsi Głucha Dolna* Brešana, reż. Kazimierz Kutz, 1977), Galileusz (*Życie Galileusza* Brechta, reż. Ludwik René, 1978) podejmują wielkie wątki społeczne, z kolei Salieri (*Amadeusz* Shaffera, reż. Roman Polański, 1981) mówi o samym człowieku jako nosicielu destrukcji. Sierpień '80 skłania Łomnickiego do rezygnacji z wszystkich piastowanych stanowisk, życie po dniu 13 XII 1981 zaczyna jako aktor bezpartyjny. I *de facto* bezrobotny, gdyż działający w zasadzie na prawach wolontariusza. Emocjonalny zapis tego okresu dała żona artysty, Maria Bojarska, w książce *Król Lear nie żyje* (wyd. 1994), uznanej przez część środowiska za kontrowersyjną, przez czytelników za bestseller. W dokonaniach z ostatnich lat życia wysuwają się na plan pierwszy role, w których zastanawia go tożsamość człowieczeństwa i aktorstwa (monodramy beckettowskie w T. Studio), zaś potem bezlitosna wiwisekcja własnej profesji. To *Ja, Feuerbach* Dorsta (T. Dramatyczny m.st. Warszawy, 1988) oraz *Komediant* Bernhardta (T. Współczesny, 1990). Umiera na atak serca podczas próby generalnej szekspirowskiego *Króla Leara* w poznańskim T. Nowym.

Olgierd Łukaszewicz

ur. 7 IX 1946, Chorzów

Aktor o urodzie wrażliwego inteligenta. Bez widocznej charakterystyczności, a przecież nie gładki amant, chociaż tak próbowano go w młodości obsadzać. Po ukończeniu krakowskiej PWST (1968), w tamtejszym T. Rozmaitości powierzono mu Walerego w molierowskim *Świętoszku*, pobyt w T. Dramatycznym m.st. Warszawy zaczął mu się od Wacława w *Zemście* (1970). Dopiero Andrzej Wajda poznał się na jego rzeczywistej amplitudzie uczuć: w *Sprawie Dantona* Przybyszewskiej (T. Powszechny, 1975) zagrał neurotycznego Kamila Desmoulin, potem w *Locie nad kukułczym gniazdem* Wassermana schizofrenika Kena. Prof. K. Jankowski orzekł, że *to rola godna psychiatrycznego Oskara*. Mimo to był Łukaszewicz aktorem przez długi czas nie do końca w teatrze wykorzystanym. Swoją popularność i pozycję zawdzięczał rolom filmowym i telewizyjnym. Kreował m.in. wyróżnionego nagrodą im.

Olgierd Łukaszewicz
w filmie *Sól ziemi czarnej*
Kutza

Olgierd Łukaszewicz

Z. Cybulskiego Stanisława w *Brzezinie* Wajdy, Gabriela w *Soli ziemi czarnej* Kutza, Franzla w *Magnacie* Bajona. Z udzielanych przez niego wywiadów wyłania się wizerunek człowieka subtelnego, o bogatym życiu wewnętrznym, nie wolnego przecież od histerii. Zdaje się być predestynowany do kreowania bohaterów refleksyjnych, często zagubionych w życiu, acz skala środków, jakimi dysponuje, pozwala także na grywanie mężczyzn brutalnych, nawet okrutnych. Przez pięć lat występował w teatrach *undergroundu* Republiki Federalnej i Austrii. Także w tamtejszej telewizji (serial *Z klownami przyszły łzy*). W niemieckich kościołach prezentował swe Psalmy Dawida. O ich polskiej wersji pisał Bronisław Mamoń: *Słowo u niego raduje się i płacze, śpiewa, jęczy, wybucha rozdzierającym krzykiem i żali się szeptem, po którym zapada długie milczenie, w czasie którego główny spektakl rozgrywa się we wnętrzu artysty, w jego duchowej przestrzeni.* Te możliwości i fascynacje Łukaszewicza wykorzystał w pełni dopiero Jerzy Grzegorzewski. W T. Studio zagrał artysta kilka ról dla niego samego jakby programowych. Od Franza Kafki w *Pułapce* Różewicza (1984) po Autora w *Samoobronie* Kajzara (1997). W otwierającej T. Narodowy *Nocy listopadowej* Wyspiańskiego odtwarza Łukasińskiego. Żona, Grażyna Marzec jest także aktorką. Nie lubi z mężem grać: *jesteśmy wobec siebie zbyt wymagający...*

Henryk Machalica

ur. 18 VI 1930, Chybie

Aktor, co wędrówkę ma we krwi. Od 1953 przewędrował przez sceny połowy Polski. Bielsko-Biała (zaczynał tam od lalek w *Banialuce*), Jelenia Góra, Zielona Góra, Białystok. Barczysta sylwetka i soczysty bas-baryton przesądzały, iż grał przeważnie role dramatyczne. Chłopicki w *Warszawiance* Wyspiańskiego, Arbienin w *Maskaradzie* Lermontowa, *Fiesco z Genui* Schillera. W 1967 odniósł kilka spektakularnych sukcesów w T. Polskim w Poznaniu, za Achillesa w *Achilleis* Wyspiańskiego zdobywając nagrodę na festiwalu w Kaliszu. Ściągnął go wtedy do T. Narodowego Adam Hanuszkiewicz (1969), powierzając kilka ról prawdziwie znaczących. Był Prezesem w *Kordianie*, który w jego interpretacji przeistaczał się z pospolitego ugodowca w świadomego swej odpowiedzialności za los kraju patriotę. Grał Stańczyka w *Weselu*, Regimentarza w *Śnie srebrnym Salomei*, Księdza Piotra w *Dziadach*. Jego Horsztyński *żył bogactwem głosu, maestrią ściszeń i kulminacji, pięknem brzmienia i tonu* (Barabara Osterloff). W 1983, po odejściu Hanuszkiewicza z pl. Teatralnego, znów mu przyszło iść na wędrówkę. Tym razem po scenach stołecznych. Ateneum, T. Dramatyczny m.st. Warszawy, T. Nowy. W 1991 znalazł się na kilka sezonów w T. Powszechnym. Grał m.in. Ojca w *Kotce na blaszanym dachu* Williamsa. Drugim Ojcem był w *Kapeluszu pełnym deszczu* Gozzo na Scenie Prezentacji. W obu przypadkach synem okazał się Piotr Machalica. *Jak mi się grało z ojcem? Oba spektakle zaliczam do najbardziej fantastycznych doznań zawodowych. Teatr przenikał się z życiem, co całej grze dodawało prawdy* („Twój Styl"). Bratem Piotra jest Aleksander, aktor T. Nowego w Poznaniu. A Machalica-senior znowu wędruje po Polsce. Z monodramami, z dwuosobowym widowiskiem o Tomaszu Mannie, gdzie partneruje mu Ewa Dałkowska. *Aktor powinien mieć walizeczkę* – uważa Ma-

Piotr Machalica

Henryk Machalica
w filmie *Nocny gość*
Różewicza

chalica – *w niej niezbędne do wykonywania zawodu potrzeby*. I ma być gotów do drogi. Od dawnego kanonu ról władczych, dźwięczących siłą głosu przeszedł powoli ku postaciom wyciszonym, bogatym raczej w siłę przeżyć, przeważnie niezbyt zadowolonych z życia. Potwierdza się w tej wersji jako Alfred Ill, gościnnie grany w warszawskim T. Kameralnym u boku Niny Andrycz (*Wizyta starszej pani* Dürrenmatta, 1998).

Piotr Machalica

ur. 13 II 1955, Pszczyna

Aktor, którego wszyscy bardzo chętnie do czegoś zapraszają: znakomicie dopełnia obraz. Od dyplomu w stołecznej PWST (1981) związany z T. Powszechnym, dał się oglądać na wielu scenach Warszawy. Laco Adamik, za-

Piotr Machalica w filmie *Kuchnia polska* Bromskiego

prosił go, kiedy reżyserował w Ateneum *Polowanie na karaluchy* Głowackiego (1991), Krzysztof Zaleski powierzył w tymże teatrze rolę samego Mackie Majchra (*Opera za trzy grosze* Brechta, 1994), najczęściej zaś gościł na scenach estradowych (Buffo, Rampa), uroczo dopełniając popisy swoich przyjaciół: Zamachowskiego, Józefowicza, Malajkata. Mann i Materna zapraszali go do swego show w telewizji, Magda Umer do opolskiego koncertu Osieckiej. Ten masywny mężczyzna z nieodłącznym uśmiechem na twarzy i przydźwiękiem ironii w głosie posiadł dar osmozy: w miejscach diametralnie rozmaitych był zawsze idealnie na miejscu. Czarował soczystym barytonem, gdy trzeba pokrzyczał, zupełnie zaś genialny był, gdy milczał i tylko patrzył. Dochodziło do tego, że kiedy w macierzystym Teatrze Powszechnym zjawił się w *Mężu i żonie* Fredry (1993) jako Alfred, sprawiał wrażenie, że sumiennie dopełnia tercet kolegów: Jandy, Żółkowskiej i Gajosa. Własnym blaskiem rozbłysł dopiero w *Weselu* (T. Powszechny, 1995). Grał Gospodarza. Jego uśmiech nabrał nagle nowego wyrazu, ironia w głosie stała się przejmującą funkcją duchowego *weltschmertzu*, a sławna tyrada w finale II aktu zabrzmiała z prawdziwie dramatyczną mocą. *Zawsze wiedziałem, że on czegoś nie dopowiada do końca* – mawiał o synu Henryk Machalica – *to było nawet intrygujące, ta jego enigmatyczność*. W Gospodarzu wszystko zostało dopowiedziane. I tak już miało zostać. Potem przyszła spowiedź współczesnego mężczyzny – monodram *Eddie E.* Lumborga (1998). I rozkosznie upajający się własnym pustosłowiem Wierszynin w *Trzech siostrach* Czechowa (1998). Piotr Machalica okazał się niczym ów sześciolatek, który od urodzenia milczał, aż zawrzasnął, bo podano mu przypaloną kaszkę, po czym wyjaśnił: przedtem wszystko było w porządku! Wypadało by więc podkreślić, że i w twórczości Piotra Machalicy przedtem też wszystko było w porządku. Było kilka przyzwoitych ról w filmie (Popczyk w *Zabij mnie, glino* Bromskiego, Roman w *Krótkim filmie o miłości* Kieślowskiego, Paweł w *Pestce* Jandy) i był rozkosznie enigmatyczny Blumschli w *Żołnierzu i bohaterze* Shawa (Teatr TV).

Jan Machulski

ur. 3 VII 1928, Łódź

Widzowi kojarzy się przede wszystkim z filmem *Vabank*, środowisku z T. Ochota, uroczą *pepinierą* teatralną, jaką wspólnie z żoną Haliną, założyli w 1970 jako placówkę niemal misyjną, edukującą zarówno młodych widzów, jak i młodych aktorów. Sam Machulski pokazywał się na scenie Ochoty stosunkowo rzadko; skromne warunki techniczne, jak i antygwiazdorska estetyka placówki powodują, że trudno tam o wielki błysk w efektownej roli. Chyba że – jak to uczynił sam założyciel w 1991 – odtwarza się postać kardynała Wyszyńskiego. Takich błysków zaliczył sobie Machulski sporo już i przedtem. Absolwent Łódzkiej PWSA (1954), na dłużej związany ze sceną lubelską (1957-1963) potem z łódzkim T. im. Jaracza (1963-1966), grał Romea, Przełęckiego w *Uciekła mi przepióreczka*, Jana w *Pierwszym dniu wolności* Kruczkowskiego, Mefista w *Fauście*. Za rolę Długiego w *Archaniołowie nie grają w bilard* Dario Fo otrzymał nagrodę na I Spotkaniach Kaliskich. Pracując w latach 1966-1971 w warszawskim T. Polskim odtwarzał tam Ludmira w *Panu Jowialskim* i efektowną rolę Petera w *Sprzężeniu zwrotnym* Cwojdzińskiego. W T. Narodowym, z którym współpracował w 1971, zdążył wyreżyserować i zagrać z samą Eichlerówną *Zabawę w koty* Örkany'ego. O jego latach lubelskich pisała Anna Tatarkiewicz: *jest bar-*

Jan Machulski jako
Osiński w *Ostrym dyżurze*
Lutowskiego

dziej fantastą niż myślicielem. Czyny jego są sprawą odruchu, płyną z serca. Echa tej postawy wytropić można w propedeutyce teatralnej, jaką Machulski propagował w T. Ochota, a prowadził tę scenę aż 27 lat. Przewijają się także w jego działalności pedagogicznej, od 1972 związany jest bowiem ze swą dawną uczelnią łódzką. Przewrotnie stwierdził w jednym z wywiadów: *teatr jest jedynym miejscem, gdzie można, a nawet trzeba oszukiwać. Tak, aby wyrażane emocje zafrapowały widza!* We własnej praktyce, jeśli już widza oszukiwał, to raczej prawdą. A także osobistym czarem. Że ma go w nadmiarze dowodem choćby wspomniany *Vabank*. Swój romans z kinem rozpoczął aktor dużo wcześniej, bo od nagrodzonego na festiwalu w Wenecji *Ostatniego dnia lata* (1958). Stworzył następnie kilka subtelnych męskich sylwetek: Ochockiego w *Lalce* Hasa, Ludwika w *Sublokatorze* Majewskiego, Piotra w *Albumie polskim* Rybkowskiego. Dziś zdobi najczęściej filmy i seriale syna, a zaznaczyć trzeba, iż Machulski-senior propaguje w polskim kinie jako bodajże jedyny francuską szkołę grywania starszych panów, powściągliwość gry doprawiając dystynkcją i uroczą elegancją.

Zdzisław Maklakiewicz

9 VI 1927, Warszawa ☆ 9 X 1977, Warszawa

Postać z pięknej legendy, którą sam pracowicie wyprodukował. Bratanek znanego kompozytora, ukończył w 1950 warszawską szkołę aktorską, przez Nową Hutę dotarł do T. Wybrzeże, gdzie zagrał Jana w *Nosorożcu* Ionesco, Pawła w *Pierwszym dniu wolności* Kruczkowskiego, Ministra w *Jonaszu i błaźnie* Broszkiewicza. Bawił się własnym udziałem w przedstawieniu: *Cybulski i Kobiela specjalnie przychodzili na spektakle Maklaka. Miał tak ogromną wyobraźnię, że rozśmieszał nas do łez tym, co wymyślał co wieczór* (Krystyna Łubieńska). Towarzyszył potem koledze ze studiów, Zygmuntowi Hübnerowi w jego kolejnych dyrekcjach, był we Wrocławiu, w krakowskim Starym T.

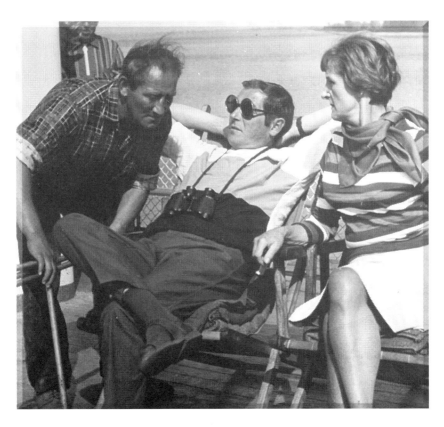

Zdzisław Maklakiewicz w filmie *Rejs* Piwowskiego (obok Wanda Lothe-
-Stanisławska i Jan Himilsbach)

W Warszawie gościł kolejno w 6 zespołach. Sprawiał wrażenie, że aktorstwo mniej interesuje go jako zawód, bardziej jako sposób umilania samemu sobie życia. Roli nie traktował jako finalnego produktu wielomiesięcznych prób, lecz jako pretekst do ukazania się publiczności, by ją zabawiać uroczą improwizacją na kanwie scenicznej akcji i kolegów. Odnalazł się w pełni na planie filmowym, początkowo fascynowała go cyzelatura epizodów (za nią właśnie otrzymał w 1971 Złote Grono na festiwalu w Łagowie), by przejść do improwizowania wspólnie z Janem Himilsbachem w *Rejsie* Piwowskiego (1973), *Dzięciole Gruzy*, *Motodramie*, *Hydrozagadce*, *Jak to się robi?*. Tu miał tę satysfakcję, że czynności w teatrze uznane za prywatny jego suplement do produktu pracy kolektywu, stawały się wręcz osnową akcji. Z wesołka awansował na protagonistę. Najpełniej wyżywał się przecież w życiu towarzyskim. Był ulubieńcem wielu, dla niektórych osiągnął stopień guru. Brylował w stołecznym Klubie Aktora podczas całonocnych dysput o wszystkim i o niczym. Ten styl życia miał się dlań zakończyć tragicznie: znaleziono go martwego nad ranem, na Krakowskim Przedmieściu...

Wojciech Malajkat

ur. 16 I 1963, Mrągowo

Debiutował *Hamletem i wywarł dobre wrażenie* (Lucjan Kydryński). Niedługo potem zagrał w warszawskim T. Studio Konrada-Gustawa w mickiewiczowskich *Dziadach*. Także z sukcesem. *Nie było chyba w dziejach tak mówionej improwizacji. Mówił ją z rozpaczą, nieśmiało, niepewnie – jakby nie umiał żądać i ciskać gróźb, jakby nie był przygotowany do sytuacji, która go przerasta, a której musi sprostać* (Jacek Sieradzki). Kreował potem Woody Allena w jego sztuce *Zagraj to jeszcze raz*. I to właśnie tłumaczyło wiele w całym tym ciągu scenicznych wydarzeń. Szczupły, dość wysoki, o typowej zewnętrzności inteligenta w okularkach młodzik stał się dla kreatora T. Studio, Jerzego Grzegorzewskiego idealnym instrumentem w dowodzeniu tezy, iż w teatrze nie egzystuje żadne tabu, a wystarczającym kluczem do otwierania sezamów jest inteligencja artysty. Malajkat okazał się dostatecznie inteligentny, iżby obie tezy na scenie przeprowadzić, zdając sobie przy tym świetnie

Wojciech Malajkat

Wojciech Malajkat w filmie *Stan strachu* Kijowskiego

sprawę ze skali osobistego ryzyka. Wybronił się, bo miał wdzięk autentyczny i muzyczną subtelność słowa. W 1988 otrzymał nagrodę im. Schillera „za wybitne osiągnięcia aktorskie na scenie dramatycznej" i nagrodę im. Wyspiańskiego „za całokształt dorobku artystycznego ze szczególnym uwzględnieniem ról Hamleta i Gustawa-Konrada". Zaraz potem zagrał Astrowa w *Wujaszku Wani* Czechowa, napotykając w tej roli przeszkodę z pozoru istotną: wiek bohatera, który wydawał się w sztuce głównym motywem dla jego wszystkich rozterek. Hamlet, Konrad i Allen mogli być młodzi. Okazało się, że i Astrow może. Zwłaszcza że równolatkiem był mu Wujaszek Wania-Zamachowski. Założenie nie sprawdziło się dopiero przy molierowskim *Mizantropie* (1995), kiedy młody wykonawca jawnie fałszował psychiczne motywacje swego starszego, zgorzkniałego bohatera. Za to pełnym sukcesem zakończył się udział aktora w najlepszym z jego filmów, w *Wielkim Tygodniu* Wajdy (1995), gdzie z pełną finezją grał warszawskiego inteligenta uwikłanego w okupacyjny dramat żydowskich losów. W 1997 towarzyszy Malajkat swemu dyrektorowi w przejściu do T. Narodowego, gra Pijaka w *Ślubie* Gombrowicza. Recenzje ma nienajlepsze: *po prostu znalazł się na niewłaściwym miejscu*. Ten sympatyczny, inteligentny, dobrze wychowany *aktor jest niewiarygodny jako świnia i prowokator* (Roman Pawłowski). Okazało się, że łatwiej być młodemu starszym, niż dobrze wychowanemu świnią. Artysta, któremu sympatię publiczności gwarantują ujmujące zabawy na estradzie w towarzystwie przyjaciela Zamachowskiego, z pewnością wyrówna te niedobory.

Maria Malicka

5 V 1902, Kraków ☆ 20 IX 1992, Kraków

W okresie międzywojennym brylowała na scenach warszawskich, demonstrując – jak to wtedy określano – „dyskretny erotyzm heroiny". W latach 1935-1939 prowadziła nawet swój prywatny teatr, poświęcony głównie współczesnej komedii salonowej, choć z rzadka legitymujący się i ambit-

Maria Malicka

niejszymi premierami Shawa czy Słowackiego. Okupacyjne występy w tzw. teatrach jawnych, a także zażyłość z zakochanym w niej oficerem Wehrmachtu odpokutowała dziesięcioletnim zakazem grania w Warszawie. Wystąpiła w niej potem zaledwie raz: w 1956, na poetyckim koncercie w Sali Kongresowej, grając scenę balkonową z *Romea i Julii*. Przez kilkanaście lat prowadziła żywot wędrowny, na scenach Szczecina, Opola, Bielska i Łodzi przypominając, *jak się grywa damy* (Stanisław Kaszyński). Od 1958 została aktorką krakowskiego T. im. Słowackiego, gdzie jej nieprzemijająca uroda, kultura słowa i wrodzona dystynkcja budziły nieodmiennie aplauz publiczności, choć recenzenci wytykali czasem gwieździe nadmierną egzaltację i skłonność do łzawego melodramatyzmu. Strażnicy cnót próbowali jej też po latach wypominać okupacyjne zaszłości, w obronie artystki stanął jednak ZASP. *Nie można karać ludzi w nieskończoność* – stwierdził Bohdan Korzeniewski i sam obsadził Malicką w roli Rollisonowej, gdy reżyserował w Krakowie mickiewiczowskie *Dziady* (1963). Zagrała ją *z umiarem, prostotą i dyskretną ekspresją* (Zygmunt Greń). Z innych ról – Arkadina w *Czajce* Czechowa, Księżna Barbara w *Bezimiennym dziele* Witkacego, Radczyni w *Weselu*. Występowała gościnnie w Starym T. i to w repertuarze współczesnym, bo jako Kornelia w *Klik-klak* Abramowa (1972). Wydaje się, że zdarzenia z okresu wojny istotnie zaciążyły głębiej na psychice tej wielkiej ongiś aktorki. A może po prostu jej gwiazdorski styl kłócił się już z obyczajem współczesnego teatru, z jego literaturą. I nie zalśniła już nigdy dawnym blaskiem...

Zofia Melechówna

ur. 20 I 1926, Wilno

Zasłużona artystka T. im. Horzycy w Toruniu. Uważa się za uczennicę Leona Schillera, ale na jej karierze zaważył w najznaczniejszym stopniu pracowity, ambitny dyrektor scen terenowych, Hugon Moryciński. Po siedmioletniej podróży przez kilka scen (stołeczne Ateneum, Olsztyn, Bielsko-Biała) trafiła na niego w 1957 w Rzeszowie i wraz z nim przeniosła się do Torunia. Pracuje tam nieprzerwanie od 1958, od 1990 jako emerytka na pół

Zofia Melechówna jako Orbanowa w *Zabawie w koty* Örkany'ego

etatu. 40 lat w jednym mieście, które przez cały ten okres gościło znaczący festiwal teatralny, czyli zapewniało swoim aktorom zarówno szansę obserwacji, jak i bycia obserwowanym. Te festiwale przyniosły Melechównie liczne nagrody: w 1977 za Królową w *Iwonie, księżniczce Burgunda* Gombrowicza, w 1981 za Babę w *Pieszo* Mrożka, w 1987 za Jewdokię w *Zmierzchu* Babla, nagrodę otrzymała też na Konfrontacjach Opolskich za dynamicznie zagraną rolę Ruszkowskiej w *Żołnierzu królowej Madagaskaru* (1991).

Warunki zewnętrzne predestynowały artystkę do ról rodzajowych. Próbowała się przeciw takim ograniczeniom buntować – zagrała w Rzeszowie Smugoniową w *Uciekła mi przepióreczka* Żeromskiego, zagrała *Balladynę*. *Kiedy zjawia się na scenie po raz pierwszy* – pisał Stefan Otwinowski – *wydawało się, że to jakoś nie tak, że nic z tego nie będzie. Ale dziewczyna, jak wyrafinowany wirtuoz, przyczaiła się tylko, by osiągnąć w trzecim wyjściu wielkie forte!* W Toruniu zdążyła się jak gdyby Melechówna przyzwyczaić do tej narzuconej jej przez naturę charakterystyczności, rozszerza atoli jej granice. Od oschłej i twardej Klary Zachanassian w *Wizycie starszej pani* Dürrenmatta, po tę nagrodzoną, szczerze komiczną Królową w *Iwonie*. Ostatnio zaczyna się przyzwyczajać i do tego, że rzadziej przypadają jej w udziale role ogromne, wymagające fizycznego wysiłku. Błyszczy w mniejszych.

Stanisław Michalski

ur. 3 IX 1932, Wilno

Absolwent krakowskiej PWST, związany od dziesięcioleci z T. Wybrzeże, gdzie debiutował w 1955 (*Maturzyści* Skowrońskiego), w latach 1984-1990 pełnił zaś stanowisko kierownika artystycznego. Pełen tężyzny, nieledwie zwalisty, z wyraźną skłonnością do tycia, potrafi wykorzystać własną zewnętrzność. Zdobywa nią sympatię widza, gdy jej potrzebuje jego *Otello* (1973), którego ujął jako ofiarę żołnierskiej prostoduszności (*położyłem tę rolę* – wyzna po latach); czyni ją przedmiotem zabawy, gdy gra Fikalskiego (*Dom otwarty* Bałuckiego, 1971), *ciężkiego ciałem i intelektem, z trudem obnoszącego swój obowiązek salonowego lwa* (Andrzej Żurowski). Ale zdarza się, że aktor o swej zewnętrzności jakby zapomina, skoncentrowany na wewnętrznym, emocjonalnym nurcie roli. I bodajże właśnie wtedy osiąga sukcesy najbardziej oczywiste. Jako Patiomkin w *Termopilach polskich* Micińskiego, Pankracy w *Nieboskiej komedii*, Csak w węgierskim dramacie romantycznym, *Ostatnich dniach Csaka* Madacha. Jest Michalski aktorem, którego rozsadza temperament, daje mu upust jako Czepiec w *Weselu*, ale umie też krzyk zredukować do szeptu, by go uczynić groźniejszym: Bukara w *Przedstawieniu Hamleta we wsi Głucha Dolna* Bressna (1978). Wymienione przedstawienia powstały w okresie dyrekcji Marka Okopińskiego i Stanisława Hebanowskiego. Za własnych rządów nawiązał Michalski twórczą współpracę z Krzysztofem Babickim. Twórczą dla teatru, zespołu i własnego aktorstwa, czego dowiódł m.in. jego Ojciec w *Pułapce* Różewicza i *Wallenstein* Schillera. Niełatwy ten skądinąd okres ocenia Halina Winiarska: *przeprowadził Michalski nasz zespół z ciekawym repertuarem przez trudną dekadę. Mimo nacisków i poleceń nie zwolnił nikogo*. Dziś dyrektor Michalski jest znów tylko aktorem. Gra często i chętnie. Tyle, że jego bohaterowie jakby się trochę postarzeli: Fierapont w czechowowskich *Trzech siostrach*, Ziemlanika w *Rewizorze* Gogola, Profesor w *Chłopcach* Grochowiaka, w których obchodził jubileusz 40-lecia pracy. Czasami przecież odzywa się w nim dawny temperament. I jako śledczy gnębi otoczenie (*Poznać strach* Enquista, 1996). Na wspomnianym tu już jubileuszu w 1997 okazało się po raz kolejny, że otoczenie mu wszystko wybacza, zaś jubilat po prostu woli grywać role mniejsze, bo nigdy nie lubił uczyć się tekstu na pamięć.

Danuta Michałowska

ur. 7 I 1923, Kraków

Natchniona propagatorka bardzo specyficznej formuły teatru, w którym słowo jest wszystkim, a zatem „aktor nie gra postaci, lecz mówi o niej". Formułę taką próbował realizować w okupacyjnym Krakowie reżyser Mieczysław Kotlarczyk, w jego konspiracyjnym T. Rapsodycznym debiutowała Michałowska w 1941 (z teatrem współpracował także młody Karol Wojtyła). Po 1945 rapsodycy jedynie przez krótki okres cieszyli się swobodą tworzenia, na I Festiwalu Sztuk Rosyjskich i Radzieckich (1947) zdążyli jeszcze przedstawić *Eugeniusza Oniegina* Puszkina, Michałowska za rolę Tatiany zdobyła nawet I nagrodę. Z czasem teatrowi zarzucono formalizm, a co gorsza i klerykalizm, likwidując go w 1953. Miał odżyć po Październiku, acz, co znamienne, Michałowska nie wznowiła z nim wówczas współpracy. W tym okresie próbowała występów w Starym T., gdzie zagrała kilka ról (Celina Mickiewiczowa w *Nocach narodowych* Brandstaettera, Szimena

Danuta Michałowska

w *Cydzie*, Magdalena w *Domu Bernardy Alby* Lorki), na trwałe angażując się w działania pedagogiczne w krakowskiej PWST. Wykładała recytację wiersza i zasady kompozycji występów estradowych, opracowała podręcznik *Podstawy polskiej wymowy scenicznej*, pełniła liczne funkcje akademickie (w latach 1981-84 była nawet rektorem). Ale przede wszystkim od 1961 prowadzi swój własny T. Jednego Aktora, specjalizujący się w prezentacji literatury epickiej. Aktorka jest tam zarazem narratorem, jak i odtwórczynią wszystkich ról. Pamiętne sukcesy odnosi w monodramach: *Bramy raju* Andrzejewskiego, *Mistrz i Małgorzata* Bułhakowa, *Gilgamesz*, *Pieśń nad pieśniami*. Występuje gościnnie w RFN, Austrii, Izraelu, Australii. Z biegiem lat jej zainteresowania koncentrują się coraz wyraźniej na literaturze religijnej (*Medytacje nad poezją Andrzeja Jawienia*, *Listy Jana i Pawła Apostołów*, *Gloria in excelsis*), dla której zdobywa słuchacza wysoce oryginalną formą estradowego przekazu: *Głosem poszukuje metalicznych brzmień wtedy, gdy błąka się w rejestrach lirycznego aksamitu. Dykcja, którą moduluje strumień mowy, dąży do uderzeń ostrych i nieodwołalnych jak uderzenia metalowej sztancy. Akt recytacji jest sakramentalnym lotem ku górze – artysta sam wzlatując na skrzydłach swej sztuki, pragnie w te wysokie regiony porwać za sobą słuchaczy. Jest Muzą – boską pośredniczką pomiędzy nami, Ziemianami, a mieszkańcami Parnasu* (Ludwik Flaszen). Recitale Michałowskiej określił recenzent „Tygodnika Powszechnego" jako *triumf metafizyki nadziei*. Jest to bez wątpienia także triumf pięknie podanego słowa.

Janusz Michałowski

ur. 1 I 1937, Augustów

Niemal czterdzieści lat pracy aktorskiej – większość na scenach Polski północnej, ponad ćwierćwiecze żonaty z Izabelą Cywińską, a zatem w jakiś sposób zdeterminowany pozycją zawodową żony, choć w swym aktorstwie na tyle świetny, że suwerenny. Absolwent warszawskiej PWST debiutował w Koszalinie jako Wajnonen w *Optymistycznej tragedii* Wiszniewskiego (1960). Dalszy pobyt w tym teatrze przyniósł mu pierwsze spośród licznych w jego życiu nagród: na festiwalu katowickim za Prysypkina w *Pluskwie* Ma-

Janusz Michałowski
w filmie *Łuk Erosa*
Domaradzkiego

jakowskiego (1963), na festiwalu toruńskim za *Śmierć Tariełkina* Suchowo-Kobylina (1966). Wniosek o jakiejś szczególnej predylekcji do postaci rosyjskich byłby zasadny o tyle, że istotnie Michałowski ceni sobie mięsisty realizm, a demonstrowane namiętności chętnie obudowuje metafizycznym zapleczem. O nagrodzonym Tariełkinie pisał Wojciech Natanson, iż *aktor położył akcent na nagłej transformacji młodego filuta w chytrego staruszka*. Obserwacja bardziej niż celna: Michałowskiego zawsze cechowała na scenie stateczna dojrzałość, obsadzano go często w bohaterach starszych, niźli on sam. Co prawda w Koszalinie grał jeszcze szczenięcego George'a w *Naszym mieście* Wildera, a później w Toruniu młodzieńczego Cezarego Barykę w *Przedwiośniu* Żeromskiego i Orestesa w *Ifigenii w Taurydzie* Goethego (1967), ale już w Kaliszu i poznańskim T. Nowym (czyli pod dyrekcją własnej żony!) od razu się na scenie ustatecznił. I jeszcze bardziej zrusyfikował: aż dwóch kolejnych Tariełkinów (i w Kaliszu, i w Poznaniu), Wierszynin w *Trzech siostrach*, Aktor w *Na dnie* Gorkiego. Dojrzałość jego bohaterów w różnorodnych objawiała się barwach. Od tragizmu Szeli (*Turoń* Żeromskiego) i *Judasza z Kariothu* Rostworowskiego, po groteskową porywczość Sajetana Tempe (*Szewcy* Witkacego) i butę Horodniczego z *Rewizora*. Uciekał też czasem do farsy: nagrodzony na Spotkaniach Opolskich, rozkoszny Fujarkiewicz w *Domu otwartym* Bałuckiego (1984). Od jesieni 1989 pracuje w warszawskim Ateneum. Zmiana miejsca pracy nie jest dla aktora o tej pozycji wstępem do niespodzianek, raczej sposobnością do dalszego doskonalenia. Potwierdzają to warszawskie role Michałowskiego: bezdomny w *Po-

lowaniu na muchy Głowackiego (śmieszny i tragiczny zarazem), Sasza w *Antygonie z Nowego Jorku* (szlachetna, wytrzymana rola), Münchhausen w *Prawdomównym kłamcy* Gorina.

Z licznych ról telewizyjnych – Baszmaczkin w *Płaszczu* Gogola, Korowiow w *Mistrzu i Małgorzacie* Bułhakowa, Torquemada w *Ciemności kryją ziemię* Andrzejewskiego, Starszy pan w *Pokoju pełnym deszczu* Aiken. Ozdobą dorobku filmowego jest stonowany Ksiądz Piotr w *Lawie* Konwickiego, popularności przysporzył aktorowi udział w *Bożej podszewce*.

Wiesław Michnikowski

ur. 3 VI 1922, Warszawa

Jedna z legend Kabaretu Starszych Panów, gdzie – jak trafnie uchwycił rzecz bodajże Bohdan Łazuka – grał partie na flet pisane. I właśnie owe fletniowe smuteczki Przybory pozwoliły Michnikowskiemu nas zaczarować. Tym przetrzymywaniem spojrzenia szeroko rozwartych oczu, tym smętkiem tonu: *Ty kąpiesz się nie dla mnie!*...

Wojenne losy rzuciły młodego Michnikowskiego do Lublina, gdzie w 1946 ukończył studio przy tamtejszym teatrze i wzruszająco zadebiutował jako poetycki Fortunio w *Świeczniku* Musseta. Dyr Maria Gorczyńska ściągnęła go natychmiast do T. Klasycznego w Warszawie, by u jej boku również wzruszał jako poetycki Nick w *Marii Stuart* Słowackiego (1947). *Nie lubiłem tej roli* – wspomina Michnikowski. W 1948 teatr przejął dyr Erwin Axer, który sprowadził z Łodzi własny zespół i niechciany młody aktor powrócił na trzy sezony do Lublina. Grywał tam nawet w operetkach (*Targ na dziewczęta*), grał Figara i Chochlika w *Balladynie*. Z reżyserką tej *Balladyny*, Zofią Modrzewską znów przywędrował do stolicy, bo objęła tam ona dyrekcję T. Nowej Warszawy, Michnikowskiemu przyszło zagrać młodego Mickiewicza w *Balladach i romansach* Maliszewskiego (1954). Nie był to sukces, w efekcie wyszło na to, że Michnikowski to jednak bardziej komik. Zaangażował się więc do T. Komedia, bawił widzów w kabarecie Wagabunda, by w 1958 jednak przejść w końcu do axerowskiego T. Współczesnego. A nie-

Wiesław Michnikowski jako Artur w *Tangu* Mrożka

długo potem wybuchł fajerwerk Kabaretu Starszych Panów, wsparty dodatkowo sukcesem filmowej komedii *Gangsterzy i filantropi* i arcysukcesem występów w kabarecie Dudek. Przez cały ten okres otrzymywał Michnikowski na macierzystej scenie normalny przydział zadań, czyli po prostu grał różnych ludzi. Czasami takich, co śmieszni (Harry w *Sie kochamy* Schisgala), ale zdarzało się, że i takich, co nieszczęśliwi (rola tytułowa w *Urodzinach Stanleya* Pintera). Jego firmową kreacją miał stać się neurotyczny Artur w prapremierze *Tanga* Mrożką (1965), swoistym dopełnieniem tej postaci okazał się AA w *Emigrantach* (1975). Potem dyrekcja teatru jakby się zawstydziła, że marnotrawi swego Chaplina w tekstach nadmiernie retorycznych i przez większość kolejnych premier Michnikowski mógł być na scenie T. Współczesnego bardziej śmieszny. I coraz wyraźniej chaplinowski. Swój kunszt w jednoczeniu śmiechu i łez doprowadził do granic perfekcji. A do mrożkowego *Tanga* jednak jeszcze powrócił. Tyle że jako zramolały Wuj Eugeniusz (w inscenizacji Macieja Englerta, 1997). Ostatnio rzadziej występuje w teatrze macierzystym, zadomowił się w T. Polskim. *Grube ryby*, *Polityka* Perzyńskiego, ostatnio *Zemsta*, gdzie w roli Dyndalskiego sprostał legendzie Solskiego.

Jakież to przy tym urocze, iż ten subtelny, pastelowy artysta przyznał się, że jego hobby to majsterkowanie.

iHalina Mikołajska

Halina Mikołajska

22 III 1925, Kraków ☆ 22 VI 1989, Warszawa

Artystka o zupełnie szczególnym życiorysie. W teatrze skazana na wielkość, przełożyła nad nią służbę przekonaniom. Jeszcze przed dyplomem krakowskiego Studio, gdy debiutowała jako Eurydyka w prapremierze *Orfe-*

Halina Mikołajska jako Amelia w *Horsztyńskim* Słowackiego

usza Świrszczyńskiej, mogła o sobie przeczytać: *najlepiej zagrana postać w sztuce* (Tadeusz Kudliński, 1946). Jej pierwsze role w T. im. Słowackiego, Monika w *Ocaleniu Jakuba* Zawieyskiego, Dalia w *Noe i jego menażeria* Łomnickiego, Irina w *Trzech siostrach* Czechowa, prawdziwie dziewczęce, kreślone kruchą, pełną niepowodzeń kreską wzruszają widownię, budząc uznanie krytyki. W 1949 przenosi się do Wrocławia, by jako Ruth w *Niemcach* Kruczkowskiego umocnić swą pozycję wschodzącej gwiazdy. Od 1950 jest już w Warszawie (T. Polski). Amelia w *Horsztyńskim* Słowackiego to jeszcze kolejne potwierdzenie dziewczęcości, ale Ethel w *Juliuszu i Ethel* Kruczkowskiego już ujawnia nadspodziewaną dojrzałość aktorki. Tym razem w dramaturgii jawnie politycznej. Lata 1955-1962 spędza w T. Dramatycznym m.st. Warszawy. To okres chyba najbardziej twórczy w jej aktorskiej biografii. Zagubiona w bronowickim zgiełku Rachela (*Wesele*) zamyka nieodwołalnie zainteresowania artystki dla scenicznego romantyzmu, teraz podnieca ją skala nowych wyzwań, żonglerka brutalną formą, wielka zmiana masek. Brecht (Szen Te w *Dobrym człowieku z Seczuanu*) i paryska awangarda (Stara w *Krzesłach* Ionesco) Próbuje sił w reżyserii: *Iwona, księżniczka Burgunda* Gombrowicza, *Romulus Wielki* Dürrenmatta. Każda z jej prac odbija się szerokim echem w środowiskowej opinii, zafascynowanej w tym okresie swą wielką szansą wydobycia z zaścianka socrealizmu. Teatr sam przez się zaczyna być polityką – Mikołajska z narastającym zaciekawieniem uczestniczy w tym procesie. Także w jego pomyłkach: gdy gra w prapremierze egzaltowanej *Samotności* Słomczyńskiego (1957), z widowni słychać gwizd Jana Kotta. Kończy się *Sturm und Drang Periode* – aktorka odczuwa potrzebę podsumowania doświadczeń, czemu zdają się nie sprzyjać koleżeńskie niesnaski w jej ówczesnym zespole...

Korzysta z zaproszenia Kazimierza Dejmka (1964-1968), potem Erwina Axera (1969-1980). W T. Narodowym gra Kassandrę w *Agamemnonie* Ajschylosa i Księżniczkę Sieniawiankę w *Uciekła mi przepióreczka* Żeromskiego; w T. Współczesnym m.in. Elżbietę w *Marii Stuart* Schillera, Olgę w *Trzech siostrach*, Janinę Węgorzewską w *Matce* Witkacego. Yse w *Punkcie przecięcia* Claudela. O ostatniej z tych ról napisał Erwin Axer, że Mikołajska *siłą swej gry przekształciła mu filozoficzną wymowę spektaklu*, a on uznał jej racje. Takie wyznanie ze strony tego akurat twórcy to coś więcej, niźli komplement – to hołd. Mikołajska odrzuca przecież spokój, związany ze statutem gwiazdy, od 1976 podejmuje aktywną działalność w strukturach KOR. Bierze jeszcze udział w dwóch premierach (Grunhilda w *Janie Gabryelu Borkmanie* Ibsena, Raniewska w *Wiśniowym sadzie*), ale *każdy spek-*

takl z jej udziałem przemienia się w demonstrację polityczną (Marian Brandys, mąż artystki). Od 1978 szuka więc swego widza w salach parafialnych czy terenowych domach kultury. Jej zaangażowanie w „Solidarność" kończy się internowaniem 13 grudnia 1981. Po uwolnieniu przyjmuje na krótko etat w warszawskim T. Polskim, gdzie gra Hestię w dejmkowskiej inscenizacji *Wyzwolenia* Wyspiańskiego (1984). I znów demonstracje na widowni, milicyjny dozór, nieporozumienia z dyrekcją teatru. Przerywa tę współpracę, list do Dejmka kończąc słowami: *bo chociaż wydaje mi się, że mamy podobne poglądy, zbyt różne mamy przekonania* („Puls"). Na scenę już nie wróci.

Stanisław Mikulski

ur. 1 V 1929, Łódź

W sześcioleciu 1965-1970 zdobył w plebiscycie „Expressu Wieczornego" trzykrotnie Złotą Maskę, trzykrotnie Srebrną! Zawdzięczał je jednej zaledwie roli, był nią Kloss w *Stawce większej niż życie*. Cena za sukces okazała się przecież piekielnie wysoka, Kloss wchłonął Mikulskiego, który nie zdołał nigdy uciec z cienia tej postaci. A tymczasem fakty mówią, że kariera była aktorowi i tak sądzona. Tyle, że może inna, normalna. Absolwent krakowskiej PWST (1953) pracował przez 11 lat w lubelskim T. im. Osterwy, otrzymując role z reguły główne, grając je ku zadowoleniu widzów i krytyki. *Dał popis temperamentu i szlachetnego umiaru* – to po *Sułkowskim* Żeromskiego, *bardzo różnostronny* – to po Rowanie w *Wygnańcach* Joyce'a, *w jego interpretacji rola zabrzmiała pełną gamą przeżyć* – to po szekspirowskim *Makbecie*. Trzy laurki od trojga różnych krytyków. Od jesieni 1964 zaangażował lubelskiego protagonistę do warszawskiego T. Powszechnego Adam Hanuszkiewicz, obsadzając w drugim planie *Przedwiośnia* Żeromskiego. A potem zaczęło się szaleństwo Klossa. Zbyt już obłędne, by mógł je strawić Hanuszkiewicz. Od 1966 przenosi się Mikulski do T. Ludowego, gdzie dyrekcja zezwala mu wchodzić na scenę jedynie wtedy, gdy na planie filmowym ma trochę oddechu, i to wchodzić w roli, którą sam wybierze. Trudno się dziwić, że pierwszym pragnieniem Klossa było nakleić sobie przesłaniający

Stanisław Mikulski jako
Cyrano de Bergerac
Rostanda

twarz, ogromny nochal *Cyrana de Bergerac* w sztuce Rostanda (1967). Nos nie osłonił ani przed egzaltacją fanów, ani przed nagłą wstrzemięźliwością krytyków. Tej nie odmieniła i kolejna premiera, w której Mikulaski postanawiał się już nie przeinaczać, a zagrać po prostu inny wariant młodego człowieka o niecodziennych metodach walki, czyli szekspirowskiego Petruchia (*Poskromienie złośnicy*). Ale pomiędzy krytyką a aktorem wyrasta mur, którego on nie był w stanie zburzyć, zaś oni zburzyć nie bardzo chcieli. Posądzenia o złą wolę nie są być może zasadne, to wizja Klossa okazała się nazbyt przemożna. Trzeba stwierdzić, że Mikulski wykreował swego telewizyjnego bohatera prawdziwie mistrzowsko. Swoim spokojem i prostotą interpretacji, a także osobistym wdziękiem uprawdopodobnił najbardziej karkołomne poczynania tego polskiego herosa w hitlerowskim mundurze. Dał mu poza tym swe sugestywne warunki zewnętrzne: urodę i elegancję ruchu, smukłą sylwetkę, wyrazisty zarys twarzy. W efekcie sam ostał się Klossem. I nikt już nie chciał wierzyć, że jest Jagonem, królem Henrykiem na łowach czy Janem Kazimierzem. Triumf czy klęska? – to pytanie pozostać musi bez odpowiedzi. W latach 1969-1982 występował Mikulski w T. Polskim, w latach 1982-1988 w T. Narodowym. Potem zaproponowano mu stanowisko dyrektora Polskiego Instytutu Kultury w Moskwie. Od 1990 przebywa na emeryturze, urozmaicając ją sobie prowadzeniem telewizyjnego *Koła Fortuny*. A *Stawka większa niż życie* stale wraca na mały ekran...

Piotr Milnerowicz
ur. 29 VI 1938, Lwów

Czołowy aktor T. Polskiego w Bydgoszczy. Ma za sobą życiorys typowy dla większości swego środowiska, której los przeznacza pracę w tzw. terenie. Absolwent warszawskiej PWST. Debiut w Rzeszowie rolą Mikołaja Rostowa w *Wojnie i pokoju* Tołstoja (1959). Od 1962 praca w Olsztynie, uznanie krytyki (*umiał jako jedyny w przedstawieniu utrzymać się w tonie* – pisał Boh-

Piotr Milnerowicz jako Koprfrkingl w *Palaczu zwłok* Fuchsa

dan Kurowski po premierze sztuki... chińskiej, bo takie też wtedy grywano), sympatię publiczności przynosi mu wesoły Spodek w *Śnie nocy letniej*, a zapewne i brawurowe ujęcie farsowego amancika Oktawa w *Pani Prezesowej* Hennequinna. W Olsztynie poznaje też po raz pierwszy złośliwą zwodniczość własnej profesji: dyrekcja wyróżnia go obsadzeniem w dwuosobowej sztuce (jej tytuł nic już nam nie powie – *Ballada o poruczniku i Mariutce* jugosłowiańskiego pisarza Krefta), a sztuka ma... 10 przedstawień. Po czterech sezonach przeprowadzka do Jeleniej Góry (Car w *Kordianie*), po trzech latach do Opola (Pan Młody w *Weselu*, Tuzenbach w *Trzech siostrach*, Miller w *Czarnej komedii* Shaffera). Czyli same wielkie role. I gorzka świadomość, że tak na dobrą sprawę mało kto o tym wie. Od 1972 zadomowił się Milnerowicz na Pomorzu. Bydgoszcz, Grudziądz, Gniezno, od 1983 już na stałe Bydgoszcz. I znowu wielkich ról zatrzęsienie. Wielkich i różnych. Papkin (trykrotnie!), Malvolio w *Wieczorze Trzech Króli*, Gerwazy (*Pan Tadeusz*), Wurm (*Intryga i miłość*), Bukara w *Przedstawieniu Hamleta we wsi Głucha Dolna* Brešana, Peachum w *Operze za trzy grosze* Brechta, Poloniusz w *Hamlecie*. Ten ostatni na jubileusz 35-lecia pracy artystycznej (1994). Sam aktor najbardziej chyba cenił i lubił swego Kopfrkinkla w posępnym *Palaczu zwłok* Fuksa. Może przez przekorę, bo uchodzi przecież za specjalistę od komedii? A poza tym to ceni i lubi Bydgoszcz. Zresztą z wzajemnością.

Ewa Mirowska

ur. 17 X 1940, Kraków

Absolwentka krakowskiej PWST obrała na pierwsze miejsce pracy Łódź, bo małżonek (ówczesny!), znakomity aktor Krzysztof Chamiec właśnie przenosił się z T. im. Słowackiego do łódzkiego T. im. Jaracza. Zadebiutowała tam efektownie, bo słodką Melą w *Moralności Pani Dulskiej* (1962), olśniła urodą jako Salomea w *Wiernej rzece* Żeromskiego, by jako Caesonia w *Kaliguli* Camusa podjąć równoprawny dialog z tytułowym bohaterem *alias* z własnym małżonkiem. *Inteligentna i wrażliwa* – oceniła wytrawna recenzentka łódzka, Wanda Karczewska, by po Gruszy w brechtowskim *Kaukaskim kredowym kole* (1966), dorzucić jeszcze *dar ekspresji*. Marek Wawrzkiewicz zaznaczył z kolei, że *wzruszająco zaśpiewała songi*. Już zatem pierwsze sezony gruntują pozycję młodej aktorki na scenie T. im. Jaracza, skalę umiejętności wzbogaca sukces w wodewilowej Dianie z *Zielonego gila* Tirso da Moliny. Obsadzają ją w głównych rolach reżyserzy szczególnie wyczuleni na dyskrecję i kulturę słowa. U Jana Maciejowskiego gra Dziewicę w *Nieboskiej komedii*, Janowi Bratkowskiemu zawdzięcza jedną ze swoich najciekawszych kreacji, ocierająca się o ekshibicjonizm Blanche w *Tramwaju zwanym pożądaniem* Williamsa (1977). U Mikołaja Grabowskiego wystąpiła jako Maestro w *Transatlantyku* Gombrowicza (1981), a nieco wcześniej Jerzy Grzegorzewski powierzył jej sofoklesową *Antygonę*, Rachelę w *Weselu* oraz Kornelię w *Irydionie* Krasińskiego (*bardzo dobrze zagraną* – pisała Marta Fik).

W 1987 występuje w *Weselu* ponownie, już jako Radczyni. Rozszerza też w tym okresie swe zainteresowania na pracę pedagogiczną w łódzkiej PWSFTiTv. Pociąga ją również reżyseria, choć wydaje się ona być dla artystki raczej potrzebą chwili, a nie sposobem na życie. Tym wciąż pozostaje aktorstwo. Helen w *Drodze do Mekki* Fugarda (*nie można od niej oderwać wzroku, nawet gdy tylko siedzi bez ruchu i słowa*), Frade w *Dybuku* Anskiego, Wdowa w *Zbrodni z premedytacją* Gombrowicza, Miriam w *Agnes od Boga* Pielmeiersa. Aktorstwo Mirowskiej coraz wyraziściej wpisuje się w krąg sztuki tragicznej. Na scenach polskich specjalność ostatnio niezbyt często spotykana.

Zofia Mrozowska

24 VIII 1922, Warszawa ✩ 19 VIII 1983, Warszawa

Obdarzona niezwykłym urokiem i szlachetnością, aktorka o klasycznej urodzie, pięknych rysach i lirycznym spojrzeniu (Roman Szydłowski). Ona sama zauroczyć się dała jednemu tylko twórcy, będąc przez cztery niemal dziesięciolecia gwiazdą jego teatru. Ukończyła podziemny PIST, debiutowała jako Maryna w *Weselu* (T. Wojska Polskiego, Łódź, 1945). Na tej scenie grała jeszcze Stelkę w *Fantazym* oraz *Elektrę* Giraudoux, od 1946 wiążąc się na całe życie

Zofia Mrozowska jako *Maria Stuart* Schillera

z zespołem Erwina Axera. Styl T. Współczesnego, zwłaszcza w początkowym okresie jego działalności, wyrażał się najpełniej w bardzo polskim wariancie psychologizmu, bliższym na ogół dyskrecji tonów i barw, niż ich ekspresyjnej wyprzedaży. Mrozowska osiągnęła w tym stylu prawdziwe mistrzostwo, potrafiąc przy tym znaleźć dla każdej ze swych bohaterek jej własny koloryt. Spalająca się w krzyku Elektra z *Much* Sartre'a (1957), bardzo współczesna, choć ekspresyjnością ciała podkreślająca swój antyczny rodowód *Ifigenia w Taurydzie* Goethego, przepełniona wewnętrzną delikatnością aż do granic swoistego masochizmu Masza z *Trzech sióstr* (1963), najbardziej chyba klasycyzująca z jej heroin *Maria Stuart* Schillera, ludzka w swym tragizmie Ella Reintham z ibsenowskiego *Jana Gabriela Borkmana*. A przecież na początek tej listy można jeszcze dopisać molierowską Anusię ze *Szkoły żon* i rozpoetyzowaną Emilkę Webb z *Naszego miasta* Wildera, zaś na koniec chociażby dramatycznie statyczną Kate z *Dawnych czasów* Pintera. Swoje pełne skupienia aktorstwo demonstrowała również w filmie. Od wstrząsającej interpretacji starego *Miasteczka Bełz* w *Zakazanych piosenkach* po znaczące role w filmach Zanussiego (Matka w *Bilansie kwartalnym*). Od 1965 wykładała na warszawskiej PWST.

Gabriela Muskała

ur. 11 VI 1969, Kłodzko

Jest przekonana, że to przyroda, wśród której spędziła dzieciństwo, ukształtowała jej osobowość. Reszty dokonała praca w Kłodzkim Studio Teatralnym, gdzie przygotowała dwa monodramy (*Lalki, moje ciche siostry* Bardijewskiego oraz *Pani Dobra* Bernharda), które przyniosły jej z pół tuzina nagród na ogólnopolskich przeglądach. W tym czasie – po dwóch nieudanych podejściach w Krakowie – rozpoczęła już studia aktorskie w Łodzi, by jako studentka II roku wygrać konkurs tamtejszego T. Powszechnego na rolę tytułową w musicalu *Ania z Zielonego wzgórza*. Dyplom zrobiła (1994) w indywidualnym trybie nauki, natomiast na zawodowej scenie grać zaczęła rolę po roli. Wszystkie główne. W Łodzi i Warszawie (T. Kwadrat), w macierzystym T. Powszechnym i gościnnie w T. im. Jaracza. *Antygona* Anouilha (1993) i Uczennica w *Lekcji* Ionesco (1994), gdzie *grając z pasją i ogniem*

Gabriela Muskała jako Helena w *Ładnej historii* Caillaveta i Flersa

("Express Ilustrowany") *udało się jej osiągnąć momenty mistrzowskie* ("Dziennik Łódzki"). Jej działania poczynają przy tym biec jakby dwoma torami. W T. Powszechnym przyczynia się do bicia rekordów frekwencji. Że zaś na festiwalu piosenki aktorskiej we Wrocławiu zdobyła w 1995 nagrodę, więc teatr wykorzystuje jej sławę. Ze zmiennym zresztą szczęściem, bo w *Obiecankach, cacankach* Bacharacha okazało się, iż polskie piosenkowanie nie wystarcza na błysk w broadwayowskim musicalu. Za to prywatny recital *Kitty* (1996) stał się wydarzeniem. *Liryczna i zadziorna, nieco przedwojenna*, przede wszystkim zaś pełna inwencji w kreowaniu nowej rzeczywistości scenicznej w każdej z wykonywanych piosenek. Z kolei na gościnnych deskach T im. Jaracza znajduje Muskała sposobność dla ujawnienia skali swego dramatyzmu. *Agnes od Boga* Kinga, Irina w *Trzech siostrach* Czechowa – *na tyle krucha, by marzyć, na tyle silna, by trwać*. Drobna, niepozorna, z rudą grzywą włosów, z ogromem niebieskich oczu, stała się Muskała zjawiskiem na łódzkiej scenie. W 1996 zdobyła tam tytuł „najbardziej lubianej aktorki". Twierdzi, że właściwie wszystkie jej zainteresowania wiążą się z teatrem i że to on stanowi jej życiowe hobby. Ostatnio przybyła jeszcze córeczka. Znajduje przecież czas na kolejne role w Teatrze TVP, przymierza się do filmu.

Anna Nehrebecka

ur. 16 XII 1947, Bytom

Ktoś *powiedział, że to polska Catherine Deneuve. Nie całkiem trafnie. Nehrebecka jest pełna ciepła i spokojnego, niewinnego, choć dojrzałego uroku. Może mniej w niej tajemnicy, za to jej bohaterkom można zaufać. A wizerunek, który stworzyła, jest całkowitym przeciwieństwem wizerunku gwiazdy („Film"). W drugim planie tej wyważonej opinii doczytać się można dyskretnego podte-*

Anna Nehrebecka

kstu, że Nehrebecka jest jednak nieco staroświecka. A że przez całe swe teatralne życie, od debiutu w 1969 związana była z warszawskim T. Polskim, który również za bastion staroświecczyzny uchodził, sumowało się to dosyć okrutnie: staroświecka aktorka w staroświeckim teatrze. Ratunkiem dla artystki okazała się w tej sytuacji niepowtarzalna barwa jej urody, Urody delikatnej, subtelnej, jeśli w kolorach – to ze wstydu lub tłumionego uczucia. Słowem, panienka z dworku. Taką kupił ją film. Celina w *Nocach i dniach* Antczaka, Joanna Podborska w *Doktorze Judymie* Haupego (1975), Basia Olinowska w *Romansie Teresy Hennert* Gogolewskiego (1978), a przede wszystkim Marynia w *Rodzinie Połanieckich* Rybkowskiego (1978). Zaczarowała tą rolą wszystkich. Te iskierki w oczach, ta radość śmiechu, a potem tłumione łezki i szara ze smutku śliczna twarzyczka. Jej powab docenili w pełni twórcy telewizyjnych seriali: *Droga* (1973), *Jan Serce* (1981), *Komediantka* (1987). Teatr natomiast nie bardzo sobie umiał z Nehrebecką poradzić. Niby grała i w Szekspirze (Imogena w *Cymbelinie*, 1970) i Mickiewiczu (Zosia w *Panu Tadeuszu*, 1981), sprawdzano jej możliwości w nastrojowych sztuczkach i w kolorowych bajkach (*Rumcajs* Brylla, *Zaczarowana królewna* Oppmana), próbowano nurzać w rozpuście (Melibea w *Celestynie* Rojasa) i w piekle egzystencji (*Obłęd* Krzysztonia). Sto było przyczyn, bardzo zróżnicowanych, że większość z tych ofert nie przysporzyła pełnej satysfakcji żadnej ze stron. Właściwie aktorka trafiła jedynie na dwie prawdziwe okazje do autentycznego popisu. Ignacy Gogolewski obsadził ją w roli Natalii w *Maskaradzie* Iwaszkiewicza (1977), Jan Świderski zaprosił do T. na Woli, by w jego reżyserii zagrała *Norę* Ibsena (1983). No tak, ale to były zaledwie dwie sytuacje. *Właściwie to zawsze słyszę, że jestem dla jakiejś roli za stara, albo za młoda, albo za delikatna* – stwierdza z goryczą Nehrebecka. I jedzie w Polskę, gdzie stale chcą słuchać jej poetyckich recitali.

Leon Niemczyk

ur. 15 XII 1923, Warszawa

Do teatru trafił jako młody chłopak, bo go fascynował. Z teatru odszedł jako dojrzały mężczyzna, bo bardziej począł fascynować go film. W 1948 zaciągnął się do zespołu objazdowego operetki warszawskiej, skąd po roku

Małgorzata Niemirska

uciekł do T. Wybrzeże. W 1952 zdał egzamin eksternistyczny i jako pełnoprawny artysta zaangażował do T. Powszechnego w Łodzi, gdzie przepracował do 1979. Znakomite warunki zewnętrzne (twarz, wzrost, sylwetka, plastyka postaci), wsparte temperamentem i poczuciem humoru pozwalały mu grać właściwie wszystko, choć w klasyce wyróżniał raczej role komediowe (*Jaśnie Pan Nikt* Lope de Vegi, Dolski we fredrowskim *Wielkim człowieku do małych interesów*), natomiast w repertuarze współczesnym nie stawał sobie żadnych ograniczeń. Potrafił przekazać tragiczny bezsens wojny (Bamforth w *Błękitnym patrolu* Halla) i jej żałosną karykaturalność (Nadporucznik Lucas, *Szwejk*). Najbardziej przecież sugestywnie na scenie kochał. W życiu ponoć też, jeśli wierzyć fraszce Jana Sztaudyngera o łodziankach: *ta używa grzebyka, a ta woli Niemczyka!* Z upływem lat jego aktorstwo wycisza swą temperamentną spontaniczność, objawia się nowa jego jakość: *nowoczesny, krańcowo oszczędny i lakoniczny styl gry* – definiuje Marek Wawrzkiewicz. – *Tworzy swe postaci nieco filmowo, przywiązując większe, niżli do tekstu, znaczenie do plastycznego rysunku roli.* Niewątpliwie był to efekt totalnego zawłaszczenia, jakiego na osobie Niemczyka dopuścił się film. Polski, czeski, francuski (*Mandrin, le bandit-gentilhomme*), bułgarski, z największą zaś łapczywością NRD-owski. Współpracowali z aktorem Jerzy Kawalerowicz (*Pociąg*), Roman Polański (*Nóż w wodzie*), Andrzej Munk (*Eroica*), Jerzy Hoffman (król Karol Gustaw w *Potopie*); dziesiątki głównych ról w serialach

Leon Niemczyk

i filmach DEFY przyniosły mu Nagrodę Państwową NRD. Taki ogrom kinowej oferty wynikał w znacznym stopniu ze wspaniałej zewnętrzności aktora. Ale swoją rolę odgrywał i fakt drugi, tak sformułowany przez Polańskiego: *jego łatwo było prowadzić*. Po prostu Niemczyk czuje film!

Małgorzata Niemirska
ur. 16 VI 1947, Warszawa

Jeszcze jako licealistka zagrała radiotelegrafistkę Lidkę w *Czterech pancernych i psie* (1965) oraz małą rólkę w *Pingwinie* Stawińskiego. W 1969 ukończyła stołeczną PWST i zaangażowała do T. Dramatycznego m.st. Warszawy, *gdzie – jak sama mówi – znakomite role przechodziły obok niej, a te, które grała, nie zaspokajały jej ambicji*. Wśród tych granych znalazły się jednak Sybilla w *Czerwonej magii* Ghelderode'a (1971), Iza w *Iwonie, księżniczce Burgunda*, a przede wszystkim ponętna Pani Małgosia w *Kubusiu Fataliście* Diderota (1976), wyżywająca się w figlarnych dialogach ze Zbigniewem Zapa-

Małgorzata Niemirska
w serialu
Czterej pancerni i pies
Nałęckiego

siewiczem. W 1976 przenosi się artystka do Ateneum, by krążyć potem pomiędzy czołowymi scenami stołecznymi, a w 1994 zadomowić ostatecznie w T. Dramatycznym, gdzie pracuje wraz z mężem, Markiem Walczewskim. *Jesteśmy jak para muzyków, którzy wyczuwają, co ta druga osoba za chwilę zrobi. Czasem nawet się martwię, że tak się do siebie przyzwyczailiśmy, że grając z innym partnerem, którego tak dobrze nie rozumiem, czuję pewien niedosyt.* Indeks ról Niemirskiej zapełniają przede wszystkim kobiety piękne, a niepokojące (Celimena w *Mizantropie* Moliera, T. Dramatyczny, 1980), często drapieżne, jak Karolina Corday z *Marata-Sade* Weissa (T. Studio, 1983). Aktorka nie stroni od charakterystyczności zarówno tej zewnętrznej i jaskrawej (Pani Peachum z *Opery za trzy grosze* Brechta, Tłusta kobieta z *Kartoteki* Różewicza – T. Studio), jak też wyrażanej w sposób bardziej wysublimowany. Tu przykładem może być Aelis z *Tamary* Kranza (T. Studio, 1990): *pomyślana z matematyczną precyzją* (Krystyna Gucewicz). Precyzję ceni sobie aktorka szczególnie przy pracy nad postaciami komediowymi, humor uzyskuje nie przez tanią szarżę, lecz przez świadomą grę formą (Smeraldina w *Ptaszku zielonopiórym* Gozziego, T. Dramatyczny, 1997). *Lubię różnorodność –* mówi *– nie daj Boże, żebym znalazła kiedyś tzw. wymarzoną rolę życia. To byłby przecież początek końca!*

Kazimiera Nogajówna
ur. 13 II 1933, Poznań

Porzuciła studia na Uniwersytecie Poznańskim, by w 1953 pojechać do Zielonej Góry i tam wejść na scenę jako *Panna Maliczewska* Zapolskiej. Wędrowała potem przez sześć lat po scenach całej Polski, grając m.in. ibsenowską *Norę* (Kalisz, 1956), Luizę w schillerowskiej *Intrydze i miłości* (Kielce, 1957), szekspirowską Julię (Szczecin, 1960), aby w 1960 wrócić do rodzinnego Poznania, gdzie występuje do dziś. Z jedną przerwą: ówczesny mąż artystki, Andrzej Wanat objął w 1974 dyrekcję T. im. Bogusławskiego w Kaliszu, więc wypadało mu towarzyszyć; następnie Wanat pożeglował *via* Łódź do Warszawy, by objąć tam funkcję redaktora miesięcznika „Teatr", zaś Nogajówna znów zameldowała się w poznańskim T. Polskim. Po roku w T. Nowym. Drobna, smukła, o wyrazistej twarzy i wielkich oczach potrafi za-

Poczet aktorów polskich

Kazimiera Nogajówna jako Paulina w *Opowieści zimowej* Szekspira

grać właściwie wszystko. Od tragedii po komedyjkę. Od posępnej Klitajmnestry w *Elektrze* Sofoklesa po ruską kobitkę, Fiokłę w *Ożenku* Gogola. Równie swobodna w poetyckiej frazie (*Maria Stuart* Schillera), co w modnym melodramaciku (*Dwoje na huśtawce* Gibsona – 75 razy grane przy kompletach, 1962). Nic dziwnego, że największy swój sukces osiągnęła w tekście, co demonstrował właśnie ideę jedności w dwoistym. Ten tekst to *Dobry człowiek z Seczuanu* Brechta, a rola to Szen Te, potraktowana przez artystkę nieco inaczej, niż grała ją w Warszawie Halina Mikołajska, bo z większą namiętnością, a chyba i z poezją. Była i żałosna, i okrutna. Tak też zagrała Fidelinę w *Dziecinnych kochankach* Crommelyncka. Drugą ze swych kreacji szczególnie pamiętnych, za którą zdobyła nagrodę na festiwalu w Kaliszu (1965). Skompletowała zresztą tych nagród z kilkanaście: Kalisz, Toruń, Opole, choć wyznaje, iż *nie znosi konkursów i żadnej formy walki*. W absolutnej zatem zgodzie pełni od lat wraz ze Sławą Kwaśniewską i Krystyną Feldman w T. Nowym rolę przez wszystkich szanowanej starszej koleżanki. Nie żadnej tam nestorki, bo na to Nogajówna wciąż zbyt młoda! Ostatnio zagrała nawet szekspirowską Julię. Wprawdzie była to Julia interpretowana przez bohaterkę sentymentalnej sztuki *Alpejskie zorze* Turriniego (1997), czyli Julia już życiem zmęczona, ale... Ale bohaterkę sztuki ta terapia odmłodziła. A Nogajównę? – ona chyba przypomniała sobie Szczecin 1960.

Jan Nowicki
ur. 5 XI 1939, Kowal

Aktor jednego teatru i stu filmów, męską urodę łączący z prawdziwie męskim temperamentem, co pozwoliło mu przez lata uchować młodość. Po studiach w krakowskiej PWST debiutował w Starym T. podwójną rolą braci bliźniaków w *Zaproszeniu do zamku* Anouilha (1964), ale rzeczywisty sukces przyniósł mu dopiero Artur w *Tangu* (reż. J. Jarocki, 1965). *Najbardziej autentyczny wśród Arturów granych w ciągu lat w naszych teatrach* (Zofia Szczygielska), zaś ocenę potwierdziła nagroda na festiwalu we Wrocławiu.

Jan Nowicki w filmie *Wielki Szu* Chęcińskiego

Zaczynając karierę u Jarockiego – grał u niego jeszcze Józefa K. w *Procesie* Kafki – staje się z biegiem lat Nowicki raczej aktorem Wajdy. Stawrogin w *Biesach*, Wielki Książę w *Nocy listopadowej*, Rogożyn w *Nastazji Filipownie* Dostojewskiego, a u samego zarania Wyganowski w filmowych *Popiołach*. Film kradnie zresztą Nowickiego teatrowi wcześnie, a oferty narastają lawinowo. On w *Barierze* Skolimowskiego, Andrzej w *Dziurze w ziemi* Kondratiuka, Marek w *Życiu rodzinnym* Zanussiego, Józef w *Sanatorium pod klepsydrą* Hasa, Tomasz w *Spirali* Zanussiego, Książę w *Magnacie* Bajona, by ograniczyć się do wymienienia pozycji, uhonorowanych nagrodami na światowych festiwalach. A do tego dochodzą filmy zagraniczne, przeważnie węgierskie, bo przecież aktor związał się z tamtejszą wybitną reżyserką, Martą Meszaros. Na szczycie zaś listy film bez nagród, ale prawdziwie kultowy: *Wielki Szu* Chęcińskiego (1983). Różnorodność zadań powoduje, że Nowicki uznaje siebie po prostu za zawodowca do wynajęcia: *nie stać mnie na stały i przemyślany do końca światopogląd, zresztą po co zabiegać o jego istnienie, skoro wielość ról i poleceń reżyserskich i tak robi wszystko, żeby te moje tajemne „ja" wyciągnąć na wierzch, przekręcić przez maszynkę i po odpowiednim zdeformowaniu przystosować do własnych potrzeb*. Szczerość łączy się w tym wyznaniu z kokieterią. Zwłaszcza na scenie Nowicki ubóstwiał „wyciągać na wierzch" namiętności, co w nim kipią. Nie wzdragał się wręcz przed ekshibicjonizmem, jak w najwybitniejszej bodaj swej kreacji, w Księciu Konstantym w *Nocy listopadowej* (1974), wespół z Wajdą przesunąć w roli akcent z historii i polityki na *brutalny seksualizm* (Zygmunt Greń). Z biegiem lat aktor poczyna się zmieniać. Poczyna się zmieniać człowiek. Wczorajszy uwodziciel staje się właścicielem magazynu mody w śródmieściu Krakowa (*choć osobiście nie znoszę rzeczy nowych i wkładam rano na siebie to, co po prostu pod ręką*). W teatrze i filmie metamorfoza wychodzi mu jakby naturalniej. Przykładem zrzędliwy Sierebriakow w *Wujaszku Wani* (1993). Przykładem serial telewizyjny *Matki, żony, kochanki*, gdzie niby gra amanta, lecz jakże zrutynizowanego. W Teatrze TV zdarza mu się przyjmować role starszych panów: Jenialkiewicz w *Wielkim człowieku do małych interesów* Fredry. Tylko w telewizyjnych przekomarzaniach z panią Domagalik nadal jurny! Przyznać zresztą wypada, że do Nowickiego nigdy nie pasowało środowiskowe powiedzonko „na wieki wieków amant". To nie był nigdy amant, to był zawsze mężczyzna. Tacy się dużo wolniej starzeją.

Daniel Olbrychski

ur. 17 II 1945, Łowicz

*N*asz gwiazdor światowego kina z teatrem kojarzył się przede wszystkim dzięki dawnej współpracy z Adamen Hanuszkiewiczem. Kiedy w 1969 debiutował w T. Powszechnym jako radośnie rozbrykany Gucio w *Ślubach panieńskich*, miał już za sobą sukces *Popiołów*, miał rolę w *Jowicie* Morgensterna i *Wszystko na sprzedaż* Wajdy, skończył zdjęcia do *Pana Wołodyjowskiego*, w którym szalał jako Azja. Teatr miał narzucić tym szaleństwom osobliwy rodzaj ładu. Hanuszkiewicz, sam poddający bezlitosnej przecenie tradycyjne formułki aktorstwa, zdołał zmusić młodego gwiazdora do konsekwencji w grze, nie wzbraniał improwizacji, ale zachęcał, by była pozorowana, uświadomił pożytki płynące z uwzględniania w scenicznym rachunku także racji partnera, A przypomnieć warto, że na przykład w *Hamlecie* (1970) partnerami byli Zofia Kucówna i Mariusz Dmochowski, w *Beniowskim* (1971) sam mistrz Adam. Olbrychski okazał się pojętnym uczniem. W *Wacława dziejach* Garczyńskiego (1973), w *Mężu i żonie* (1977) demonstruje już prawdziwą swobodę w operowaniu scenicznym rzemiosłem, emanuje z niego przy tym radość dziecka, które opanowało reguły nowej, nieznanej mu przedtem dobrze zabawy. Następstwa takiej nauki najłatwiej uchwycić, kiedy ogląda się kolejne filmy: *Potop*, *Ziemię obiecaną*, *Brzezinę*, *Panny z Wilka*. Złączenie młodzieńczej świeżości z narastającą świadomością środków wyrazu staje się nowym urokiem aktorstwa Olbrychskiego. Jego siłą motoryczną jest z kolei apetyt na sukces. *Chciałbym zagrać nie Myszkina i nie Rogożyna, lecz ich obu razem* – powie w jednym z wywiadów. I los pomaga mu zagrać.

Wszystko i wszystkich. W teatrze i kinie, w Polsce i świecie. Gra bohaterów: Kmicica w *Potopie* Hoffmana i Retta Butlera w *Przeminęło z wiatrem*

O

Poczet aktorów polskich

Daniel Olbrychski jako Gustaw w *Ślubach panieńskich* Fredry

w Theatre Marigny. Gra rozgadanych inteligentów: Pana Młodego w *Weselu* Wajdy i Stańczyka w *Weselu* Hanuszkiewicza. Gra w *Jednych i drugich* Leloucha i w *Blaszanym bębenku* Schlöndorfa. Gra z Liv Ullmann i Anouk Aimée, Elżbietą Czyżewską i Beatą Tyszkiewicz, u von Trotty, Losey'a, Kaufmana i Michałkowa-Konczałowskiego. Taka pełnia przeżyć musi wywołać przesyt. Są więc nowe role filmowe, ale jawnie mniej już znaczą. Jest objazd

Polski z dwuosobowym melodramacikiem. Zabawa w *eroticon* poetycki z Franciszkiem Starowieyskim i memuary, na które krytycy się krzywią, choć czytelnicy wykupują. Wreszcie efektowny show w dobrej obsadzie na jubileusz 50-lecia. I wychodzi na to, że znów przydałyby się rekolekcje w prawdziwym teatrze. I Olbrychski w T. Narodowym błyszczy w *Nocy listopadowej* (1997). Zaledwie jedna scena, ale ten jenerał Krasiński zbiera świetne recenzje, zaś kolega – odtwórca roli głównej wzdycha: *tylko umieć mu nie przeszkadzać, kiedy gra!* A potem Cześnik Raptusiewicz w *Zemście* (T. Polski, 1998). Zagrał go trochę wbrew tradycji (bo zbyt jednak młody!), zagrał bardzo po swojemu. I znowu wygrał. Przed laty renomowana recenzentka, uwiedziona młodzieńczością Olbrychskiego, zawyrokowała: *on nie wierzy, że ludzie dzisiejsi pragną na scenie bohaterów i wzorców. Uważa, że chcą się jedynie dowiedzieć czegoś o sobie. I taką właśnie wiedzę stara się im dostarczyć* (Maria Czanerle). I okazało się, że nieprawda – Olbrychski zaczyna pouczać widza, że najważniejsi są bohaterowie i wzorce. Wrócił na scenę, by postudiować ten gatunek ładu.

Izabela Olszewska

ur. 3 I 1930, Wola Rzędzińska

W tym wiekowym zamku, jakim jest Stary Teatr, i na tym dworze, wśród artystycznych baronów, ona jest księżną panią, która mieszka w innym skrzydle, a służba, kiedy tam chodzi, to trochę się boi i stąpa na palcach (Jan Polewka). Nim młoda absolwentka krakowskiej PWST (1954) do „wiekowego zamku" dotarła, miała już za sobą czynny udział w tworzeniu fenomenu, jakim w latach Października był T. Ludowy w Nowej Hucie. Zagrała w przedstawieniu, którym ten młodzieńczy teatr startował, w *Miarka za miarkę*, Szekspir bił się tam z Bolesławem Bierutem, dekoracja Tadeusza Kantora ukazywała szary, posępny mur więzienny, zaś Olszewska była w tym więzieniu główną ofiarą – śliczną Izabellą. Zagrała w Nowej Hucie jeszcze *Balladynę*, której nie lubiła, gdyż *musiała do tej roli znaleźć w sobie zło i chore ambicje, a więc rzeczy całkiem przeciwne jej psychice*. W 1957 przeniosła się do „zamku" – do Starego T. Każda jej nowa rola staje się znacząca. Maria w *Woyzecku*

Izabela Olszewska jako *Balladyna* Słowackiego

Büchnera, Archanioł w *Nie-boskiej komedii*, Jewdocha w *Sędziach* Wyspiańskiego, Hrabina Roussillon we *Wszystko dobre, co się dobrze kończy* Szekspira, Pani Rollison w *Dziadach*, Wróżka i Hestia w *Wyzwoleniu* Wyspiańskiego. Trudno teraz heroiny z tylu premier, z których każda weszła już do historii, sprowadzić do wspólnego mianownika. A przecież trzeba. Posłużmy się w tym celu opinią świadka: *głos o imponującej rozpiętości i gestyka o wy-*

rafinowanej wymowie – posługuje się nimi artystka jakby mimochodem, w interpretacji swych bohaterek przede wszystkim opierając się na psychologicznej analizie, na uczuciowej z nimi więzi. W efekcie powstają postaci żywe, z krwi i kości – raz pokazywane z wielką wyrazistością i pełną siły ekspresją, innym razem – subtelnie, przy użyciu delikatnych, finezyjnych środków (Krystyna Zbijewska).

Wiek dojrzały Olszewskiej zaczyna pamiętna Maria Lebiadkina w *Biesach* Dostojewskiego i Wajdy (1971), który nazwał ten spektakl *swoją największą teatralną przygodą*. Dla Olszewskiej taką przygodą staje się tymczasem udział w siedmiogodzinnym maratonie *Z biegiem lat, z biegiem dni* (1978), w którym to jej jako Janinie Chomińskiej zlecił Wajda funkcję jednego ze zworników misternej konstrukcji, ewokującej nastroje, grymasy i *weltschmerz* moderny krakowskiej. Duch tej epoki najpełniej chyba współbrzmiał z psychiką artystki. Kolejny raz to udokumentowała, kiedy czas nakazał dawnej Jewdosze przejście do roli Matki w *Klątwie* (1997), *surowej, wzniosłej, godnej, tragicznej*. W podobny ton uderza też w *Trzech wysokich kobietach* Albee'go (1996). Księżna pani mocno siedzi na swym zydlu, otrzymała właśnie Złoty Wawrzyn Grzymały Siedleckiego.

Kazimierz Opaliński

22 II 1890, Przemyśl ☆ 6 VI 1979, Warszawa

Urodzony w Przemyślu, a więc w mieście, gdzie teatr amatorski, słynne Fredreum działa nieprzerwanie od 1869, tam też odbył swe aktorskie prymicje. *W sztuce „20 dni kozy"* – wspominał – *kreowałem młodego amancika*. Debiut miał miejsce w 1912, zaś trzeba od razu dodać, że późniejsza kariera artysty, znaczona pracą na licznych scenach prowincjonalnych (w 1935 udało mu się na dwa sezony zaangażować do stołecznego Ateneum) nie zdawała się wróżyć znaczniejszych w zawodzie sukcesów. Kiedy począł się przecież zbliżać ku starości, zagrały nową barwą jego cechy fizyczne. A był drobny, chuderlawy, łysy, o skrzekliwym głosie. W latach 1945-1951 stał się Opaliński na scenach krakowskich ukochanym przez publiczność odtwórcą postaci charakterystycznych, w które obfitowała tak w tamtych czasach

Poczet aktorów polskich

często wystawiana realistyczna klasyka rosyjska. Pierczychin w *Mieszczanach* Gorkiego, Żewakin w *Ożenku* Gogola, Czebutykin w *Trzech siostrach* Czechowa (I Nagroda na Festiwalu Sztuk Rosyjskich, 1949). W 1951 pojawił się na jeden sezon w łódzkim T. Powszechnym, gdzie zagrał Argana w molierowskim *Chorym z urojenia* i starego Grandeta w *Eugenii Grandet* Balzaka, by od następnego sezonu być już w warszawskim T. Narodowym, którego aktorem miał (z krótką przerwą) pozostać do śmierci. Kolejne dyrekcje powierzały mu odpowiedzialne zadania, zwłaszcza w repertuarze klasycznym – swe warunki zewnętrzne wzbogacał tam wewnętrznym ciepłem i zachwycającą kulturą słowa. U Bohdana Korzeniewskiego grał zatem Rejenta w *Zemście*, u Erwina Axera – Papieża w *Kordianie* (potem na kilka lat powędrował właśnie do axerowskiego T. Współczesnego), u Kazimierza Dejmka – Józefa w *Żywocie Józefa* Reja i Guślarza w legendarnej inscenizacji *Dziadów* (1967), u Adama Hanuszkiewicza obchodził jubileusz 60-lecia pracy we fredrowskim *Trzy po trzy* (1973), grając następnie jako ostatnią swą sceniczną rolę Dziadka w *Weselu* (1974). W dramacie tym występował zresztą uprzednio jako Żyd w T. Domu Wojska Polskiego (1955). W filmie *Człowiek na*

Kazimierz Opaliński jako Czebutykin w *Trzech siostrach* Czechowa

torze Munka (1957) stworzył pamiętną, wzruszającą postać starego maszynisty Orzechowskiego, w wajdowskiej ekranizacji *Wesela* (1973) wystąpił jako Ojciec. Tę imponującą różnorodność postaci jednoczył Opaliński ujmującą prostotą i emanującym wręcz wyczuwalnie ze sceny jakimś powiewem dobra, szlachetności, życzliwości. To chyba za to właśnie był tak kochany przez publiczność – dla każdego widza z osobna był jakby członkiem rodziny, zacnym, dobrotliwym dziadziem Kaziem.

Marian Opania
ur. 1 I 1943, Puławy

W warszawskim T. Klasycznym, który w tym czasie zmienił nazwę na Studio, przeżył w latach 1964-1977 aż trzech diametralnie różnych dyrektorów: tradycjonalistę, politykiera i eksperymentatora. Sam był niezbyt wysokim chłopakiem, dostawał więc role trochę wedle wzrostu. Znalazł się jednak wśród nich stylowy Mario w *Igraszkach trafu i miłości* Marivaux (1968), a przede wszystkim znalazła kultowa piosenka *Serce w plecaku*, którą śpiewał w widowisku *Dziś do ciebie przyjść nie mogę* Kanickiego (1967). W filmie też miał wyłączność na chłopców, różnych „szczeniaków" (*Ocalenie* Żebrowskiego, 1972) czy harcerzy. Za druha Truchanka z *Sąsiadów* Komorowskiego, bohatersko walczącego z hitlerowcami w Bydgoszczy, dostał nagrodę im. Zb. Cybulskiego (1970). W 1973 za Tadka w *Palcu bożym* Krauzego nagrodzono go w Łagowie. Próbował się z tego kręgu doświadczeń wyrwać, uciekając w repertuar rozrywkowy (T. Kwadrat – 1977, T. Komedia – 1980), wreszcie w 1982 znalazł się w Ateneum, by stwierdzić, że tu jest na swoim miejscu. *Czuję się aktorem dramatycznym, nie stronię wprawdzie od komedii, ale kłóci się to z moim prawdziwym wnętrzem. Warunki fizyczne predestynowały mnie do ról komicznych, potem się to wszystko wymieszało, teraz najchętniej grywam role tragiczne z zabarwieniem komediowym.* Tak naprawdę grywał w Ateneum wszystko. Od Rogera w *Balkonie* Geneta po Dyndalskiego w *Zemście*, od Króla w *Iwonie, księżniczce Burgunda* po kabaretowego rewelersa w rozrywkowych składankach na małej scenie, by już o prześmiesznym

O

Marian Opania jako Pomet w *Dundo Maroje* Drżica

Jontku w *Operze Grandzie* (1966) nie wspomnieć. Zakres swych możliwości dramatycznych ujawnił w telewizyjnym przejmującym monodramie *Moskwa-Pietuszki* Jerofiejewa (1994), a przedtem rolą redaktora Winkla w *Człowieku z marmuru* Wajdy (1981), zaś publiczność i tak najcieplej go wita, gdy w *Opera Granda* parodiuje kolejne *quasi-recitativo*.

Bronisław Orlicz

ur. 17 VI 1924, Tąpkowice

Aktor, reżyser, menażer teatralny. I trzecia z tych namiętności określała mu przez wiele lat życie. Na aktorstwo namówił młodego inżyniera Stanisław Kwaskowski, w owym roku 1945 dyrektor scen w Bielsku i Cieszynie, debiutował tam Orlicz rolą Wiktora w *Panu Jowialskim*. W latach 1949-1957 pracował na scenach stołecznych, początkowo u dyr. Karola Borowskiego w T. Powszechnym, potem w T. Dramatycznym m.st. Warszawy. I właśnie temperament menażera kazał mu porzucić stołeczną stabilizację; przenosi się do kombinatu scen dolnośląskich, gdzie doprowadza do usamodzielnienia sceny w Wałbrzychu. W latach 1963-1964 gra w T. im. Żeromskiego w Kielcach – wywalcza autonomię dla teatru radomskiego. W 1964 wraca już jako dyrektor do Wałbrzycha, otwiera sezon *Zemstą* Fredry we własnej reżyserii. Po trzech sezonach przenosi się do Białegostoku, w okresie 1967-1976 dyrektoruje tam T. im. Węgierki. W rejestrze zagra-

Bronisław Orlicz jako Martos w *Drodze do Mekki* Fugarda

nych ról ma *Mazepę*, Gustawa w *Ślubach panieńskich*, Oktawa w *Kaprysach Marianny* Musseta, Darnleja w *Marii Stuart* Słowackiego. W *Moralności pani Dulskiej* grał Zbyszka, a potem papę Dulskiego. Grał Napoleona w *Madame Sans-Gené*, Estragona w *Czekając na Godota*, Sonnenbrucha w *Niemcach* Kruczkowskiego, Alga w *Lękach porannych* Grochowiaka, Martosa w *Drodze do Mekki* Fugarda. Wśród autorów reżyserowanych: Szekspir, Fredro, Szaniawski, Różewicz, za *Zbrodnię i karę* Dostojewskiego otrzymał nagrodę na festiwalu toruńskim (1972). Od szesnastu lat zadomowiony w tarnowskim T. im. Solskiego, gdzie z dyskretną dystynkcją pełni obowiązki nestora aktorskiego zespołu.

Juliusz Osterwa

23 VI 1885, Kraków ☆ 10 V 1947, Warszawa

Syn akuszerki i woźnego z krakowskiego magistratu, acz legenda głosi, iż był synem książęcym. Właściwe nazwisko – Julian Maluszek, pseudonim wymyślił mu gimnazjalny kolega, Leon Schiller. Był niewątpliwie najbardziej charyzmatycznym aktorem polskim. O sile jego oddziaływania przesądzał olśniewający czar, jakim dysponował – wchodząc na scenę po prostu magnetyzował publiczność. *Nienagannie postawiony głos, wyraźna dykcja, poczucie scenicznej przestrzeni, gracja ruchów* – pisał Adam Grzymała Siedlecki – *uroda twarzy, harmonijna budowa ciała, zgrabność salonowego panicza, a przede wszystkim urok psychiczny i elektryczność w żyłach*. Z jego kreacji, które świadkowie uznali za historyczne, wymienić trzeba Przełęckiego w *Uciekła mi przepióreczka* Żeromskiego, Konrada w *Wyzwoleniu* Wyspiańskiego, Orlę Rostanda, Fircyka w komedii Zabłockiego, *Sułkowskiego*, Fernanda w *Księciu niezłomnym* Calderona-Słowackiego.

Debiutował w 1904, w ciągu paru lat oczarowując cały Kraków. Potem przeszedł triumfalnie przez wszystkie sceny kraju, grając tam, gdzie chciał i to, co chciał – dyrekcje teatrów dobrze wiedziały, jaki w tym dla nich interes: gdy w 1930 kreował w T. Narodowym rittnerowskiego *Don Juana* to sztuka grana była 80 razy pod rząd, co było na tamte czasy rekordem absolutnym! Najbardziej związanym czuł się przecież Osterwa z teatrem wła-

Juliusz Osterwa

snym: w 1919 otworzył Redutę, w której próbował połączyć metodykę realizmu gry, wzorowaną na K.S. Stanisławskim z własną ideą teatru-świątyni. Wszystkie te wizje rozpływały się w ciągu lat w nadmiarze deklaratywności, fascynowały przecież środowisko. W różnych fazach doświadczeń Reduty uczestniczyli Leon Schiller, Stefan Jaracz, Aleksander Zelwerowicz, za wychowanków Instytutu uważali się Maria i Edmund Wiercińscy, Maria Dulęba, Ewa Kunina, Jacek Woszczerowicz, Irena i Tadeusz Byrscy, Jerzy Zawieyski. Bezsporną zasługą Osterwy było konsekwentne propagowanie dramaturgii ojczystej, to on był kreatorem prapremier Żeromskiego i Szaniawskiego, zaś jego wiara w misyjne posłannictwo teatru nakazywała Reducie objeżdżać miasta i miasteczka całej Polski.

Okres wojenny spędził w zaprzyjaźnionych dworach podkrakowskich, w lutym 1945 zainaugurował działalność T. im. Słowackiego w Krakowie premierą *Uciekła mi przepióreczka*, grając Przełęckiego. W czerwcu 1945, w łódzkim T. Wojska Polskiego wystawił i zagrał *Fantazego*. Na zaproszenie Arnolda Szyfmana podjął się reżyserii *Lilli Wenedy* Słowackiego na inaugurację Teatru Polskiego w Warszawie (17 I 1946), występując w roli Ślaza. W maju 1946 otrzymał dyrekcję T. im. Słowackiego oraz krakowskiej szkoły dramatycznej. Zmarł w rok potem, pochowany na Salwatorze.

Michał Pawlicki

ur. 29 IX 1932, Warszawa

Jego start aktorski przypadł na legendarny *Sturm und Drang Periode* w dejmkowskim T. Nowym w Łodzi, do stolicy dotarł potem, by grać w Ateneum u boku Aleksandry Śląskiej, w T. Polskim u boku Niny Andrycz. Po ukończeniu szkoły łódzkiej debiutował u Dejmka w *Maturzystach* Skowrońskiego (1954), otrzymując z czasem główne role w premierach szczególnie znaczących. Rok 1957 – *Ciemności kryją ziemię* Andrzejewskiego, tekst dla młodzieży popaździernikowej niemal kultowy, Pawlicki z młodzieńczą pasją grał w nim brata Diego zbuntowanego przeciw władzy systemu. Rok 1960 – szekspirowski *Hamlet*, ujęty przez reżysera, Janusza Warmińskiego i aktora jako *jeden z bohaterskich niedorostków literatury romantycznej, który najpierw boi się duchów, a potem rozwścieczony – chce zabijać.* (Jarosław M. Rymkiewicz). W 1961 gra gościnnie Franza Gerlacha w *Uwięzionych z Altony* Sartre'a w warszawskim Ateneum. Sztuka roznamiętniła krytyków, jedni dostrzegali w niej pretekst do oskarżeń – mówiąc obecnym żargonem – lustracyjnych, drudzy zachwycali się dramatem egzystencjalnym; pierwszym psuła ich zamysł koncepcja gry Pawlickiego, której *ekspresjonizm i histeria* (Andrzej Wirth) nazbyt były egotyczne, drudzy z tych samych względów uznali, iż aktor zamysł autora *pokazał na scenie bezbłędnie* (Zygmunt Greń). Spór typowy dla epoki, interpretacja aktorska była mu twórczym zapłonem. Od 1963 przechodzi do warszawskiego T. Polskiego, gdzie gra Dymitra Samozwańca w *Borysie Godunowie* Puszkina. Związany z tą sceną przez 10 sezonów, występuje na niej stosunkowo rzadko: Rakitin w *Braciach Karamazow*, Irydion (*skupiony i mądrze gospodarujący eksplozjami uczuć*), *Makbet*, Seweryn w *Kosmogonii* Iwaszkiewicza. Poczyna natomiast coraz chętniej bawić się reżyserią. W stołecznym T. Nowym, gdzie pracuje

Michał Pawlicki w filmie *Zaklęte rewiry* Majewskiego

w latach 1974-1978, wystawia *Heddę Gabler* Ibsena, w której rolę tytułową kreuje Zofia Petri. Następnie przez trzy sezony dyrektoruje katowickiemu T. im. Wyspiańskiego, ale pochłonięty działaniami organizatorskimi i reżyserskimi nie znajduje czasu, by samemu wyjść na śląską scenę. W 1981 wraca do T. Polskiego, od 1984 koncentrując się na pedagogice w łódzkiej PWSFTiTv. Aktorsko udziela się już sporadycznie: Sierebriakow w *Wujaszku Wani* (T. Powszechny, Warszawa, 1992), *Horsztyński* (T. im. Mickiewicza, Częstochowa, 1994), Dyrygent w *Za i przeciw* Hartwooda (T. im. Słowackiego, Kraków, 1995). Zwłaszcza ostatnia z tych ról wzbudziła zainteresowanie krytyki, bawiącej się w porównania z grą Gustawa Holoubka, odtwarzającego ją właśnie w Ateneum. Z ról filmowych pamiętny przede wszystkim jako Henryk w *Zaklętych rewirach* Majewskiego, z ról telewizyjnych Ribbentrop w *Przed burzą* Wionczka. Obecnie aktor T. Narodowego. Żona artysty, Zofia Petri jest również aktorką, długoletnim pedagogiem PWSFTiTv w Łodzi.

Bronisław Pawlik

ur. 8 I 1926, Kraków

Uczył go teatru Iwo Gall, po ukończeniu jego studia debiutował w T. Wybrzeże (*Homer i orchidea* Gajcego, 1946), po trzech latach przeszli całym zespołem do łódzkiego T. im. Jaracza, gdzie przetrwali do 1952. Gall, poetycki wizjoner, dość trudno asymilujący się w powojenną rzeczywistość, powierzał młodemu aktorowi zadania tyleż efektowne, co odpowiedzialne. Jako Nick w *Marii Stuart* Słowackiego pełnił Pawlik funkcję plebejskiego komentatora zawiłych dworskich intryg, jako Błazen w szekspirowskim *Wieczorze Trzech Króli* miał stanowić poetycką przeciwwagę dla farsowych szaleństw Sir Tobiasza (Władysława Waltera) i Chudogęby (Ludwika Sempolińskiego). Była to szkoła, która kazała w przedstawieniu widzieć całość, nie jedynie własną rolę. Od 1952 pracuje Pawlik na scenach stołecznych. T. Narodowy (do 1956), T. Ateneum (do 1960), T. Polski (do 1974), T. Powszechny (do 1989), a potem T. Współczesny. Działając w tak różnorodnych stylistykach, od Augusta Kowalczyka do Zygmunta Hübnera, kon-

Bronisław Pawlik w telewizyjnym programie rozrywkowym

struował z uporem swój bardzo osobisty styl aktorstwa. Próbował go opisać Stanisław Marczak-Oborski: *Byłaby to konwencja chaplinowska, gdyby nie drapieżniejsze akcenty, które sprawiły, że figury Pawlika miały więcej niepokojącej autokrytyki niż wdzięku i budziły nie tyle przyjazny uśmiech, ile odruch obrony na widok rozświetlanych niespodziewanie zakamarków pokrętnej psychiki*. Dziś analiza taka wydaje się jawnie fałszywa, trzeba przecież pamiętać, że podyktował ją nastrój pamiętnej kreacji aktora z roku 1963. To Smierdiakow z *Braci Karamazow* Dostojewskiego. Podobne zaś klimaty wyczuwalne się zdały i w innych pracach Pawlika z tamtego okresu: Chico (*Testament psa* Suassuny w T. Ateneum), Baszmaczkin (*Płaszcz* Gogola, T. Polski), Alf (*Lęki poranne* Grochowiaka, T. Kameralny). Umiał szczęściem Pawlik zaskarbić sobie ów „uśmiech przyjazny", choćby jako Cześnik Raptusiewicz (T. Powszechny), umiał ująć scenicznym wdziękiem (Cesarz w *Księżniczce Turandot* Gozziego, T. Powszechny). Potrafił wreszcie zagubić wszystkie te stereotypy, tworząc postać całkowicie odmienną od przypisywanych mu obiegowo wyobrażeń. I tak na jedermanowską szarość namówił go Józef Szajna w roli *Fausta* (T. Polski), na patetyczną ekscytację Andrzej Wajda w roli Dantona (*Sprawa Dantona* Przybyszewskiej, T. Powszechny), zaś młody reżyser, Bogdan Michalik namówił na szczerość. Bolesną i przejmującą szczerość. Ciekawe, że przydarzyło się to również przy pracy nad Dostojewskim, przy jego *Notatkach z podziemia* (T. Powszechny). Od kilku jednak lat wygląda na to, że artysta samego siebie namówił definitywnie na ów odmawiany mu ongiś przez krytyka wdzięk, czego przykłady daje w niekończącej się serii szkiców i miniatur na deskach T. Współczesnego. Z ról filmowych najmocniej zapisał się w pamięci jako znerwicowany, a jakże ludzki Ignacy Rzecki w *Lalce* Bera, w *Naganiaczu* Petelskich, w ich *Don Gabrielu*. Z ról teatralnych można by wyliczać wiele, ale że wszyscy byliśmy dziećmi, zatem poprzestańmy na niezapomnianym *Misiu z okienka*!

Cezary Pazura

ur. 13 VI 1962, Niewiadów

Jedyna zwyczajna twarz w polskim kinie. Sam to sobie wymyślił. Znalazłem dla siebie wolne miejsce. Czekało na kogoś, kto zagra trochę zabawnego, a trochę groźnego prostaczka, zaś dosadniej mówiąc matołka nie pozbawionego zdrowego rozsądku. Zaczynał u Andrzeja Konica w serialu *Pogranicze w ogniu* (1992). To jeszcze nie był ten prostaczek, ale długi serial zawsze przynosi popular-

Cezary Pazura w filmie *Psy* Pasikowskiego

ność temu, którego często oglądają. Prostaczek narodził się w *Krollu* Pasikowskiego (nagroda na festiwalu filmowym w Gdyni, 1992), gdzie aktor musiał się skontrastować z mocnym człowiekiem, Lindą. Kontrastował się z nim potem szereg razy. W *Psach*, *Psach II*, *Szczęśliwego Nowego Jorku* Zaorskiego. Matołek o zdrowym rozsądku nauczył się przegrywać, wzbogacił o dowcip, o sarkastyczny dystans do życia. Dystansu do samego siebie poduczył się u Andrzeja Wajdy (*Pierścionek z orłem w koronie*, 1992) i Krzysztofa Kieślowskiego (*Trzy kolory. Biały*, 1993), a następnie począł poszukiwać ról dla siebie nowych. Dostawał już te główne. Został gwiazdą. *Polska śmierć* Krzystka, *Wirus* Kidawy-Błońskiego, *Nic śmiesznego* Koterskiego, *Sztos* Lubaszenki. *Potrafi być agresywny, wulgarny, cyniczny. Jego praca aktorska nie polega na opowiadaniu o bohaterze, lecz pełnej jego demonstracji, gest przedkłada nad słowo, akcję nad intelektualne rozważania* (Jan Słodowski). Pazura jest absolwentem łódzkiej PWSFTiTv (1986). Nim posmakował filmowej sławy, pracował w kameralnym, niemal peryferyjnym T. Ochota, gdzie w latach 1986-1992 grał m.in. Raskolnikowa w *Zbrodni i karze* Dostojewskiego (*chwilami tragiczny*), *Doktora Żiwago* Pasternaka (*wyciszony i delikatny*), Natana w *Sędziach* Wyspiańskiego (*piękna ekspresja słowa*). Z Olafem Lubaszenko występowali też gościnnie w rzeszowskim T. im. Siemaszkowej w *Emigrantach* Mrożka (1994). *Przybliżyć sztukę widzowi, którego nie stać na przyjazd do dużego miasta* - powiedział wtedy Pazura - *to jest nasz obowiązek.*
Dziś przybliża tę sztukę nieledwie taśmowo.

Stanisława Perzanowska

2 VII 1898, Warszawa ☆ 24 V 1982, Warszawa

Ukończyła w 1919 Warszawską Szkołę Aplikacyjną, pracowała na scenach krakowskich, wileńskich, warszawskich, upamiętniając się najsilniej działalnością w jaraczowskim Ateneum (1930-1939), którego była głównym reżyserem. Opanowała w stopniu mistrzowskim umiejętność komponowania przedstawień, by się podobały. Sprawiała wręcz wrażenie, że równie łatwo klei bulwarową farsę, jak awangardowy dramat. Wykorzystywała swój kunszt także w okresie powojennym. U Jurandota w łódzkiej Syrenie, u Tu-

Stanisława Perzanowska

Stanisława Perzanowska jako *Wassa Żeleznowa* Gorkiego

wima w jego teatrzyku na warszawskiej ulicy Puławskiej, u Krasnowieckiego, kiedy wskrzesił T. Narodowy. Od 1957 występowała w teatrze Axera, reżyserując gościnnie na innych scenach stolicy. Z własnym aktorstwem zdawała się nie łączyć przesadnych ambicji. Jedyną bodajże wielką rolą, jaką grała po wojnie, była *Wassa Żeleznowa* Gorkiego w dość podrzędnym T. Domu Wojska Polskiego (1954), pełna goryczy i mądrości, spalająca się w destrukcji, tak jak to zlecił jej autor. Poza tym odtwarzała role kobiet prostych, wyszarzałych, wyciszonych, zazwyczaj nie wychodzących na główny plan sceny. Wynikało to jawnie z jej osobistej decyzji życiowej, nie z braku okazji, a tym bardziej talentu. Po prostu ona tak postanowiła. Zwalista, wręcz tęga, o wyrazistej twarzy i charakterystycznym, chrapliwym głosie, którego przypominać nie ma potrzeby, gdyż mają go w uszach wszyscy, co od 1956 słuchali radiowej sagi o *Matysiakach*. Królowała w niej do samej śmierci jako pani Helena – matka rodu. Radiowej swej kreacji zawdzięczała masową popularność. W teatrach, w których swą mrówczą działalność prowadziła, popularność zawdzięczała jeszcze jednemu: była genialnym wręcz dostawcą recept na sceniczny sukces, a także na rozwikływanie skomplikowanych zawęźleń w życiu zakulisowym. Po prostu – ona czuła teatr. Umiał to kiedyś docenić Stefan Jaracz, umiał potem Erwin Axer.

Jan Peszek

ur. 13 II 1944, Szreńsk

Aktor tak szczególny, że i szczególnie trzeba go opisywać. Suche wyimki z biografii niewiele nam tu dadzą. Bo i niewiele wynikało z faktu, że absolwent krakowskiej PWST występował od 1966 na scenach Wrocławia, Łodzi, Poznania i Krakowa, a dopiero w krakowskim Starym T. nastąpiła iluminacja. Przejrzał Peszek, przejrzał świat. Bardziej zresztą świat. Stwierdził, że ma do czynienia z artystą niecodziennym. A Peszek? On zapewne dochodził do tej wiary od momentu, kiedy debiutował we Wrocławiu jako jeden z grupy Pastuszków w *Kuligu* Schillera. A może rok potem, gdy w *Śnie srebrnym Salomei* dublował u Skuszanki rolę Leona, zaś wzięty wrocławski krytyk Józef Kelera dobrodusznie sobie podkpiwał, że młody Peszek *jakby wpatrzony w Łapickiego*. Rzecz, którą musiał sobie Peszek wtedy uświadomić, to przede wszystkim własne kiepskie warunki zewnętrzne. I nie to, że był niepozorny. On był po prostu żaden. Ani piękny, jak Łapicki, ani gruby, jak Czechowicz, ani chudy, jak Kobuszewski. Żaden. Więc postanowił uczynić ze swej żadności oręż. Udowodnić, iż na scenie, podobnie jak w życiu, każdy może stać się Juliuszem Cezarem. Udowodnił. W Poznaniu, w 1982 zagrał *Fantazego*, a rok potem w krakowskim T. im. Słowackiego Poetę w *Weselu*, co znaczyło nawet więcej, zważywszy na rangę sceny. Z tym, że w Poznaniu zetknął się z Mikołajem Grabowskim, który go obsadził w swojej inscenizacji *Listopada* Rzewuskiego, zaś w rok potem objął dyrekcję T. im. Słowackiego i zabrał tam Peszka. Ten zresztą dosyć szybko przeszedł do konkurencyjnego Starego T., otrzymał efektowną rolę Salieriego w *Amadeuszu* Shaffera i mógł o sobie poczytać: *zagrał w wysmakowanym wyrazie tragikomizmu, z ekwilibrystyczną zręcznością przyoblekania się w maski* (Jerzy Bober). W Starym T. zagrał jeszcze szereg ról uznanych za objawienie: Cadyka w *Dybuku* Anskiego, Truffaldina w *Księżniczce Turandot* Gozziego, Oberona

Jan Peszek

w *Śnie nocy letniej* Szekspira. Podejrzewam, że znaczyły one dla niego tyleż, co tamten Pastuszek we wrocławskim *Kuligu*. O tyle więcej, że stwarzały wszechstronniejszą okazję do ćwiczeń. Peszek bowiem ćwiczył. Postanowił w stopniu absolutnym wygimnastykować swą cielesność. Do granic akrobacji. I oto jego Fior w *Operetce* Gombrowicza *śpiewa, tańczy, fruwa. Jest lekki, górujący nad hołotą*. Mistrzostwo w panowaniu nad ciałem niosło, jako rzecz sama w sobie, określone niebezpieczeństwa. Kiedy po peszkowym Senatorze w *Dwunastu improwizacjach wg Dziadów* (1995) recenzent sucho stwierdzał: *wygimnastykowany czołga się pod krzesłami* - trudno to było uznać za komplement. Tyle że i sam Peszek w tym momencie przestał już zajmować się ćwiczeniami ciała, bo pochłonięty już był gimnastykowaniem własnej psyche. Pisarzem, który mu w tym systematycznie dopomagał, był Bogusław Schaeffer. Z jego utworami zetknął się już w Poznaniu: Wiolonczelista w *Kwartecie na czterech aktorów* (1981). Uznał scenariusze Schaeffera za *wspaniałe tworzywo dla aktora, kwintesencję walki ze schematami, konformizmem, konwenansami*. Otrzymał za pracę nad nimi nagrodę im. Zelwerowicza (1987). Grał te scenariusze w kolejnych wariantach, grał po angielsku w Oslo (1990), ale potem w Osace i Tokio już znów po polsku, gdyż zafa-

Jan Peszek w filmie *Pismak* Hasa

scynowała go sytuacja, kiedy mógł całkowicie zdeprecjonować semantykę słowa. Fascynowało to także jego słuchaczy na dorocznych kursach, jakie od kilku lat organizuje mu w Japonii Theatre Cai. Od 1992 Peszek nie jest już związany umową z żadnym polskim teatrem, choć łączą go szczególne związki z Jerzym Grzegorzewskim. Uznaje go za twórcę *słyszącego czas*. W jego T. Studio zagrał Sganarela w molierowskim *Don Juanie* (1996), zaś ostatni efekt ich współpracy to Henryk w *Ślubie* Gombrowicza (T. Narodowy, 1998). Bohater przedwcześnie postarzały, a zarazem rozczłonkowany na psychiczną wielość jestestw. Gimnastyka psyche owocuje więc w ostatecznym rozrachunku scenicznym klonowaniem. Tak niezwykłym, że prawdziwie oszołamia. Bronisław Mamoń napisał kiedyś, że Peszek to *metafizyczny arlekin*. Sam artysta nie jest pewny, jak się określić. Przed dwoma laty głosił, że *aktorstwo to posłannictwo, błazenada i kapłaństwo*. Dziś uznał, że to zaledwie *instrument*. Ciekawe, co powie jutro?

Franciszek Pieczka

ur. 18 I 1928, Godów

*W*ielki, kościsty, twarz ozdobiona wydatnym nosem. Jeden z krytyków krakowskich napisał kiedyś, że Pieczka ma *szorstką osobowość*. I niewątpliwie emanowało z tego kościstego wielkoluda jakieś poczucie siły. Często użyczał jej swoim bohaterom. Zwłaszcza u początków, kiedy młody wiekiem bywał z reguły obsadzany w rolach ludzi dojrzałych. Tak działo się w T. Ludowym w Nowej Hucie (1955-1964), gdzie Skuszanka i Krasowski powierzali dwudziestoparolatkowi Regimentarza w *Śnie srebrnym Salomei* Słowackiego, Senatora w *Dziadach*, króla Filipa II w *Imionach władzy* Broszkiewicza. Te właśnie role dały Pieczce nazwisko na krajowej giełdzie. A on im przedtem użyczał swą mocarność. To Regimentarza tyczyła ta *szorstka osobowość* (niezbędna dla sensu inscenizacji Skuszanki!), w Filipie zachwycano się *siłą ekspresji*, o Senatorze pisano: *Jego francuszczyzna brzmi drwiąco. To parweniusz, który musi nienawidzić, ponieważ zdobył władzę* (Zygmunt Greń). Jesienią 1964

Franciszek Pieczka

Franciszek Pieczka
w filmie *Ryś* Różewicza

przechodzi Pieczka do Starego T. U Konrada Swinarskiego gra *Woyzecka* w dramacie Büchnera, u Jerzego Jarockiego Benię Krzyka w *Zmierzchu* Babla. W 1969 odchodzi z krakowskiej dyrekcji Zygmunt Hübner, Pieczka przenosi się do Warszawy, by w 1974 zameldować się u niego, gdy Hübner obejmuje T. Powszechny. W tym momencie bogatszy już jest o sławę z filmu i telewizji. Rola tytułowa w *Żywocie Mateusza* Leszczyńskiego (1967) przyniosła mu nagrodę *Srebrnego Hugona* na festiwalu w Chicago, Henryk w *Słońce wschodzi raz na dzień* Kluby (1967) nagrodę w Łagowie, zaś dobrotliwy Gustlik z *Czterech pancernych i psa* (1966) zaskarbił miłość narodu. Teatr staje się dla aktora zaledwie jednym z planów działalności, ilość filmowych ofert z kraju i zagranicy (za enerdowski *Fariago* otrzymuje nagrodę w Berlinie, 1984) sprawia, że chwilami planem jawnie drugim. Czas sprawia także i to, że aktor zrównuje się wiekiem ze swymi bohaterami. I w *Zmierzchu* Babla, wystawionym w 1987 w T. Powszechnym przez Krystynę Meissner, gra już nie Benię, lecz starego Mendla Krzyka. A kiedy czas nabiera swego przewrotnego przyśpieszenia, Pieczka – filmowy Czepiec z *Wesela* Wajdy (1973), na scenie teatru pojawia się w tym arcydramacie Wyspiańskiego jako stary Żyd (1995).

W tym okresie najchętniej pojawia się chyba na planie filmów Jana Jakuba Kolskiego. Sławny aktor, który tak owocnie współpracował z mistrzami, a wymienić tu jeszcze trzeba kreacje Pieczki w *Austerii* Kawalerowicza (1983), role w filmach Kazimierza Kutza (*Perła w koronie*, *Paciorki jednego różańca*) i Krzysztofa Kieślowskiego (*Blizna*, 1976), rozsmakował się nagle w tej dziwnej rzeczywistości ni to wiejskiej, ni to magicznej z filmów młodego reżysera. *Jańcio Wodnik* (1993) i inne obrazy Kolskiego ukazują Pieczkę jakby odmienionego. Pełnego dowcipu i poezji, rozluźnionego, łagodnego. Kiedy z tych filmów powraca na scenę, najlepiej się tam czuje jako żartobliwie nam panujący cesarz Franciszek Józef. I jako on w *Ostatnich dniach ludzkości* Krausa (1997) opowiada widzom miłe anegdotki. I wtedy budzi się żal, że aktor przez całe życie grywał tych mocarzy, zamiast grać ludzi miłych, zastraszonych przez złe życie, dziwnych. Żal najmocniejszy u tych, co pamiętają, jak wstrząsająco grał Pieczka takiego właśnie zastraszonego przez złe życie biedaka w *Myszach i ludziach* Steinbecka w Nowej Hucie. Ale to było tak dawno, że pewno nieprawda...

Tadeusz Pluciński

ur. 25 IX 1926, Łódź

Szczupły, wysoki, bardzo męski. Warunki zewnętrzne określiły mu karierę. Absolwent schillerowskiej PWST w Łodzi (1949) dotarł po rocznym stażu we Wrocławiu do T. Polskiego w Poznaniu, gdzie od razu został zapisany na amanta. Uwodził w rokokowym fraczku (Paskin w *Igraszkach trafu i miłości* Marivaux), w XIX-wiecznym żakiecie (Władek w *Ruchomych piaskach* Choynowskiego, Jurkiewicz w *Małym domku* Rittnera). *Starannie sekundował starszym kolegom* – orzekł Jerzy Pomianowski, prof. Wacław Kubacki był bardziej wylewny, stwierdzając, iż *Jurkiewicz to rola popisowa*. Od jesieni 1953 rozpoczął Pluciński wędrówki po scenach stołecznych. T. Ludowy, Ateneum, T. Współczesny, T. Polski. Z dziesiątków ról, w których

Tadeusz Pluciński

kochał sławne partnerki (Ninę Andrycz, Aleksandrę Śląską, Zofię Mrozowską, Antoninę Gordon-Górecką), w jednej zwłaszcza się zapisał. To Mackie Majcher w brechtowskiej *Operze za trzy grosze*, którą w T. Współczesnym inscenizował Konrad Swinarski (1958). Aktor idealnie utrafił w szelmowski wdzięk swego bohatera-rzezimieszka, stwarzając pamiętną parę z Polly-Kaliną Jędrusik. Od 1975 pracuje w T. Syrena. Znów rozkochuje, podrywa, uwodzi, czaruje, bałamuci. Kwintesencję tych czynności zaprezentował szczególnie udatnie w roli lowelasa Roberta w angielskiej komedyjce *Kłopoty z dziewczyną perkusisty* Frisby'ego, zaś ironiczną karykaturę przywiędłej chutliwości dał jako król Brandalezjusz w historycznej, bo w 160 lat po napisaniu odbytej prapremierze *Piczomiry, królowej Branlomanii* Fredry (1987), przypominając przy tej okazji, że drzemie w nim ukryty kapitał sił komicznych. Z ról filmowych – Robert Tonnor w *Pamiętniku Pani Hanki*, Podobalski w *Stawiam na Tolka Banana*. Jako swój ulubiony sposób spędzania wolnego czasu podaje spacery z rotweillerem, jako hobby – kobiety. Ten drugi wątek uszczegółowił w książeczce pt. *Tylko dla mężczyzn* (1994), której jest współautorem.

Tadeusz Pluciński jako Brandalezjusz we *Fredrze dla dorosłych*

Poczet aktorów polskich

Wojciech Pokora
ur 2 X 1934, Warszawa

Szczupły, ostry w ruchach i manierycznie niemal szybki w mowie. Od lat uchodzi za aktora *par excellance* komediowego, od lat z tą etykietką walczy, ostatnio chyba się już pogodził. W 1958 ukończył wydział estrady stołecznej PWST i zaangażował do T. Dramatycznego m.st. Warszawy. Od razu zachwycił jako Leander w *Paradach* Potockiego. Był przezabawnym kochankiem z commedia dell'arte, nieszczęśliwie zadurzonym i stale rwącym do bitki. *Takiego stylu szermierki, jak w wykonaniu Gołasa i Pokory nie widziała Francja od czasu „Trzech muszkieterów"* – zakrzyknął recenzent „Le Figaro" po paryskiej prezentacji *Parad* (1959). Wydaje się, że właśnie T. Dramatyczny najumiejętniej gospodarował talentem Pokory, obsadzany bywał w Molierze (Horacy w *Szkole żon*), Mrożku (Rudolf w *Indyku*), Ghelderode (Guław

Wojciech Pokora jako Robert w *Uczcie morderców* Wydrzyńskiego

w *Wędrówkach mistrza Kościeja*). Miał przecie nieszczęście bardzo śmiesznie zagrać w bardzo śmiesznej *Czarnej komedii* Shaffera (1969). I już się od łatwego śmiechu wyzwolić nie zdołał. Próbował. Występował gościnnie w T. Rozmaitości jako Petruchio w szekspirowskim *Poskromieniu złośnicy* (*łobuzerki wdzięk, finezyjne akcentowanie fraz, efektowne zmiany tempa, wytrzymywanie pauz*, 1977). Przeniósł się na kilka lat do T. Nowego, ale nie umiał się tam chyba odnaleźć. W 1991 zdecydował się na *engagement* do T. Kwadrat, gdzie do dziś z kulturą i wdziękiem realizuje programowe założenia tej bulwarowej scenki jako aktor i reżyser. A przez te dziesięciolecia bawił też publiczność na estradzie (kabaret *Owca*), w telewizji (*Express telewizyjny*, programy rozrywkowe Olgi Lipińskiej), radio (cykl *Typek i kolega* z Jerzym Dobrowolskim) i w kinie. Ogromną popularność zdobył kobiecą rolą Maryśki w *Poszukiwany, poszukiwana*, sam za swe najciekawsze osiągnięcie filmowe uznaje rolę hr. Ponimirskiego w *Karierze Nikodema Dyzmy*.

Anna Polony

ur. 21 I 1939, Kraków

Gwiazda krakowskiego Starego Teatru, przy czym staroświecki ten nieco epitet odzyskuje w przypadku Polony należny sobie blask. Aktorka nawiązuje świadomie nie tyle do starej etykiety, co do istoty dawnego teatru, w którym Helena Modrzejewska czy Antonina Hoffman sumiennie zapracowywały na swój gwiazdorski status. Polony doprowadziła do mistrzostwa umiejętność posługiwania się formą, Józef Kalera nazwał to trafnie *finezją stylu*. Polony wykształciła sobie własny styl, który przy każdej roli pozwala jej być sobą, finezyjnie zarysowując przy tym odrębność samych bohaterek.

Zadatki na osobowość zasygnalizowała już podczas studiów, gdy w 1959 debiutowała w Starym T. jako Mała Poliksena w *Wojny trojańskiej nie będzie* Giraudoux. Po dyplomie przepracowała cztery sezony w T. im. Słowackiego, ale dopiero przejście do Starego T. (1964) i współpraca z Konradem Swinarskim ujawniły pełnię możliwości artystki. Wiotka i krucha, obsadzana była przez dłuższy czas w rolach dziewczęcych, wręcz dziecięcych, do Po-

Anna Polony jako Muza w *Wyzwoleniu* Wyspiańskiego, obok Jerzy Trela

likseny doszedł Orcio (*Nieboska komedia*, 1965), Stelka (*Fantazy*, 1967), Joas (*Sędziowie* Wyspiańskiego, 1968). Ale panieńską wiotkość nasączać poczęła powoli perwersyjna zmysłowość: Claire w *Pokojówkach* Geneta, Młoda w *Klątwie*, Blada w *Żegnaj, Judaszu* Iredyńskiego. A potem wszystko połączyło się w wielkim fajerwerku Muzy z *Wyzwolenia* Wyspiańskiego (1974). Olśniła, demonstrując z zaskakującą precyzją ów styl, o którym była tu już mowa. Z każdą kolejną rolą bogaci go teraz o coraz swobodniejsze zabawy formą. Zdaje się ją podniecać możliwość karykaturowania pod postacią swych bohaterek szerszych pojęć, postaw, archetypów. Tak dzieje się w przypadku Dulskiej (*Z biegiem lat, z biegiem dni* Wajdy, 1978), tak z Anną Andrejewną (*Rewizor* Gogola, reż. Jerzy Jarocki, 1980), z Maman Liedermeyer (*Wiosna narodów* Nowaczyńskiego, reż. Tadeusz Bradecki, 1987). Podobne zabawy w pastisz kryją sobie niemal zawsze groźbę popadnięcia w manierę. Artystka zdaje się być tego świadoma, prezentując co pewien czas role o ostentacyjnej prostocie i czystości tonu (Ofelia w pierwszej z wajdowskich inscenizacji *Hamleta*, 1981), choć zdarza się czasem i tak, że forma przeważa nad prawdą (Pani Aoi w *Mishimie*, reż. A. Wajda, 1994). W ostatnich latach gra jakby rzadziej, zajmuje się pracą pedagogiczną w krakowskiej PWST. Uczennica starej Haliny Gallowej, która niegdyś zadręczała studentów purystyczną dbałością o precyzję artykulacji, domaga się teraz Polony od młodych kandydatów na artystów podobnej staranności. Aktywnie działa jako reżyser, chętniej odwiedza telewizyjne studio (m.in. brechtowska *Mutter Courage*).

Barbara Połomska

ur. 9 I 1934, Bydgoszcz

Taka właśnie piękna, jasna Polka była natchnieniem Chopina, w takiej kochał się Napoleon – pisała w 1959 argentyńska prasa, gdy na festiwalu filmowym w Mar del Plata zjawiła się Barbara Połomska. *Eroica* Munka zdobyła wtedy Grand Prix, a artystka grała w filmie żonę głównego bohatera. Tę samą postać zagrała po 35 latach w *Strasznym śnie Dzidziusia Górkiewicza* Kutza (1994). Z filmem zetknęła się aktorka jeszcze jako studentka krakowskiej PWST, w 1953 dostała się jej niewielka rólka w *Godzinach nadziei* Rybkowskiego, w dwa lata potem, w *Warszawskiej syrenie* grała już jedną z głównych ról. Dyplom miała czas zrobić dopiero w 1956, po czym Jadwiga Chojnacka zaangażowała polską BB do łódzkiego T. Powszechnego, któremu Połomska pozostała wierna do dziś. Nieprzeciętna uroda zadecydowała, iż obsadzano ją niemal wyłącznie w rolach amantek, jej pogodne usposobienie

Barbara Połomska jako Trzecia osoba w *Czarownej nocy* Mrożka

z kolei sprawiło, że były to przeważnie bohaterki utworów komediowych. Komediowych, lecz nie błahych. Debiutowała jako Eliza w *Pigmalionie* Shawa (1957), a do tej postaci miała też powrócić w *My Fair Lady* (1966). Grała m.in. Oktawię w *Jaśnie Pan Nikt* Lope de Vegi, Dorli w *Szewskiej pasji Filipa Hotza* Frischa, Mirrinę w *Lizystracie* Arystofanesa, Angelę w *Archaniołowie nie grają w bilard* Dario Fo oraz kilkadziesiąt innych seksownych kochanek, narzeczonych i żon. Także w filmie, m.in. w *Zezowatym szczęściu* Munka, *Dwóch żebrach Adama* Morgensterna i zachodnioniemieckim *Ósmym dniu tygodnia* wg Hłaski. Cała Łódź powtarzała o niej sympatyczne anegdotki, jak to kiedyś podczas spektaklu spadła jej z głowy peruka, jak to obrzucając na scenie partnera (a grał go Niemczyk) obelgami paskudnie się już-już miała przejęzyczyć, lecz wybrnęła z sytuacji, przypominając sobie w ostatniej sekundzie piękne (w tym momencie jedyne ratujące obyczajność!) słówko „hu-ltaj". Opisuje tę aferkę Jerzy Urbankiewicz w książce *Szmerek na widowni*. I cała Łódź głosowała na Połomską w dorocznych plebiscytach popularności (w 1971 otrzymała Złotą Maskę „Expressu Wieczornego"). Z upływem lat aktorka poczęła systematycznie postarzać swoje bohaterki: Gospodyni w *Weselu*, Królowa w *Iwonie, księżniczce Burgunda* Gombrowicza. Anikiejewa w *Garażu* Braginskiego i Riazanowa (na 30-lecie pracy artystycznej), Emilia w *Wiktorze* Vitraca. Zmieniły się jej też obiekty miłości – ostatnią jest syn, Marcin, absolwent Wydziału Form Przestrzennych łódzkiej WSSP. Pierwszy mąż był reżyserem filmowym, drugi inżynierem górnictwa.

Dorota Pomykała
ur. 3 VII 1956, Świerklaniec

Od dyplomu w 1979 przez całe swe aktorskie życie związana z krakowskim Starym T. *Dystyngowana na scenie, uwodzicielska, pewna siebie, znająca tajemnice środków w przyciąganiu mężczyzn* – tak scharakteryzowała kiedyś aktorstwo Pomykały znająca z kolei krakowskie kulisy dziennikarka Alina Bu-

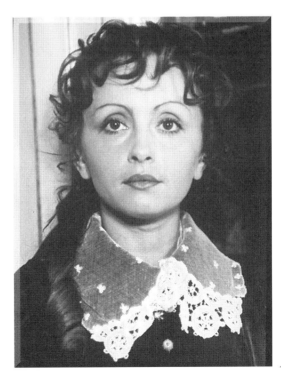

Dorota Pomykała w filmie
Ojciec królowej Solarza

dzińska. W spęczniałym od nadmiaru ambicji kobiecym zespole swego teatru obrała sobie Pomykała istotnie *emploi* wygodne. Wokół same heroiny, a ona – prosta amantka. Zaczęła więc jako Wanda w *Romansie z wodewilu* Krzemińskiego (1980), błysnęła dramatyzmem jako Księżniczka Eboli w *Don Carlosie* Schillera (*popis giętkości i precyzji*), olśniła urodą jako *Księżniczka Turandot* Gozziego, miłość publiczności zdobyła sobie niezawodną Żoną w *Ich czworo* Zapolskiej (*temperament i szczególne bogactwo wyrazu*). Gry obsadowe kazały jej być również matką Budzisz-Krzyżanowskiej: Budzisz grała Hamleta, Pomykała Gertrudę (premierę uważa za *ciekawe doświadczenie aktorskie, wymagające jednak wielkiego boksowania się ze sobą*, 1989). Była Julią, żoną Stuhra-*Romulusa Wielkiego* w sztuce Dürrenmatta (1996), była usłużną Martą, sprzedającą śliczną Segdę-Małgorzatę chmurnemu Radziwiłowiczowi-Faustowi (1997). Ze sceny lubiła uciekać w piosenkę i film. Nagrywała wspólne longplaye z Markiem Grechutą, dwukrotnie była laureatką wrocławskiego Festiwalu Piosenki Aktorskiej, kreowała Edith Piaf w telewizyjnym widowisku *Urodziłam się na ulicy*. Grała prostytutkę Jolkę w *Wielkim Szu* Chęcińskiego, grała w *Odwecie* Zygadły, *Chce mi się wyć* Skalskiego, *Lepiej być piękną i bogatą* Bajona, *Dwóch księżycach* Barańskiego. Za główną rolę kobiecą w filmie *Urodziny Kaja* otrzymała w 1991 nagrodę od Duńskiej Akademii Filmowej.

Urszula Popiel

ur. 22 IX 1944, Tarnów

W 1969 ukończyła krakowską PWST i zaangażowała się do T. im. Słowackiego. Pierwsze lata w teatrze zapamiętała jako wyścig pracy: *Grałam bez wytchnienia od wtorku do niedzieli. A przecież oprócz spektakli były jeszcze próby. To jest teatr do grania trudny, specyficzne kłopoty stwarza chociażby głębokość sceny, jej akustyka...* Grała przeważnie repertuar klasyczny. Szekspir, Słowacki, Wyspiański, Kisielewski, Czechow. *Ze szkoły wyszłam z przeświadczeniem –* wspomina *– że ze względu na niski wzrost i nieco dziecinną urodę będę skazana na dość wąski zakres zadań. Szczęściem widzą mnie też reżyserzy w wielkim reper-*

tuarze dramatycznym, charakterystycznym. Grała m.in. Agnusię w Złotej czaszce Słowackiego, Lillę Wenedę (liryzm bez płaczliwej nuty, 1973), Sonię w Płatonowie Czechowa, Zosię w Ułanach Rymkiewicza (gra coś więcej niż stereotyp literacki), Ariela w Burzy Szekspira, Marynę w Weselu (zawsze wierna poezji, 1984), Maszę w Mewie Czechowa: to Masza grana odmiennie od dotychczasowej tradycji. Popiel gra kobietę świadomą swego losu, ale walczącą z nim, nie zgadzającą się na jałowość egzystencji, usiłującą poprzez swą niezgodę ocalić swą tożsamość (Andrzej Multanowski). Umiejętnie przechodzi aktorka przez barierę czasu, chroni się tu w dowcip i urok charakterystyczności. Umie sobie z nią poradzić zarówno wtedy, kiedy reżyser każe jej amory fredrowskiej Anieli z Dam i huzarów (1992) przeżywać we współczesnym kostiumie w pepitkę, jak i w kabaretowym plenerze Opisu obyczajów Grabowskiego. I tego granego w Teatrze STU, i tego na macierzystej scenie (1996). Zaś macierzystym teatrem pozostał dla Popiel zawsze T. im. Słowackiego. *Jestem tu już tyle lat, ale właściwie to jakbym odchodziła tyle razy, ile razy zmieniały się dyrekcje. Za każdym razem był to trochę inny teatr i ja stale oczekiwałam, że teraz dopiero się zacznie.* Mężem artystki jest znany reżyser, Jerzy Goliński.

Igor Przegrodzki
ur. 10 IV 1926, Wilno

Na wileńskiej Pohulance debiutował w 1945 jako Fred w Pigmalionie Shawa, zamykając tym popisem naukę w podziemnym studium dramatycznym. Dalsze losy miał wspólne z grupą wileńskich aktorów, wracających do Ojczyzny: krótki pobyt w Olsztynie, zbiorowy przyjazd do Torunia, gdzie właśnie Wilam Horzyca otwierał T. Ziemi Pomorskiej. Po dwóch sezonach wyjeżdża aktor z dyrektorem do Poznania, stamtąd już sam wędruje po roku do Wrocławia – zaangażował go tam Jakub Rotbaum. Los pozwolił mu zatem w młodości zetknąć się z dwiema indywidualnościami reżyserskimi o skrajnie odmiennych estetykach. Od Horzycy, u którego zagrał m.in. Mozarta w Mozarcie i Salierim Puszkina (1948), przejął nie tylko kult poezji, ale i sposób jej scenicznej interpretacji (specyficzna kadencyjność frazowania!).

Igor Przegrodzki

Rotbaum, któremu zawdzięczał pierwszy spektakularny sukces (Głumow w *I koń się potknie* Ostrowskiego, 1954), uświadomił mu, że realizm gry wcale nie musi oznaczać niechęci do ekspresyjności. Obaj, dość apodyktyczni zresztą mistrzowie, narzucili też Przegrodzkiemu jeden wspólny imperatyw: szacunek dla formy. Prace tego aktora cechować będzie zawsze mistrzostwo techniki, pozwalające na swobodne operowanie budulcem tak różnorodnym, jak Calderon (Seigismundo w *Życiu snem*), Przybyszewska (Robespierre w *Sprawie Dantona*), Słowacki (*Fantazy*), Gombrowicz (Ojciec w *Ślubie*),

Szekspir (*Ryszard III*) i Ionesco (Stary w *Krzesłach*, nagrodzony na festiwalu w Kairze, 1994). I w telewizyjnym studio – Czechow (*Iwanow*). Nawet tak karkołomne nagromadzenie trudności warsztatowych, jak te, które polskiemu aktorowi mogła stwarzać rola Samsthanaki w sanskryckim dramacie z IV wieku, *Wasantasenie*, potrafił Przegrodzki przemienić w pełny sukces: *w ograniu gestu i rekwizytu, kostiumu i plastycznej formy postaci, w brzmieniowych walorach dialogu, akcentach frazy i składni, w rytmice działań, manifestuje się raz po raz inwencja, werwa oraz niekłamany smak gry* (Józef Kelera).

A smakował Przegrodzki w teatrze wszystkiego. Reżyserował, dał się nakłonić do sprawowania funkcji dyrektorskich (1981-1985), ale jeśli coś naprawdę zrównał z radością gry, to działania pedagogiczne. Nieprzerwanie od 1956 pracował z młodzieżą. Od 1979 jest profesorem wrocławskiej uczelni teatralnej. Nieprzerwanie też od 1949 (z jednosezonowym antraktem w 1964 na partnerowanie Ninie Andrycz w *Psie ogrodnika* Lope de Vegi w warszawskim T. Polskim) można go oglądać na scenach wrocławskiego T. Polskiego, gdzie zaczynał niegdyś jako szczeniakowaty Willy w *Niemcach* Kruczkowskiego, obok Ruth-Haliny Mikołajskiej. Ostatnio zajął się sceniczną wiwisekcją starości: Beranger w *Król umiera* Ionesco, Ojciec w *Ostatnich kwadrach* Bordone, którą to postać krótko przed śmiercią grał Mastroiani. Rolami tymi dowodzi, że dziś od studiów nad formą zdecydowanie bardziej intryguje go chemia nastrojów. Zwłaszcza ich stadia kliniczne, które objaśnia widzom z oszałamiającą szczerością.

Wojciech Pszoniak

ur. 2 V 1942, Lwów

Zaczynał w krakowskim Starym T., towarzysząc narodzinom jego legendy i wnosząc do niej piękny swój udział. Debiutował u Konrada Swinarskiego jako Parobek w *Klątwie* Wyspiańskiego (1968), potem grał Puka w *Śnie nocy letniej* oraz Parollesa we *Wszystko dobre, co się dobrze kończy* Szekspira. U Wajdy był Piotrem Wierchowienskim w *Biesach* (1971). Każda z tych kreacji doczekała się już drobiazgowych analiz, krytycy zachwycali się lekkością techniki i migotliwością interpretacji, tymczasem widza fascynowała łatwość, z jaką przechodził Pszoniak od leniwego rozluźnienia, które wydawało się być mu na scenie stanem naturalnym, do fajerwerków nerwowych ekscytacji, jakimi nadawał swym rolom wizjonerską wręcz siłę. Sprawiał wrażenie, że na scenie płonie ogniem, że spala się w grze do granic fizycznej wytrzymałości materii. W latach 1972-1974 był aktorem T. Narodowego, w latach 1974-1981 T. Powszechnego. U Hanuszkiewicza niezbyt poradził sobie z *Makbetem*, zabawił jako Chlestakow. U Hübnera zagrał Robespierre'a w *Sprawie Dantona* Przybyszewskiej. Mc Murphego w *Locie nad kukułczym gniazdem* Wassermana i fredrowskiego Papkina. Oszołomił zwłaszcza w dramacie Przybyszewskiej, ujawniając wielki dar zjednywania widza dla racji swego bohatera, nawet gdy są dość wątpliwe. *Nie bronię i nie obrażam swoich bohaterów* – powiedział w jednym z wywiadów; w istocie sprawiał wrażenie, że on tych swoich dewiantów nieledwie kochał! W 1980 wystąpił w Théatre des Amandiers w podparyskim Nanterre (wspólnie z Andrzejem Sewerynem) w realizowanym przez Wajdę przedstawieniu *Onych* Witkacego – grał Bałandaszka. I chyba w tym okresie narodził się pomysł, by na serio popróbować aktorstwa poza Polską. Promotorem idei mógł być sam Wajda, z którym poza teatrem złączył Pszoniaka film. Stańczyk w *Weselu*, Chrystus w *Piłacie i innych*, a przede wszystkim Moryc Welt w *Ziemi obiecanej* (1975). *Zrozumiałem złożoność tej postaci, że to nie jest jedynie Żydek lubiący geszeft, lecz ktoś wielowymiarowy, raz liryczny, raz bezwzględny, to fałszywy, to wierny* – wspominał Pszoniak po latach. – *Myślę, że „Ziemia obiecana", przy całej moralnej nicości pokazanego świata, przywraca rangę takim pojęciom, o których dzisiaj coraz ciszej, jak solidarność czy męska przyjaźń*. Tak to mówił i tak to zagrał. We Francji zaś zezwolił mu Wajda zmierzyć się z potęgą samego Gerarda Depardieu, w filmowej wersji *Sprawy Dantona*, I był to pojedynek równego z równym, obaj też otrzymali wspólne Grand Prix na festiwalu filmowym w Montrealu (1983). Udział w *Dantonie* otworzył Pszoniakowi drzwi do francuskiego kina, teatru, telewizji. Nie były to od razu drzwi frontowe. Już zresztą w 1978 próbował wspólnie z Danielem Olbrychskim takich tras objazdowych po Francji, Belgii, Szwajcarii. Teraz wznowił te kontakty. Z Théatre Kleber-Müleau jeździł jako Geront w *Szelmostwach Skapena* Moliera, w Théatre de Chaillot zagrał *Króla Ubu* Jarry'ego w reżyserii Rolanda Topora. Powoli zdobywa pozycję i nazwisko, włącza się w masową produkcję telewizyjnych seriali. W 1993 decyduje się nawet na występy w języku angielskim: w Apollo Theatre na londyńskim West Endzie zagrał w komedii Rattigana *The Deep Blue Sea*, w reżyserii Karela Reisza. Z ojczyzną utrzymuje kontakt prawie stały. Rok 1986 – *Garderobiany* Harwooda w T. Powszechnym, rok 1990 – *Korczak* w fil-

Wojciech Pszoniak

Wojciech Pszoniak w filmie *Danton* Wajdy

mie Andrzeja Wajdy, rok 1992 – *Śmierć i dziewczyna* Dorfmana w T. Studio, wreszcie w 1995 Łatka w *Dożywociu* Fredry na scenie T. Polskiego, tą kreacją nawiązał w pełni do dawnej swej legendy. W Polsce obchodził też swe sceniczne ćwierćwiecze – na galowym wieczorze w T. Wielkim, otoczony gronem przyjaciół na czele z Janem Pietrzakiem, w którego kabarecie występował. Dla pełni obrazu dodać by jeszcze należało, że jest Pszoniak autorem książki kucharskiej. I młodszym bratem Antoniego Pszoniaka, ongiś aktora z zespołu Szajny.

Jerzy Radziwiłowicz

ur. 8 IX 1950, Warszawa

Aktor przez wiele lat związany z Krakowem. Tam ukończył szkołę dramatyczną (1972), w której potem od 1978 sam wykładał, w krakowskim Starym T. przyczyniał się swym talentem do sukcesów Jarockiego, Wajdy i Grzegorzewskiego. Zan w *Dziadach*, Myszkin w *Nastazji Filipownie* Dostojewskiego, Henryk w *Ślubie* Gombrowicza (nagroda im. Zelwerowicza), Filip w *Iwonie, księżniczce Burgunda*, Orestes w *Orestei* Ajschylosa, Raskolnikow w *Zbrodni i karze*, Bartodziej w *Portrecie* Mrożka. Pisał o nim Jerzy Andrzejewski: *jest jednym z największych we współczesnym teatrze polskim. Rozumiem Wajdę, który zawsze opowiadał mi o nim ze wzruszeniem tak dla siebie charakterystycznym, gdy mówi o aktorach, którzy trafili do jego wyobraźni i serca.* Uczuciom tym dawał zresztą Wajda wyraz praktyczny, powierzając aktorowi główne role w *Człowieku z marmuru* (Mateusz Birkut, nagroda na Festiwalu w Brukseli) i *Człowieku z żelaza* (Maciej Tomczyk). On też zwrócił uwagę na paradoksalny syndrom osobowości Radziwiłowicza, który grając najchętniej ludzi przegranych, sparaliżowanych siłą swych wizji lub własnym dobrem doprowadzanych do zbrodni – jest zarazem człowiekiem, który ubóstwia życie, uchodząc słusznie za człowieka sukcesu.

W ostatnich latach Radziwiłowicz dzieli swój czas pomiędzy Kraków i Warszawę. W Starym T. zagrał Konrada-Gustawa w *Dwunastu improwizacjach* (parafrazie Grzegorzewskiego na tematy z *Dziadów*), zagrał też *Fausta* w przedstawieniu Jerzego Jarockiego – w stolicy wiąże się ze scenami kierowanymi przez Jerzego Grzegorzewskiego. W T. Studio wystąpił jako molierowski *Don Juan* (1995), potem jako Kreon w *Antygonie* Sofoklesa (1997), włączył się również w prace T. Narodowego. Jego ostatnim kreacjom brakuje już, co naturalne, młodzieńczej spontaniczności, zastępuje ją przecież

Jerzy Radziwiłowicz

Jerzy Radziwiłowicz w filmie *Ryś* Różewicza

coraz bardziej gorzka świadomość człowieka mądrego, ocierająca się niemal o rezonerstwo. Sam artysta wyznaje: *dla mnie aktorstwo bywa i zawodem, i sposobem realizacji samego siebie, i misją, ale żeby stało się tym czymś więcej niż wykonywaniem profesji, musi się nań złożyć kilka elementów niezależnych od woli samego aktora. Nie można tego produkować na siłę. To może się udać lub nie* („Gazeta Krakowska"). Przy podobnym założeniu trudno się i dziwić, że ostatnie prace Radziwiłowicza wyraźnie już dzielą krytyków. Zwłaszcza warszawski *Don Juan* zebrał opinie krańcowe. Od zachwytów, że *rola rodzi się w myśleniu, nie w działaniu,* po nieskrywane impertynencje. Po *Dwunastu improwizacjach* wybrzydzali raczej widzowie, przy czym zastrzeżenia tyczyły głównie samej koncepcji widowiska, Radziwiłowicza o tyle, o ile jej ulegał. Wydaje się, że aktor wkroczył po prostu w okres wielkich poszukiwań. Te z reguły nie sprzyjają szybkim efektom.

Anna Romantowska

ur. 16 V 1950, Białystok

Blondynka o smutnych oczach i twarzy tak wyrazistej, że można by z niej czytać. Nic też dziwnego, że przez całe swe aktorskie życie związana była z filmem. Od debiutu w *Kobieta i kobieta* Bugajskiego (1979), przez tegoż Bugajskiego *Przesłuchanie* (1981), za które otrzymała na gdyńskim festiwalu nagrodę („za najlepszą drugoplanową rolę żeńską"), aż do całej serii filmów Jacka Bromskiego i Barbary Sass (*Dziewczęta z Nowolipek* i *Rajska jabłoń!*). Jawiła się w nich liryczna, tęskniąca za prawdziwą miłością, krzycząca o niej, *jak obój w orkiestrze*. To jej własne określenie, poprzedzone wyznaniem, że *nie ma ulubionych ról, ale pociągają ją postacie skomplikowane, o złożonej psychice, intrygujące swą zmiennością*. Taką właśnie ją pokazał Juliusz Machulski w serialu *Matki, żony, kochanki* (1995), a melodramatyczne meandry scenariusza napędzały artystce jeszcze więcej smutku do pięknych oczu.

Debiutowała w katowickim T. im. Wyspiańskiego (1974), a dawny peda-

Anna Romantowska
w filmie *Koniec gry* Falka

gog artystki, dyr Ignacy Gogolewski uparcie ją tam ćwiczył w repertuarze komediowym: musiała się bawić w *Hyde Parku* Kreczmara, *Achillesie i pannach* A.M. Swinarskiego, *Porwaniu Sabinek* Schöntana. Przez dziewięć kolejnych sezonów u Adama Hanuszkiewicza (1975-1983) znów mogła pławić się w smutkach. Grała niemal wyłącznie w wielkim repertuarze klasycznym (Arycja w *Fedrze* Racine'a, Amelia w *Horsztyńskim*, Diana w *Samuelu Zborowskim* Słowackiego, Celia w *Jak wam się podoba* Szekspira), zwłaszcza w Arycji zdobywając uznanie krytyki. Z ról współczesnych wystąpiła w *Trzema krzyżykami* Kajzara (1979) jako Katia. Wkrótce po pozbawieniu Hanuszkiewicza dyrekcji T. Narodowego odchodzi z teatru. Współpracuje przez jakiś czas z T. Studio, w Ateneum znowu próbuje ćwiczyć się w wesołości (*czasami tęsknię za rolami komediowymi* – wyznaje) w *Apetycie na czereśnie* Osieckiej (1989), za partnera mając Krzysztofa Kolbergera. Od lat nie jest już związana etatowo z żadną sceną warszawską. Najczęściej oglądać ją można ostatnio w filmach Jacka Bromskiego lub Roberta Glińskiego.

Kazimierz Rudzki

6 I 1911, Warszawa ✩ 2 II 1976, Warszawa

Pochodził z zasłużonej rodziny księgarzy warszawskich, specjalizujących się w wydawaniu nut. Ukończył Szkołę Handlową, Instytut Reduty, studiował na Wydziale Reżyserii PIST (1935-38). W oflagu Woldenberg był animatorem sceny obozowej – przeżycia te mógł potem spożytkować w *Eroice* Munka i prapremierze *Pierwszego dnia wolności* Kruczkowskiego, gdzie grał Hieronima (1959). Od powojennej Łodzi związał się z teatrem Erwina Axera, choć w latach 1950-1954 pełnił zarazem obowiązki dyrektora T. Syrena. Przez całe życie grał właściwie jedną rolę – siebie. Jako Knock (w sztuce Romainsa), Fouché (*Madame Sans-Gené*), Jan (*Hipnoza* Cwojdzińskiego), Kamerdyner (*Zaproszenie do zamku* Anouilha) czy Lekarz, który jest zarazem katem (*Król umiera* Ionesco), jawił się jako ironiczny, a beznamiętny komentator dookolnych wydarzeń, jako mądry konferansjer niezbyt mądrego życia. Ten styl przeniósł potem na estradę, do telewizji (*Wieczory przy ko-*

Kazimierz Rudzki jako Lekarz w *Król umiera* Ionesco

minku), kabaretu. Współpracował jeszcze z krakowskimi Siedmioma kotami, ze Szpakiem, z Wagabundą, gościł Pod Egidą, skąd pochodzi jego legendarne powiedzenie *profesorem jestem tylko dlatego, żeby Łazuka mógł zostać magistrem*. Magister odwdzięczył się profesorowi trafną charakterystyką: *Abstrakcyjna forma, skrótowy dowcip, ironia pauzy i słowa. Kiedy miał zapowiedzieć „Deszczową piosenkę", mówił – „Nie będę taił, mżyło..."* Na Rudzkim skończył się w Polsce zawód konferansjera, zostali sami zapowiadacze!

Był dla nas wyrocznią – dodaje Jan Pietrzak, a sens tej refleksji przypomina, iż rola Rudzkiego nie ograniczała się do spraw, jakie profesjonalnie na scenie realizował. Był autorytetem, inspiratorem, przyjacielem młodych. Z jego inicjatywy ukazał się w 1959 tom *Dymek z papierosa*, stanowiący kompendium wiedzy o dawnych, polskich kabaretach. W stołecznej PWST wykładał od 1953, otrzymał w 1971 tytuł profesora zwyczajnego, był w latach 1955-1975 prorektorem. W planie kina, gdzie niezbyt chętnie się udzielał, do scenicznego Fouche'go dodał Talleyranda (*Marysia i Napoleon* Buczkowskiego) oraz Metternicha (*Wielka miłość Balzaka* Solarza).

Zofia Rysiówna

ur. 7 V 1920, Rozwadów

*D*ane jej było zaczynać wśród największych. W Krakowie grała Diannę, a Fantazym był Juliusz Osterwa (T. im. Słowackiego, 1946). Jedną z jej pierwszych ról była też *Balladyna*, zaś obsadził tak dwudziestolatkę Władysław Woźnik. W warszawskich Rozmaitościach wystąpiła w roli Amelii, a Króla w tym *Mazepie* kreował Jerzy Leszczyński (1948). W Poznaniu cieszyła się Ofelią, bo tego *Hamleta* reżyserował sam Wilam Horzyca (T. Polski, 1950). Szczęście uczenia się zawodu u mistrzów przynosiło rezultaty. *Z wielkim poczuciem taktu zagrała Rysiówna tekst Ofelii – jako wiotką, delikatną, żałosną skargę dziecka-dziewczyny* (Wanda Karczewska). W Poznaniu, gdzie po krakowskich prymicjach i warszawskim epizodzie występowała artystka przez pięć sezonów (1950-1955), mogła znowu powtórzyć *Balladynę*. I znowu reżyserował Woźnik, ona zaś *dała swej roli wielki, władczy format* (Janina Morawska). Partnerowała potem Woźnikowi jako Celimena w *Mizantropie* Moliera (1951) – *wygrała inteligentnie i dowcipnie wszystkie subtelności swej roli, nie zatracając płynności wiersza* (J.M.).

Poezja i tragizm zdały się być przeznaczeniem artystki. Muzyka głosu i wyrazistość gestu, klasyczne rysy i linia sylwetki współbrzmiały najpełniej

Zofia Rysiówna

z taką literaturą. Od 1955 związała się na stałe ze stolicą. Występowała tu na wielu scenach. A choć przychodziło jej się zmagać z różnorodnym tworzywem tekstowym, to szczególnie pamiętne jej kreacje wiążą się właśnie z wielkim repertuarem. *Berenika* Racine'a (T. Powszechny, 1962), Judyta w *Księdzu Marku* Słowackiego (T. Dramatyczny m.st. Warszawy, 1963), Barbara Radziwiłłówna w *Kronikach królewskich* Wyspiańskiego (1968), Muza w *Wyzwoleniu* Wyspiańskiego (1972), Agrypina w *Brytanniku* Racine'a (1981). Świadomość absolutnego panowania nad materią słowa pozwalały Rysiównie na perfekcyjne zabawy tekstem. To o Agrypinie pisał krytyk: *ona nie gra Agrypiny, ona gra aktorkę grającą Agrypinę. A czyni to bez jednego rysu parodii czy drażniącego manieryzmu* (Grzegorz Sinko). Z T. Dramatycznym m.st. Warszawy związana jest Rysiówna od 1963 roku. Ostatnio przecież preferuje studio telewizyjne. To dla Teatru TV nagrała dawną rolę Ćwiklińskiej – Eugenię Balboa w melodramacie *Drzewa umierają stojąc* Cassony.

Wiktor Sadecki

23 X 1923, Kraków ☆ 19 IX 1987, Kraków

W rodzinnym Krakowie uczestniczył już w latach okupacji w pracach podziemnego teatrzyku Adama Mularczyka, prowadził też własny zespół, wystawiając *Wiesława* Brodzińskiego. W 1945, po krótkim stażu w Studio przy Starym T., poszedł do pracy w młodzieżowym Teatrze TUR, tam debiutował w grudniu 1945 w bajce *O krasnoludkach i sierotce Marysi* jako Mądrala. Odwiedził potem Opole, by zagrać *Cyda*, Częstochowę, by zagrać Papkina i wrócił na całe życie do Krakowa. W T. im. Słowackiego występował 10 lat, ponad 30 lat w Starym. Był niekwestionowanym ulubieńcem masowej publiczności, ale umiał też być pupilem elit. Uczestniczył w większości eksportowych arcydzieł swego teatru. U Andrzeja Wajdy był Wierchowieńskim w *Biesach* Dostojewskiego (1971), u Jerzego Jarockiego grał Mendla Krzyka w *Zmierzchu* Babla (1966), Plejtusa w *Matce* Witkacego (1972), Nieznajomego w *Garbusie* Mrożka (1976). Ale przede wszystkim grał u Konrada Swinarskiego: Samuel (*Sędziowie* Wyspiańskiego), Oberon (*Sen nocy letniej*), Lafeu (*Wszystko dobre, co się dobrze kończy* Szekspira), Senator (*Dziady*, 1973), Karmazyn (*Wyzwolenie*, 1974). No i na co dzień trzymał repertuar potocznie zwany użytkowym. Od *Derbów w pałacu* Abramowa po *Wita Stwosza* Rapackiego. Grał główne role w przedstawieniach, na które nie zjeżdżała elitka ze stolicy, ale na których tłoczył się Kraków. Ten Kraków, co śmiał się z Sadeckiego w Jamie Michalikowej, co nie chadzał do teatru, lecz ubóstwiał duet Braci Gzymsików (Sadecki i Marian Cebulski), jaki w latach pięćdziesiątych barwił wszystkie lokalne akademie w mieście. Kraków, który szalał, kiedy jego ulubieńca obsadzono wreszcie w roli taty Gzymsika (*Romans z wodewilu* Krzemińskiego, 1980). Wydaje się zresztą, że z identycznych powodów ubóstwiał Sadeckiego Konrad Swinarski.

S

Poczet aktorów polskich

Wiktor Sadecki

Ubóstwiał i cenił. Za pogodę charakteru, która sprawiała, że kiedy przychodziło artyście odtwarzać nawet kanalię, jak Senatora w *Dziadach*, to przydawał mu zawsze jakiś kolorek bardziej ludzki i sympatyczny. Za prostotę, poczucie humoru i dyskretnie okazywany dystans wobec nadmiernie wielkich uczuć. Ten zwalisty mężczyzna o gładkiej, tłustawej fizjonomii, o charakterystycznym, nosowym głosie mógł sprawiać wrażenie flegmatyka. Gdy była atoli konieczność – potrafił wzruszać. Przykładem jego tragiczny Samuel w *Sędziach*, przykładem Hamm w *Końcówce* Becketta (1981). Miał w swoim życiorysie i role mniej udane, jak choćby szekspirowski *Cymbelin* (1966). Umiał nakazać swojej widowni, by mu ich nie pamiętała...

Dorota Segda

ur. 12 II 1966, Kraków

Jest niewątpliwie najbardziej rozpieszczoną aktorką w Polsce, od 10 lat wszyscy ją jedynie chwalą. Zadebiutowała jeszcze jako studentka III roku krakowskiej PWST w Starym T. jako Sonia w *Zbrodni i karze* Dostojewskiego (1987). Łapczywie, a zaskakująco świetnie zagrała zaraz potem całą serię wielkich ról: Ofelię, Sonię w *Wujaszku Wani* Czechowa, Mańkę w *Ślubie* Gombrowicza, Salomeę w *Śnie srebrnym Salomei* Słowackiego. Dostała za to komplet prestiżowych nagród (im. Szyfmana, im. Zelwerowicza, im. Wyspiańskiego) i komplet recenzenckich laurek. *Potrafi łączyć dziewczęcą, abstrakcyjną prawie czystość z dojrzałą biologicznie kobiecością* – podsumował redaktor naczelny „Teatru" Andrzej Wanat. Sumował to także – z myślą o własnych interesach – film. W *Tylko strach* Sass (1993) zagrała zatem bio-

Dorota Segda jako Małgorza w *Fauście* Goethego

logiczną kobiecość, przyprawioną solidnie alkoholem, w *Tato* Ślesickiego (1995) psychopatkę biegającą z nożem za Bogusławem Lindą, a z kolei w *Faustynie* Łukaszewicza (kolejna nagroda! za najlepszą rolę kobiecą na Festiwalu Filmowym w Gdyni, 1995) przepełnioną dobrocią służebnicę bożą. Taki dualizm wcieleń uprawia nadal: w krakowskim *Grzebaniu* Jarockiego (1996) – *trawiona pokusami* Anna, w warszawskiej *Nocy listopadowej* (1997) – *senna lolitka* Joanna, zaś w telewizyjnym filmie Zanussiego *Słaba wiara* (1998) znów poddająca się nabożnym medytacjom, młoda mamusia. Aktorka pozwala sobie jedynie na westchnienie: *zagrałabym w komedii, ale dają mi do grania same osoby dziwne lub pokaleczone*. I gra Małgorzatę w *Fauście* Goethego (T. Stary, reż. J. Jarocki, 1997). I znów kolejna nagroda (im. Zelwerowicza, po raz drugi!), i kolejny wysyp prasowych komplementów: *jej rola to aktorski koncert* („Gazeta Wyborcza"), *jest samą prostotą, prawdą, pięknem i czystością* („Wiadomości Kulturalne"), *wnosi na scenę żywioł poezji* („Tygodnik Powszechny"), *wspaniała gra* („Przekrój"). Trudno w tej sytuacji grę Segdy opisać, aktorka przypomina bowiem kopczyk zasypany bukietami róż.

Ta smukła, ładna blondynka, o długich włosach i niebieskich oczach sprawia na scenie ujmujące wrażenie, jakby sama gra przysparzała jej radość. Przyznaje to zresztą. Zapytana o pracę z Jerzym Jarockim, mówi: *Kiedy zaczynam płynnie poruszać się w jego świecie, odczuwam bezwstydną rozkosz*. Trudno dziś orzec, na ile aktorstwo jej jest sterowane intuicją – to pewne, że za pomocą subtelnych, płynących jakby z jej podświadomości środków, potrafi wyrazić imponującą gamę uczuć. *Ma w sobie światło* – powiedziała trafnie Danuta Szaflarska.

Ludwik Sempoliński

18 VIII 1899, Warszawa ☆ 17 IV 1981, Warszawa

Pierwszy wodzirej polskiej sceny estradowej, na potrzeby której wskrzesił światek uroczych postaci z rysunków Kostrzewskiego. Dzięki drobiazgowym studiom epoki potrafił odtworzyć nie tylko repertuar, ale i styl wyko-

Ludwik Sempoliński

Ludwik Sempoliński w rewii *Jeszcze raz*

nawcy fin-de-siecle'u. Wiedział, jakie możliwości stwarza kostium (od fraka po pasiasty stroik kąpielowy), a jakie rekwizyt (od monokla i laseczki po welocyped). Zadebiutował w 1918 jako Bogdan Kierski w warszawskim kabarecie Sfinks, przechodząc potem przez sceny wesołych teatrzyków w całej Polsce. W operetce partnerował Wiktorii Kaweckiej i Lucynie Messal, a jego kabaretowe piosenki *Tomasz, ach Tomasz* Własta, *W ogródku Eldorado* Jurandota, *Ten wąsik* Hemara, wykonywane w Cyruliku Warszawskim i Ali Babie weszły do kanonu polskiego szlagieru. Ostatnia z nich, stanowiąc ostrą parodię Hitlera spowodowała, że w latach okupacji musiał ukrywać się przed Gestapo. Po wojnie ogromną popularność przyniosła mu – właśnie z rysunków Kostrzewskiego skopiowana – kreacja Mazurkiewicza w farsie Dobrzańskiego-Tuwima *Żołnierz królowej Madagaskaru*, wielokrotnie powtarzana na licznych scenach. Występował też w krakowskim kabarecie Siedem kotów, a z Mirą Zimińską objeżdżał kraj z programem *Duby smalone*. W latach 1949-1952, czyli w niezbyt dla satyry życzliwym apogeum stalinizmu, schronił się w dramacie: w łódzkim T. Powszechnym grał Papkina, Chudogębę w szekspirowskim *Wieczorze Trzech Króli*, Fikalskiego w *Domu otwartym* Bałuckiego. Następnie związał się z warszawskim T. Syrena, gdzie ponad ćwierć wieku stanowił ozdobę licznych widowisk rewiowych. Ostatnią jego pracą była właśnie rewia *Warto byś wpadł* Grońskiego i Marianowicza (1980), w której wykonywał autobiograficzne kuplety. Od 1954 wykładał w warszawskiej PWST, jego wychowankami byli m.in. Barbara Rylska, Anita Dymszówna, Jerzy Połomski, Marian Jonkajtys, Bohdan Łazuka, który niesłychanie trafnie określił pedagogikę mistrza: *Lunio uważał, że aktorstwo to jest zupełnie przyzwoity zawód, tak jak zdun czy piekarz. I uporczywie wprowadzał nas w zawiłe arkana tego zawodu. Nie żadnego tam posłannictwa! – zawodu!* Opublikował też Sempoliński dwa opasłe tomy wspomnień. Czytelnik poszukujący w nich fajerwerków humoru dozna zawodu, natomiast historyk teatru znajdzie nieocenione bogactwo materiałów źródłowych.

Anna Seniuk

ur. 17 XII 1942, Stanisławów

Jako studentka krakowskiej szkoły teatralnej zdobyła w 1963 zaszczytny tytuł Miss Juvenaliów – w 1993 otrzymała nagrodę im. Zelwerowicza za telewizyjną Panią Dulską. A całe to trzydziestolecie zaludniła mrowiem kolorowych postaci, które budziły więcej niż sympatię: one rozrzewniały widza! Znamienne – kiedy rozpoczynała pracę w krakowskim Starym T. obsadzo-

Anna Seniuk

Anna Seniuk jako Wasylissa w *Na dnie* Gorkiego

no ją w antypatycznej Natalii w *Trzech siostrach*, gdy po latach trafiła do warszawskiego Ateneum, obdarowano ją oschłą Wassylisą w *Na dnie* Gorkiego. Obie role uległy jakby zatarciu w powszechnej pamięci. Z Krakowa pamięta się natomiast o pełnej uroku Dziewicy, zagranej w *Nieboskiej komedii* u Swinarskiego (1965), o nastrojowej Marusi w realizowanym przez Jarockiego *Zmierzchu* Babla (*z dość wulgarnej w końcu osóbki potrafiła wydobyć* zdumiewające pokłady liryzmu – dziwił się Zygmunt Greń). To za takie role otrzymała w 1968 tytuł *Ulubionej aktorki Krakowa*. Pracę w warszawskim Ateneum rozpoczęła od Hani w *Głupim Jakubie* Rittnera (1969), była tam uosobieniem dziewczęcej świeżości, co niemal skandalem uczyniło bliską w czasie premierę kinowego *Kardiogramu* Załuskiego, gdzie pozwoliła się przez minutę podziwiać ćwierć nago, a w tamtych czasach rzecz graniczyła jeszcze z szokiem. Szok karierze zresztą dopomógł. Przez pięć sezonów w Ateneum stworzyła Seniuk postaci tak różnorodne, jak Solwejga w *Peer Gyncie* Ibsena, Solange w *Pokojówkach* Geneta, Anna we *Wspólniku* Dürrenmatta i *Panna Tutli Putli* Witkacego, pogodnie rozdokazywana w musicalowej grotesce. Od 1974 przechodzi do T. Powszechnego, grając tam m.in. Podstolinę w *Zemście*. Myślę, że *w tym hübnerowskim przedstawieniu* – wspomina – *zajaśniał Fredro nieskażonym blaskiem, bo samym tekstem* (spektakl grany był nieledwie bez oprawy scenograficznej). Powtórzyła tę rolę po latach w T. Polskim, za Papkina mając u boku Tadeusza Łomnickiego. Były to dialogi iście niezapomniane! Grała u Dejmka jeszcze Szambelanową w *Panu Jowialskim* i Orgonową w *Damach i huzarach*. Owe szczególne związki z Fredrą (a dodać by tu można jeszcze Elwirę w *Mężu i żonie*, bohaterki *Pierwszej lepszej*, *Nikt mnie nie zna*, *Ślubów panieńskich*) potwierdzają kunszt komediowy artystki, ujawniając zarazem jej niesłychany słuch muzyczny na polską obyczajowość. Fredro jest tu symbolem, a samo pojęcie polskości z pozoru nie mieści się nawet w kanonie recenzenckich określeń. A przecież wielcy krytycy XIX wieku używali go już przy wychwalaniu talentu Alojzego Żółkowskiego. Seniuk posiada także ów zmysł fotografowania w swoich rolach odruchów, reakcji, zachowań uchodzących właśnie za „takie polskie". Bardzo różnych zachowań. Bo i ona inną była w *Pannach z Wilka*, inną w *Konopielce*, ale obie role „jakże polskie"! Kolejny kadr z tego serialu zademonstrowała jako Magda Karwowska w *Czterdziestolatku*, ale to już oczywiście całkiem inny rozdział polskości, o samej zaś roli aktorka mówi z niekłamanym poczuciem humoru: *wdzięczna jestem Bogu, że mi ofiarował tego typu sylwetkę. Dzięki niej weszłam niepostrzeżenie w lata dojrzałe i sama tego nie zauważyłam. Próbuję teraz dalej się w tych latach określać*. Próbki tych działań można obserwować na scenie jej – znów macierzystego! – Ateneum (*Odchodził mężczyzna od kobiety* Złotnikowa, z Janem Matyjaszkiewiczem), jak i przy innych sposobnościach (*Pierwsza młodość* Guidicelli, z Zofią Saretok, T. na Woli, 1998). A publiczność wdzięczna Bogu, że ofiarował jej tę słodziutką panią Anię.

Andrzej Seweryn
ur. 25 IV 1946, Heilbrohn (RFN)

Absolwent stołecznej PWST (1968) rozpoczynał karierę na warszawskich ulicach, rozrzucając ulotki podczas demonstracji marcowych. W teatrze wystartował rolą tytułową w *Głupim Jakubie* Rittnera, wyposażając ją we współczesną, gorzką samowiedzę porażki. Na scenie Ateneum, gdzie wystę-

Andrzej Seweryn jako Alosza w *Na dnie* Gorkiego

pował w latach 1968-1982, zagrał jeszcze kilka ról znaczących (schillerowskiego *Don Carlosa*, Jana w *Fantazym*, Gucia w *Ślubach panieńskich*, mizoginicznego Dedala w *Bloomusalem* Joyce'a), pochwały zbierał przecież dość umiarkowane – oczekiwano więcej, niźli dawał. Prawdziwy sukces przyniósł dopiero filmowy Maks w *Ziemi obiecanej* (1974), gdzie witalnością dorównał Olbrychskiemu, wdziękiem przebił Pszoniaka. Kolejne premiery filmowe pomnażały popularność: Rościszewski w *Bez znieczulenia* Zanussiego, Marek w *Kung-fu*, Anzelm w *Nocach i dniach*, wreszcie bohaterowie wziętych seriali (*Polskie drogi*, *Rodzina Połanieckich*, *Roman i Magda*). W 1978 udziałem w wajdowskiej inscenizacji *Onych* Witkacego w podparyskim Nanterre (grał kobiecą rolę Spiki Tremendosy) rozpoczyna europejski rozdział swej kariery. Patrice Chereau wystawia z jego udziałem ibsenowskiego *Peer Gynta* w Lyonie, w paryskim Théatre des Amandiers uczestniczy w *Trylogii ponownych spotkań* Bodo Straussa, gra Łopachina w czechowowskim *Wiśniowym sadzie* z udziałem Marie Christine Barrault. W latach 1984-1988 odbywa prestiżowy i twórczy staż u Petera Brooka, pracując nad starohinduskim moralitetem Mahabharata. *Brook rozbudził moje ciało ćwiczeniami energetycznymi na skupienie, oddychanie, rozluźnienie* – wspomina – *bo przecież my cały czas patrzymy i mówimy stopami, udami, łokciami. Ciało, uczucia i intelekt pracują razem.* W 1993 otrzymuje unikalny, jak na cudzoziemca, etat w paryskiej Comedié Française – w molierowskim teatrze gra molierowskiego *Don Juana*. *Język francuski, którego Seweryn w ogóle nie znał, gdy przyjechał do Paryża, jest dla niego dodatkowym środkiem, nową maską, która pozwala dotrzeć do prawdy scenicznej postaci* – pisał „L'Evenement du jeudi". Kolejne role na tejże scenie to Klaudiusz w *Hamlecie* i Prezydent w *Intrydze i miłości* Schillera. W 1996 otrzymuje od stowarzyszenia krytyków francuskich tytuł „aktora sezonu" za rolę Księcia w *Trudnym człowieku* Hoffmanstahla (Théatre de la Collino). Coraz częściej występuje we francuskich filmach, TVP pokazała jeden z nich: dwuczęściową *Rewolucję Francuską* z Sewerynem w roli Robespierre'a. Artysta nie traci przy tym więzi z krajem. *To przecież moja ojczyzna, wracam do niej, gdy znowu chcę się sprawdzić* – mówi. W Teatrze TVP zagrał szekspirowskiego *Ryszarda III* demonstrując nową u siebie skalę ekspresji, ocierającą się już o ekshibicjonizm, zagrał *Koriolana* i *Krawca* Mrożka, pojawił się w dokumentalnym programie o Chopinie autorstwa Marii Sartovej, uczestniczył w galowej prezentacji *Widm* Moniuszki na inauguracji odbudowanej sceny T. Narodowego (1997). A córka artysty i Krystyny Jandy, Marysia, zalicza już swe pierwsze filmy...

Wojciech Siemion

ur. 30 VII 1928, Krzczonów

Aktor o takiej nadwyrazistości talentu, że zdaje się po prostu wchłaniać w siebie granych bohaterów, podporządkowując ich sobie w stopniu absolutnym. Zamiast postaci Wyspiańskiego, Różewicza czy Iredyńskiego staje niezmiennie przed widzem ten sam rozrośnięty blondas, z rozczochraną czupryną i dudniącym głosiskiem. Po chwili okazuje się, że wszystko nie jest aż tak oczywiste i jedno już tylko staje się pewne: sugestywność każdego słowa, jakie Siemion wypowiada ze sceny. Bliska ideału jest ona przy interpretacji wiersza, bo też artysta od samych początków (warszawską PWSA ukończył w 1951, a debiutował już w 1948 w lubelskim T. im. Osterwy) pasjonował się sztuką deklamacji. Od Broniewskiego i Wierzyńskiego po hiperbole awangardy. Jakby nieco zagubiony w szarościach socrealizmu zajaśniał Siemion w pełni po Październiku: warszawski T. Komedia, rola dość szmatławego, francuskiego kombinatorka w *Jajku* Marceau, rok 1957. Z tego „*Jajka*" wykluł się talent zdyscyplinowany, o rysunku ostrym, *aktor świadomy*

swoich środków, operujący nimi jasno i celowo (Jerzy Pomianowski). Wkrótce potem zaprezentował Siemion monodram *Wieża malowana* (STS, 1959) – wielki pean na cześć poezji ludowej. A zarazem jakby potwierdzenie własnych praźródeł. Ich sceniczną atrakcyjność zademonstrował w dejmkowskiej *Historyi o Chwalebnym Zmartwychwstaniu Pańskim* Mikołaja z Wilkowiecka (T. Narodowy, 1962). Jego Chrystusik niefrasobliwy miał czar i autentyzm starych świątków przydrożnych. Do tego nurtu będzie Siemion nawiązywał przez lata. Czasem na prawach cytatu (góralski *Wowro*, T. Dramatyczny m.st. Warszawy, 1970), częściej jako zamaszysty odtwórca bohaterów plebejskich: Pawelec w *Kondukcie* Drozdowskiego, Grabiec w *Balladynie*, a przede wszystkim Chochoł w eksperymentalnej inscenizacji *Wesela*, w której Adam Hanuszkiewicz zlecił mu komplet tekstów, jakie Wyspiański rozdzielił pomiędzy wszystkie Zjawy II aktu. Druga linia aktorstwa Siemiona, jakby całkowicie odrębna, przejawia się w upodobaniu do karykatury, satyry, groteski. Tu symbolem może być Personalny w filmie Munka *Zezowate szczęście* (1960). Kumulacja obu nurtów następuje przy pracach Siemiona nad dramaturgią Różewicza: *Śmieszny staruszek*, Bohater w *Kartotece*, rola tytułowa w *Stara kobieta wysiaduje*. Artysta dokonuje tu swoistej autodemaskacji, karykaturując do granic ostateczności własną, ludową jarmarczność. Od 1972 kieruje Siemion dedykowaną poezji i widowiskom parateatralnym sceną Starej Prochowni w Warszawie, od 1971 wykłada w stołecznej PWST. Cały czas wolny przeznacza na zbieranie dzieł sztuki, zwłaszcza malarstwa współczesnego i prymitywów. Jego dom w podwarszawskich Petrykozach przypomina muzeum, po którym z dumą oprowadza licznych przyjaciół. Zajął się też polityką: został radnym!

Krystyna Sienkiewicz

Urodzona w Ostrowi Mazowieckiej. I tyle.

Artystka odczuwa konsekwentną niechęć do obecności dat w swoim życiorysie. W uroczej książeczce *Haftowane gałgany* (1988) zdecydowała się ujawnić jedynie, iż urodziła się dnia 14 lutego, w jakiś czas potem rozpoczęła studia w warszawskiej ASP, jeszcze potem trafiła do teatrzyku STS, gdzie

Krystyna Sienkiewicz

Krystyna Sienkiewicz
w kabarecie *Czołowe
zdarzenia*

miała projektować kostiumy, a namówiono ją do wyjścia na scenę. Ten ostatni fakt, jak wiemy skądinąd, miał miejsce w 1957. Krytyka zauważyła Sienkiewicz dopiero w rewii *Trzeba mieć ciało* (1959), a za etap przełomowy uznaje się premierę dwuosobowej sztuki *Bardzo starzy oboje* Kazimierza Brandysa, której następstwem był udział Sienkiewicz w widowisku *Niech no tylko zakwitną jabłonie* Osieckiej (T. Ateneum, 1964). Grała postać rezolutnej, a wystraszonej Krysi Traktorzystki, brylując w tej rewii szlagierów powojennego dwudziestolecia. Któryś z recenzentów nazwał ją *amantką w walonkach*; wzruszała przez śmieszność – idea ta towarzyszyła jej przez dalsze etapy aktorskiej kariery. Ateneum, znów STS, T. Rozmaitości, T. Komedia, T. Syrena (tam wytrzymała najdłużej, bo dziewięć lat). Ale prawdziwą popularność przyniósł artystce udział w telewizyjnych kabarecikach Olgi Lipińskiej, gdzie stworzyła surrealistyczną postać osóbki ciekawej życia i dziwiącej się życiu. *Jej aktorstwo cechuje inteligencja, własny styl oraz znajomość ludzi i zwierząt* – stwierdziła Osiecka, podsumowują ostatnią z obserwacji przykładem znanej piosenki Sienkiewicz *o rybach, rakach i żabach*, a także faktem, że w swych kolejnych domostwach otwiera kolejne przytuliska dla bezdomnych kotów i psów. Znajomość ludzi wykazuje z kolei w swych monologach estradowych, których teksty coraz częściej sama sobie pisze. Jej najbardziej pamiętna kreacja filmowa to szeregowiec Anielka w *Rzeczypospolitej babskiej*. Miała dwóch mężów, ma córkę Julię oraz drewnianą „Chatę Krystyny Sienkiewicz" na Żoliborzu, gdzie sprzedaje swoje obrazy, hafty i sto innych dziwnych rzeczy.

Ewa Skibińska

ur. 11 II 1963, Wrocław

Z miastem tym aktorka związana jest w stopniu właściwie absolutnym. Tu ukończyła Wydział Aktorski PWST (1986), tu zadebiutowała, jeszcze jako studentka, rolą Krysi w *Historii* Gombrowicza (1984), w tutejszym T. Polskim pracuje nieprzerwanie do dziś. Warunki ma typowej amantki: szczupła blondynka o wielkich oczach. A styl gry typowo współczesny, choć

Ewa Skibińska jako Jana w *Pułapce* Różewicza

obsadzają ją także w repertuarze klasycznym. Grała już w Szekspirze (Porcja w *Kupcu weneckim*), we Fredrze (Justysia w *Mężu i żonie*), w Ibsenie (Regina w *Upiorach*). A tak naprawdę to obsadzają ją właściwie we wszystkich stylach i konwencjach, od Czechowa po Różewicza. Za Janę w jego *Pułapce* (reż. Jerzy Jarocki, 1992) otrzymała nagrodę na Wrocławskim Festiwalu Polskiej Dramaturgii Współczesnej. Na festiwalu kaliskim w 1995 chyba tylko dlatego nie nagrodzono jej Soni w *Płatonowie* Czechowa, że spektakl zgarnął i tak aż 5 wyróżnień. Wydaje się zresztą, iż najswobodniej czuje się aktorka jednak w rolach *par excellence* współczesnych. Przykładem jej Weronika w *Damie z jednorożcem* Brocha-Musila (reż. Krystian Lupa, 1997): *dziecinna niewinność walczy w niej ze zwierzęcym pożądaniem. Aktorstwo polega zazwyczaj na zasłanianiu się rolą, Skibińska odsłania się, nawet za cenę intymności* (Roman Pawłowski). Za to odsłanianie trzykrotnie zdobyła nagrody w plebiscytach wrocławskiej publiczności. Występuje sporo w filmach (główne role kobiece w *Zero życia* Rowińskiego, *In flagranti* Biedronia, *Wszystko, co najważniejsze* Glińskiego).

Katarzyna Skrzynecka

ur. 3 XII 1970, Warszawa

Za piękna, jak na aktorkę. Sukces odnosi już właściwie przez samo swe pojawienie. Jako studentka I roku warszawskiej PWST pojechała na Opolski Festiwal Piosenki – zdobyła nagrodę (1990). Tak samo na Wrocławskim Przeglądzie Piosenki Aktorskiej. W Teatrze TV zagrała *Tessę* Giraudoux – prasa obwieściła *narodziny gwiazdy*, otrzymała nagrodę im. Zb. Cybulskiego (1993). Debiut w warszawskim T. Powszechnym jako Cleo w *Czarnej komedii* Shaffera – znów słowa zachwytu. Ich suma pozwoliła młodej aktorce zaistnieć na trudnym rynku warszawskim. Ale samo zaistnienie nie pociągało jeszcze za sobą następstw, jeśli nie liczyć kilku zaproszeń na plan filmowy, których praktyczne rezultaty należałoby skwitować grzecznym słowem „efektowne" (Maria w *Pamiętniku znalezionym w garbie* Kidawy-Błońskiego, Ewa w *Strasznym śnie Dzidziusia Górkiewicza* Kutza, Ewa w *Podróży na Wschód*

Chazbijewicza, jakieś filmy francuskie). Szczęściem dla Skrzyneckiej pierwszą osobą, która uzmysłowiła sobie niebezpieczeństwo, była ona sama. I poczęła jakby uciekać od własnej śliczności. Po premierze kameralnej sztuczki *Fernando Krapp* Dorsta, w jakiej grała z Gajosem i Zelnikiem (T. Powszechny, 1995), zdziwiony recenzent „Expressu Wieczornego" stwierdził: *Skrzynecka w zbyt małym stopniu wykorzystuje swoją urodę. A ma co wykorzystywać!* Po widowisku *Ildefonsiada* wg Gałczyńskiego (T. Dramatyczny m.st. Warszawy, 1996) już wszyscy zauważyli, że śliczna Skrzynecka jawnie się na scenie przybrzydza. W rezultacie, kiedy w *Makbecie* Szekspira (T. Powszechny, 1996) zagrała niewielką rolę Lady Macduff, nikt już nie zachwycał się urodą, a krytycy zgodnie orzekli: *wstrząsająca*. I dopiero ten triumf pozwolił młodej artystce na planie *Cyrano de Bergerac* Brylla (T. Komedia, 1997) rozjaśnić się pełną tęczą swych blasków. Uroda, ekspresja, wdzięk i finezja w piosence.

Henryk Sobiechart

ur. 9 XI 1945, Rendsburg (RFN)

Studia rozpoczynał w Politechnice Warszawskiej, by po roku przenieść się do szkoły teatralnej w Łodzi. W 1968 zaangażował się do T. im. Osterwy w Lublinie. Za dyrekcji Torończyka był to teatr rządzony po bożemu, więc kandydat na gwiazdora zaczynał skromnie jako Aktor II w *Hamlecie*, przez dwa następne sezony parał się komparserią i w nagrodę otrzymał Albina w *Ślubach panieńskich* (1970). *Bardzo komiczny (...) gnębiony przez Klarę zdobywa się nawet na tupnięcie nogą – taki gniew bożej krówki!* - pochwaliła w *Kamenie* Maria Bechczyc Rudnicka, by następną już rolę (Wacława Solskiego w *Emancypantkach* wg Prusa) przykładnie skrytykować: *wyobrażaliśmy go sobie znacznie mniej przystojnym*. Taki styl edukacji, w jakim zgodnie kolaborowali dyrektor z krytykiem, przyniósł wyniki. Sobiechartowi zaczyna przybywać ról znaczących: Stach (*Krakowiacy i Górale*), Bielajew (*Miesiąc na wsi* Turgieniewa), Walpurg (*Wariat i zakonnica* Witkacego). Kolejny dyrektor lubelskiej sceny, Ignacy Gogolewski doprowadza ten proces wzrostu do sta-

Henryk Sobiechart

Henryk Sobiechart jako Bohater w *Kartotece* Różewicza

nu blasku. W sezonie 1980-81 zagrał Sobiechart Rodryga w *Cydzie*, Iwanowa Czechowa, Rizzia w *Marii Stuart* Słowackiego. Następca Gogolewskiego, Andrzej Rozhin dodaje do kanonu klasyki ciekawe oferty współczesne: Ojciec w *Białym małżeństwie* Różewicza, Kiesswetter w *Głosach umarłych* Iredyńskiego, Norman w *Garderobianym* Harwooda. W dniu obecnym Lublin może sobie powinszować, że na jego własnej scenie wyrósł wspaniały artysta, czego upostaciowaniem chociażby Hamm w beckettowskiej *Końcówce*: *Zawarł w swej roli kilkadziesiąt bez mała postaci. Jest Terezjaszem, Edypem i Królem Learem. Parafrazuje Ryszarda III, pastiszuje Hamleta. Śledzenie owych tropów, parafraz i aluzji jest rzeczą fascynującą dla widza. Dla aktora rzeczą fascynującą jest to zagrać* (Bożena Winiarska). Przedłużeniem tej linii zainteresowań (którą z repertuarowego obowiązku ubarwiają różne szekspirowskie Oberony czy Klekoty w *Staropolskich uciechach*) był *Moby Dick* wg Melville'a, adaptowany na scenę przez samego Sobiecharta. Monodram na kilka głosów, ukazujący tęsknotę artysty do zmierzenia się z tym, co metafizyczne.

Intensywna twórczość w macierzystym teatrze zostawia jeszcze Sobiechartowi nieco czasu na współpracę z ruchem scen alternatywnych, a także na kwerendy po bibliotekach, ich efektem są publikowane w miejscowej prasie szkice z przeszłości regionu.

Bogusław Sochnacki

ur. 14 X 1930, Katowice

Rudawa, gęsta czupryna z tych określanych jako niesforna, duża głowa, twarz jakby promieniejąca szczerością – wszystko to predestynuje go raczej do grania postaci z ludu niż arystokratów i intelektualistów. Od wyrafinowania i przewrotności bliższa mu jest prostota, ewoluująca bądź w kierunku rubaszności franta, bądź

Bogusław Sochnacki w filmie *Troje i las* Wohla

Bogusław Sochacki

wreszcie ku dramatyzmowi ludzkiego losu – opisał tak kiedyś tego aktora wybitny łódzki recenzent. A potem jakoś się nie sprawdziło. Od 1957 zadomowił się Sochnacki na scenach Łodzi, od 1980 już na dobre w T. im. Jaracza. Frantów istotnie grywał. Szczególnie ślicznie grał *Kubusia Fatalistę* Diderota (1974). Ale do najciekawszych swoich kreacji zaliczyć może Bohatera z *Kartoteki* Różewicza (1967), czyli inteligenta w klasycznym wydaniu, z wszystkimi stresami, kompleksami i zdziwaczeniami. *Zbliżył swego bohatera do widza na taką odległość, na jaką on się zbliża do sąsiada w tramwaju* (Marek Wawrzkiewicz). Jedno jest pewne – arystokratów Sochnacki istotnie nie grywał. A jeśli już to dwuznacznych, jak ów Hrabia Hufnagel z *Operetki* Gombrowicza (nagroda na festiwalu wrocławskim, 1975) czy żałosny Szambelan z *Pana Jowialskiego* (*zachwycały jego spojrzenia. Sama bezradność, a przy tym pełne zadowolenie z siebie*). Grał natomiast sporo ludzi aktywnych, a ich dynamizm bywał w dodatku jawnie wyrafinowany i przewrotny. Dwukrotnie grał Judasza, raz tego z dramatu Rostworowskiego, po raz drugi w *Dialogus de passione* (nagroda na konfrontacjach opolskich, 1977). Grał Rogożyna z *Idioty* Dostojewskiego. W 1990 Kazimierz Dejmek zaprosił go do warszawskiego T. Polskiego, by gościnnie zagrał *Kupca weneckiego* Szekspira. Miało to być odczytanie odległe od dotychczasowych interpretacji i przedstawiające bohatera z sympatią (co się zresztą nie w pełni powiodło!). *Summa summarum* wychodzi na to, że postaci z ludu grywał Sochnacki najczęściej w filmie polskim, gdzie się ich istotnie nagrał sporo. Grał tam przecież także Sobieskiego, Kościuszkę i dwukrotnie Józefa Stalina. Z latami wydostojniał. Wkracza teraz na sceny najczęściej jako książę (Egeusz w *Śnie nocy letniej*), a jeśli już jako człowiek z ludu, to obdarzony bezsporną charyzmą Pustelnik w *Klątwie* Wyspiańskiego. Taka jest cena za pełnienie w zespole funkcji seniora. Absolwent łódzkiej PWSA (1953).

Ludwik Solski

20 I 1855, Gdów ☆ 19 XII 1954, Kraków

Widzowie i koledzy od lat całowali go w mankiet, niczym biskupa, ale wielkość jego sztuki dotarła do nas już tylko w legendzie. Pamięć dziś żyjących, którzy go jeszcze mogli oglądać na scenie, notuje raczej urocze dystrakcje sędziwego mistrza, któremu się Rokossowski mylił z Piłsudskim, acz jeszcze w 1945 obsługiwał swe gościnne występy, jeżdżąc na motocyklu. W dniach, kiedy scena polska powstawała z wojennego niebytu, ta aktywność Solskiego posiadała wymierną wartość, bo budziła powszechne zain-

Ludwik Solski

Ludwik Solski

teresowanie społeczeństwa. Artysta w okresie 1945-1947 odwiedził 41(!) miast Polski, grając stosowną dla jego wieku rolę Ciaputkiewicza w *Grubych rybach* Bałuckiego, zaś w drugim rzucie *Pana Jowialskiego*. Na scenie ukochanego Krakowa wystąpił w 1945 jako Dyndalski (T. im. Słowackiego), powtarzając potem fragmenty tej roli na warszawskim jubileuszu 80-lecia pracy scenicznej (5 VI 1954), który zgromadził delegacje teatralne z całej Europy. Z ról nowych zagrał po wojnie jedynie *Kościuszkę w Berville* Dybowskiego (T. im. Słowackiego, 1949) – utwór dość anemiczny, ale osoba tytułowego bohatera prowokowała do aplauzów.

Ludwik Napoleon Karol Sosnowski (nazwisko Solski przejął od pierwszej żony, a miał tych żon w życiu trzy!) był synem powstańca z 1830. Nie ukończywszy gimnazjum w Tarnowie, próbował pracy jako akwizytor, pomocnik ślusarski, praktykant sądowy. W 1876 zadebiutował na scenie krakowskiej, po czym przez siedem lat aplikował w zespołach prowincjonalnych, by do Krakowa powrócić w 1883 jako dojrzały artysta. W latach 1905-1913 był tam też dyrektorem teatru. Z tego okresu datują się jego najsławniejsze, wielokrotnie powtarzane kreacje: Chudogęba (*Wieczór Trzech Króli* Szekspira), Harpagon (*Skąpiec* Moliera), Łatka (*Dożywocie* Fredry), Judasz i Kaligula (w sztukach Rostworowskiego), *Fryderyk Wielki* Nowaczyńskiego, by nie wspomnieć o głównych rolach w dziełach Słowackiego, Wyspiańskiego, Rydla. Łączny indeks granych przez Solskiego postaci sięga tysiąca pozycji, obejmując także Jontka w moniuszkowskiej *Halce*, którego śpiewał podczas swych młodzieńczych peregrynacji (*Dzisiaj dziarsko tańczy walce, jutro Jontka utnie w Halce* – pokpiwano w Zielonym Baloniku). W 1913 obejmuje w Warszawskich Teatrach Rządowych stanowisko głównego reżysera dramatu. Odtąd, wyłączając czas obu wojen światowych, związany był ze stolicą, dyrektorując dwukrotnie T. Narodowemu. Po 1945 zamieszkał na stałe w Krakowie.

Aktorstwo Solskiego, tak jak i jego osobowość, cechowała przede wszystkim niebywała żywotność. Średniego wzrostu, szczupły, o twarzy wyrazistej, lecz nazbyt ostrej (nigdy nie próbował robić kariery w rolach amantów!), imponował absolutnym opanowaniem własnej cielesności i zmysłem plastyki, co pozwalało mu różnicować swych bohaterów także i zewnętrznie. Mistrz gry realistycznej – nazywano go drugim Wincentym Rapackim – nie bał się jednak groteskowej jaskrawości. W dorobku reżyserskim miał ponad dwieście inscenizacji, a wśród nich historyczne prapremiery *Krakusa* Norwida (1908), *Nocy listopadowej* (1909) czy *Legionu* Wyspiańskiego (1911). W pamięci dawnych kolegów przetrwał przede wszystkim jako dynamiczny organizator – w pamięci widzów jako aktor o wielkiej sławie. Takim przekazał go film dokumentalny *Geniusz sceny* (1938), takim wykreował się we własnych *Wspomnieniach*. Odznaczony doktoratem *honoris causa* Uniwersytetu Jagiellońskiego, pochowany na krakowskiej Skałce.

Dorota Stalińska
ur. 1 VI 1953, Gdańsk

Nazywano ją polską Jane Fondą, bo posiada jej przebojowość i odwagę. Zarówno w stylu życia, jak i w wyborze tematów dla swoich popularnych monodramów. Nazywano ją także polskim Belmondo, bo uprawia judo, szermierkę, woltyżerkę i nigdy nie pozwala zastąpić się przez dublera. Pozy-

Dorota Stalińska w filmie *Debiutantka* Sasa

cję zawodową zawdzięcza przede wszystkim filmom, które z reguły powstawały z myślą właśnie o niej. To filmy Barbary Sass-Zdort: *Bez miłości* (nagroda im. Z. Cybulskiego, 1980), *Debiutantka*, *Krzyk*, nagrodzony za „oryginalne ujęcie trudnego społecznego problemu współczesnej młodzieży ze środowisk moralnie zagrożonych" (koszaliński przegląd *Młodzi i film*) oraz *Niemoralna historia*. W teatrze występowała zaledwie przez cztery sezony, po ukończeniu warszawskiej PWST, w warszawskim T. na Woli. Pod okiem rektora-dyrektora Tadeusza Łomnickiego zagrała kilka ról dramatycznych o rozmaitej klasie literackiego tworzywa: Luzzi w *Pierwszym dniu wolności* Kruczkowskiego (1977), Marquitę w *Gdy rozum śpi* Vallejo, Wirginię w *Życiu Galileusza* Brechta; występowała także w rolach komediowych (Zofia w *Damach i huzarach*, Zosia w *Podróży po Warszawie* Grońskiego). Od 1980 zrezygnowała z pracy etatowej w teatrze. Granie w filmach łączy z realizacją własnych monodramów, szczególną popularność zdobyła *Utracona cześć Katarzyny Blum*, *Tabu*, *Żmija* (nagrodzona na Festiwalu Teatrów Jednego Aktora w Toruniu, 1990), ostatnio *Zgaga* wg Ephron, gdzie urozmaica tekst popisami sztuki kulinarnej, której próbki rozdziela potem pomiędzy widzów. W 1991 na Wrocławskim Festiwalu Piosenki Aktorskiej zaprezentowała widowisko ubarwione szlagierami Piaf i Monroe, *Próbę*, opowiadając o mozołach artystki obarczonej dziećmi, psami, niewiernym mężem i całą uciążliwą codziennością. Próbuje tę codzienność atakować także w swoich wierszach – wydała dwa tomiki poezji, *Pożyczone natchnienia* oraz *Niewierny czas*, utrzymane w klimacie Pawlikowskiej-Jasnorzewskiej.

Danuta Stenka

ur. 10 X 1961, Sierakowice

$\mathcal{P}$rawdziwie wielka kariera zacząć się może jedynie w Warszawie. Stenka ukończyła studium aktorskie przy T. Wybrzeże w 1984. Przez cztery sezony pracowała w T. Współczesnym w Szczecinie, przez jeden w T. Nowym w Poznaniu. Była młodą, efektowną dziewczyną, pięknie grała bardzo różne role, otrzymywała za nie różne nagrody. W 1988 nagrodę im. Wyspiańskiego

II stopnia, dwie nagrody na festiwalach toruńskich, dwie na kaliskich, jedną na opolskim, dwie wojewódzkie w Szczecinie. Wśród jej ról była Abigail w *Czarownicach z Salem* Millera, Zofia Plejtus w *Matce* Witkacego, Paulina w *Białym małżeństwie* Różewicza, Maja w *Opętanych* Gombrowicza, Elmira w *Świętoszku*, Zofia w *Damach i huzarach*. W 1991 Maciej Prus zaangażował ją do T. Dramatycznego m.st. Warszawy. I słowo *kariera* zaczynało stawać się ciałem. Z początku jeszcze nie kariera wielka, ale już jej Maria w *Woyzecku* Büchnera (1992) przekonywała, że stolicy przybyła nieprzeciętna aktorka. Wrażliwa, emanująca ze sceny uczuciem, obdarzona piękną barwą i siłą głosu. Więc i kariera powoli wielką poczynała się stawać. Tak naprawdę, to złożyły się na jej zaistnienie trzy fakty. Zaczęła *Nora* w Teatrze TV (1996) - jakieś dziwne fluidy popłynęły z ekranu ku widzom, aktorstwo Stenki okazywało się mieć w sobie coś z magii. I wtedy przyszła *Elektra* Sofoklesa (T. Dramatyczny, 1997): *wspaniałym, nasyconym, melodyjnym głosem wypowiada swój ból* (Anna Schiller), *to ból przerażającej samoświadomości* (Jacek Wakar), *urodzona tragiczka, idealnie pasująca do surowego krajobrazu antycznej tragedii* - podsumował chór krytyków Jerzy Jasiński. Sama aktorka zdaje się do własnej kariery odnosić z dystansem. W pewnym wywiadzie złączyła nawet w jednym zdaniu satysfakcję z zagrania Pani Rollison (jej kreacja w telewizyjnych *Dziadach*, reżyserowanych przez Jana Englerta, także stanowiła jeden z kwiatów w wieńcu) z przyjemnością zagrania Marii Jurewiczowej w serialu *Boża podszewka*. Może i dlatego, kiedy ostatnio zagrała Katarzynę w *Poskromieniu złośnicy* Szekspira (T. Dramatyczny, 1998), zachwyty nie były już tak gorące, a jeden z recenzentów napisał, że *Stenka style gry miesza wraz z kolejnymi przebiórkami w tej roli, inaczej gra w halce, inaczej w krynolinie*. Oczywiście, Stenka jest świetną aktorką. Widać to z jej ról filmowych: w *Prowokatorze* Langa, *Łagodnej* Trelińskiego, *Gnojach* Zalewskiego. Widać nawet w *Bożej podszewce*.

Czesław Stopka

ur. 14 X 1936, Kochowina

Jedna z ciekawszych indywidualności teatru polskiego. Tyle że ze świadomego wyboru, którego przyczyn trudno tu dociekać, ukształtował sobie Stopka własny życiorys jako malowniczą wędrówkę po uboczach Polski, omijając szerokim zakolem największe metropolie. Szczecin, Zielona Góra, Bydgoszcz (tu pobyt dłuższy: 1966-1973), Toruń, ponownie Szczecin, Katowice, Olsztyn, ponownie Katowice, gdzie od 1981 wytrwał do dziś. Każdy ze swych teatrów obdarowywał Stopka jakąś kreacją znaczącą. Szczecin to *Hamlet* i *Zawisza Czarny* Słowackiego, Zielona Góra – figlarny bożek Bachus w opiewającym miejscowe święto winobrania, sarmackim *Mięsopuście*, Bydgoszcz to *Sułkowski* Żeromskiego, Jagon w *Otellu*, Faust w dramacie Marlowe'a, Bis w *Lękach porannych* Grochowiaka, Toruń to Konrad w *Wyzwoleniu* Wyspiańskiego, *Król Edyp* Sofoklesa, Książę Myszkin w *Idiocie* Dostojewskiego. Powtórny pobyt w Szczecinie przynosi Bohatera w różewiczowskiej *Kartotece*, pierwszy pobyt w Katowicach – Jamesa w *Zmierzchu długiego dnia* O'Neilla, Olsztyn – Botwela w *Marii Stuart* Słowackiego, Dys-

Czesław Stopka jako Firs *Wiśniowym sadzie* Czechowa

arta w *Equusie* Shaffera, Hercega w *Gorzkich żalach w stróżówce* Csurki. Powrót na Śląsk rozpoczyna artysta od Roberta w *Wygnańcach* Joyce'a, a z czasem zdobi repertuar rolami takimi, jak chociażby stary Firs w *Wiśniowym sadzie* Czechowa (1994), o którym prasa pisze, że *wzruszająco prosty i przejmujący* („Dziennik Zachodni") lub po prostu *wielka kreacja* („Gazeta w Katowicach"). Jak chociażby Krapp w *Ostatniej taśmie* Becketta (1997) – wystudiowany do granic perfekcji dokument człowieczej nicości. Wymowne, że pomiędzy tymi dwiema tragicznymi sylwetkami znalazło się miejsce dla wesolutkiego szmiruska Willi Clarka z bulwarowej komedyjki *Słoneczni chłopcy* Simona.

Predylekcja Stopki do wędrówek zdaje się świadczyć, że mniej pozostaje dla niego istotny motyw trwałego, a wymagającego czasu sprzęgnięcia się z ansamblem – on wystarczy na scenie sam sobie. Jest niczym zeszłowieczny gwiazdor, który przemieszczając się przez Europę potrafił wszędzie zachwycać. Kunszt aktorski Stopki uzyskał wiele oficjalnych potwierdzeń; na festiwalach Polski północnej zdobywał nagrody właściwie za wszystkie role, jakie tam przedstawiał. Za *Sułkowskiego* (1966), za Pastora Hale w *Czarownicach z Salem* Millera (T. Polski z Bydgoszczy, 1968), za Myszkina (1975), za *Edypa króla* (1976). Jego aktorstwo, przesycone nieustanną, wewnętrzną wibracją odwołuje się do wrażliwości i inteligencji widza, stroniąc od łatwego melodramatyzmu. Jedna z ciekawszych indywidualności teatru polskiego. Żal, że nie wszystkim znana...

Jerzy Stuhr

ur. 18 IV 1947, Kraków

Artysta o wyjątkowo barwnej biografii, która jakby nie pasuje do jego zewnętrzności, a wygląd Stuhr ma dobrodusznego wesołka, tyle że takiego ze *szwungiem* (Stuhr z C.K. Galicji, więc ten germanizm chyba ujdzie?). Takim właśnie pozwolił się wykreować w filmie *Wodzirej* Falka (1977). Obrotny Danielak przyćmił wszystko, co aktor zdziałał przedtem. A od chwili dyplomu w krakowskiej PWST (1972) zrobił w Starym T. sporo. W *Biesach* przejął rolę Piotra Wierchowieńskiego po Pszoniaku, a w *Matce* Witkace-

Jerzy Stuhr

Jerzy Stuhr w filmie *Obywatel Piszczyk* Kotkowskiego

go rolę Leona po Nowickim, zaś całkiem już na własny rachunek zagrał AA w *Emigrantach* Mrożka (1976), w sposób odkrywczy odrzucając stereotyp inteligentnego nieudacznika na rzecz inteligenta prawdziwie wściekłego na swoje czasy. No i potem nadszedł Danielak. Środowisko dało się zafascynować może nie tyle powszechnymi zachwytami widzów, co rzeczywistą sugestywnością tego archetypu, a sam Stuhr chyba zrozumiał, że coś na tej fascynacji skorzysta. Grał teraz sławne role, w których go obsadzano, żądając w dodatku, by grał je w stylu prowokacyjnym. Grał *Hamleta* rodem z krakowskich Plant (reż. Andrzej Wajda, 1986), grał lumpenproletariackiego Papkina (1986) i pewno planował, jakby z tego kręgu Danielaka umknąć tak, by mieć ciastko i zjeść je. Udało mu się. W teatrze objawił się jako jadowity Porfiry w *Zbrodni i karze* Dostojewskiego, w filmie kreował coraz bardziej wieloznaczne role u Bajona, Zanussiego i Kieślowskiego (Filip Mosz w *Amatorze*). A że sławy mołojeckiej też się nie wypierał, więc zagrał znów Danielaka II w *Bohaterze roku* Falka i Piszczyka w *Obywatelu Piszczyku* Kotkowskiego. Przede wszystkim zagrał zaś - i grał go przez 10 lat! - Kon-

trabasistę Süskinda, wspaniały, sentymentalny monolog o ułomności sztuki i złym życiu. Przy tych wszystkich okazjach sprzedawał Stuhr całkiem nowe oblicze Danielaka. Wynikało z niego, że „moralny niepokój" odzywać się miał najpełniej w duszach ludzi banalnych, a nie w jaźni herosów. I to mu się także udało, zaś w tym procesie dopomogły mu (bo jego samego wzbogaciły o zbawienne poczucie dystansu!) doświadczenia z coraz częstszych po 1981 podróżach do Włoch, gdzie rozwijał nadspodziewanie wszechstronną aktywność pedagogiczną, reżyserską, aktorską. To we Włoszech, w Centrum w Pontaderze zagrał po raz pierwszy *Romulusa Wielkiego* Dürrenmatta, na 16 lat przed premierą w Starym T. Grał tam także po włosku Bałandaszka w *Onych* Witkacego, Dyrektora filharmonii w *Rzeźni* Mrożka, Riboudela w *Balu manekinów* Jasieńskiego.

Wspomniany wyżej *szwung* pozwolił mu to wszystko połączyć z rektorowaniem w krakowskiej PWST (1990-1996), z graniem w Starym T., z reżyserską aktywnością w nowohuckim T. Ludowym. Te jego reżyserie budziły sprzeczne uczucia w Krakowie (*Stuhr reżyserował „Makbeta" Szekspira, a wyszła mu bułka z masłem*), ale zdobywały nagrody w Edynburgu. Występował też w filmach Machulskiego (*Kingsajz*, *Kiler*), ale także i u Kieślowskiego (Jurek w *Trzech kolorach. Biały*). Na koniec zajął się reżyserią filmową: *Spis cudzołożnic* (1994), *Historie miłosne* (1997). Zwłaszcza drugi z tych filmów zdobył powszechną popularność. Także za granicami kraju, we Włoszech, w USA. *Artystą się bywa wtedy, kiedy zaczyna się robić coś nowego, co nie powiela starych dokonań* – swe motto realizuje Stuhr z zadziwiającą konsekwencją. Jest autorem autobiograficznej książki *Choroba sercowa* (1992).

Danuta Szaflarska

ur. 6 II 1915, Kosarzyska

Z dyplomem PIST jechała w sierpniu 1939 do Wilna na próby swej pierwszej sztuki, a miała nią być *Obrona Ksantypy* Morstina – wyprzedziła ją wojna. W litewskim już Wilnie zadebiutowała na Pohulance rólką Pernette w *Szczęśliwych dniach* Pugeta (14 IX 1939), zdążyła też jeszcze zagrać

Danutu Szaflarska

Pannę Maliczewską Zapolskiej. W 1942 wraca do okupowanej Warszawy, wychodzi za mąż za pianistę Jana Ekiera, rodzi mu córeczkę. W 1945 stawia się do pracy w krakowskim Starym T., błaha *Roxy* Connorsa dzięki urokowi i grze Szaflarskiej osiąga ilość stu przedstawień. Następny sezon to już T. Kameralny w Łodzi i seria błyskotliwych kreacji. Edmund Wierciński obsadza ją w *Elektrze 38* Giraudoux jako Alkmenę, po premierze *Homera i orchidei* Gajcego pisze Wojciech Natanson: *Szaflarska jest obecnie wielką nadzieją naszego dramatu poetyckiego. Ma wyczucie poezji, rytmu, muzykalności. Ma świeżość, pokorę artystyczną, dowcip i niebanalny ton, chroniący przed skostnieniem.* A potem karierę skomplikował film. Niewyobrażalny sukces *Zaka-*

Danuta Szaflarska jako *Czarująca szewcowa* Lorki, obok Witold Filler (!).

zanych piosenek (1947), w których grała główną rolę, wywołał lawinę ofert: *Skarb*, *Dwie godziny*, *Warszawska premiera*. W uporządkowanym gospodarstwie Erwina Axera, które zdążyło się już przenieść do stolicy jako T. Współczesny, podobna nadaktywność aktorki burzyła rytm pracy, Szaflarska gra więc w teatrze rzadziej, acz stale role znaczące: Ruth w *Niemcach* Kruczkowskiego, Kitti w *Domku z kart* Zegadłowicza, pielęgniarka Zofia w *Ostrym dyżurze* Lutowskiego. Ostatnia z tych premier odbyła się w T. Narodowym, nastąpiła bowiem kilkuletnia fuzja obu zespołów. Axer firmował jeszcze *Aszantkę* Perzyńskiego (1957), ze stylową rolą tytułową Szaflarskiej, po czym wrócił na ul. Mokotowską, aktorka została na pl. Teatralnym. Za krótkiej dyrekcji Wilama Horzycy gra *Czarującą szewcową* Lorki. Recenzje niemal kopiują łódzkie peany Natansona: wyczucie poezji, delikatność gry, dowcip. Tyle że minęło 10 lat. Kazimierz Dejmek obejmując dyrekcję T. Narodowego obsadzi ją, już w pierwszym swym sezonie, w dwóch wielkich rolach. Jako *Barbara Radziwiłłówna* Felińskiego zaskakuje dramatyczną siłą wyrazu. Jako Żaneta w *Wilkach nocy* Rittnera podbija temperamentem dojrzałej kobiety. Kolejna propozycja obsadowa to Babcia w *Grubych rybach* Bałuckiego. Artystka podejmuje wyzwanie. Drobna, w siwiutkiej peruce drepce sobie pogodnie po scenie, pokazując, że i starość potrafi zagrać. Jest rok 1964, Szaflarska ma zaledwie 49 lat. W 1966 przenosi się do T. Dramatycznego m.st. Warszawy, by w *Nocy cudów* Gałczyńskiego grać... Babcię Lorelei. A potem Kostrzewską w *Pamiątkowej fotografii* Jurandota, uroczą Cleę w *Czarnej komedii* Shaffera. Lata biegną. Aktorka zdaje się być ponad *emploi*, zaś przede wszystkim ponad czasem. Jeszcze w latach dziewięćdziesiątych odnosi sukcesy na planie filmowym: Wiedźma w *Diabłach* Kędzierzawskiej, Babcia w *Skardze* Wójcika, Siostra Feliksa w *Faustynie* Łukaszewicza, nagrodzona w Gdyni Doktorowa w *Pożegnaniu z Marią* Zylbera (1993). W 1995 otrzymuje nagrodę Ministra Kultury za kreację w *Miłości na Krymie* wystawionej w T. Współczesnym, w reżyserii Erwina Axera. Koło się zatem zamyka. A w rok potem *kapitalna* (Roman Pawłowski) rola Babci w *Tangu* Mrożka. Także w T. Współczesnym i nowa rola u Kędzierzawskiej!

Grażyna Szapołowska

ur. 19 IX 1953, Bydgoszcz

Piękna gwiazda kina, która kilka swych pierwszych lat w zawodzie podarowała scenie. Była studentką III roku warszawskiej PWST, kiedy jej rektor, Tadeusz Łomnicki otwierał własny teatr – zagrała więc Ingę w inaugurującym T. na Woli *Pierwszym dniu wolności* Kruczkowskiego (1976). Publiczność odnotowała przede wszystkim, że jest pełna seksu, krytycy nieco marudzili, ale zgodzili się, że zaskakuje prawdą ekspresji. Po dyplomie za-

Grażyna Szapołowska w filmie *Bez końca* Kieślowskiego

angażowała się do Adama Hanuszkiewicza; jej debiut na scenie narodowej to Księżniczka w *Śnie srebrnym Salomei* Słowackiego (1977). Zawiłości poetyckiej frazy przezwyciężyła swym urokiem, nie zdołała atoli pokonać własnej współczesności. Tę narzucał i umacniał w niej film, a była już wtedy po czterech filmowych premierach (pierwszą był telewizyjny *Telefon Szyszki*, 1974). Film zresztą wygrał z teatrem. Szybko i bezapelacyjnie. Zdążyła jeszcze zagrać trzy sceniczne role: Arycję w *Fedrze* Racine'a, ponętną Śmierć w *Dekameronie* Boccacio oraz przesyconą neurotycznymi obsesjami Maję w *Opętaniu* Gombrowicza (wspomina, że na każdym spektaklu traciła z nerwów ponad kilogram!). Ale tu w kolejce do jej kalendarza stali Krzysztof Kieślowski, Jerzy Hoffman, Filip Bajon (*Magnat*), Ryszard Ber, Jerzy Gruza, Sylwester Chęciński, Andrzej Barański (*Tabu*), Janusz Rzeszewski (*Lata dwudzieste, lata trzydzieste* i rola Ordonki!). Propozycje nadchodziły z Jugosławii (*Zapach ziemi* Jovanowića) i Węgier. Właśnie rolą w węgierskim filmie Makka (*Inne spojrzenie*) otarła się o główną nagrodę kobiecą w Cannes (1989) – dostała ją wtedy inna polska aktorka, grająca w tym filmie. Byli tacy, co mówili, że jurorom po prostu pomyliły się nazwiska nieznanych im panienek znad Wisły. Już wkrótce nic takiego nie mogłoby się wydarzyć – Szapołowska w sposób niekwestionowany zaistniała w europejskim kinie. Pracowała w Republice Federalnej Niemiec, ZSRR, Szwajcarii, najczęściej we Włoszech. *La condonna* (reż. Bellocchio), *Wild obsession* (reż. del Punta) i telewizyjny serial *Piazza di Spagna* przyniosły jej w 1991 nagrodę Republiki Włoskiej. Z tych wszystkich filmów sama artystka najwyżej ceni swój udział w *Krótkim filmie o miłości* (reż. Kieślowski). Na popularność Szapołowskiej nie bez wpływu był niewątpliwie fakt, iż do pewnego momentu nie odczuwała obaw, by pokazać się kamerze ubrana jedynie w nagość. Określiła to po latach szczerze: *Byłam młoda, naiwna i wybrałam taką drogę. Seks jako narzędzie pracy. Reżyserzy to wykorzystali. Im nie zawsze pomogło. Mnie chyba tak.*

Dziś się już w kinie nie rozbiera. W teatrze też. Poza wszystkim, mąż-dyplomata pewno by nie pozwolił. Wajda oferował jej rolę Telimeny w swoim *Panu Tadeuszu*.

Joanna Szczepkowska

ur. 1 V 1953, Warszawa

Córka wybitnego aktora, który – wedle jej własnych słów – błagał ponoć kolegów, by nie przyjmowali Joasi do szkoły teatralnej. Przyjęli. Od 1975 działała i działa na czołowych scenach Warszawy. W T. Współczesnym, z którym etatowo związana była do 1981, debiutowała jako przesycona wiośnianą słodyczą Ania w *Wiśniowym sadzie*, by po latach błysnąć tam uroczo perfidną Carycą Katarzyną w *Semiramidzie* Wojtyszki; w T. Dramatycznym grała gościnnie Kordelię w *Królu Learze*, w T. Polskim zdobyła pierwszą sceniczną okazję, iżby zetknąć się z Wyspiańskim (Panna Młoda w *Weselu*, 1984) oraz Fredrą (nagrodzona na Opolskich Konfrontacjach Aniela w *Ślubach*, 1985), wreszcie w T. Powszechnym, z którym współpracuje do dziś, zagrała swoje najbardziej znaczące role: Emilkę w *Lekcji polskiego* Bojarskiej, Spikę w *Onych* Witkacego, Rachelę w *Weselu*. Partnerowała w tych przedstawieniach czołowym aktorom polskim, stali naprzeciw niej Łomnicki-Kościuszko, Holoubek-Lear i Jan Englert jako fredrowski Gucio. Umiała spro-

Joanna Szczepkowska w filmie *Jezioro Bodeńskie* Zaorskiego

stać tym wyzwaniom. Zdaje się być aktorką spontaniczną, ale jej gra, tak żywiołowa, że sprawia nieledwie pozór improwizacji, jest w gruncie rzeczy każdorazowym efektem szczegółowych analiz i żmudnych ćwiczeń. W jednym z wywiadów wspomina, ile dni pracy kosztowało ją przy *Ślubach panieńskich* zestrojenie rytmu dialogu z rytmem robótki ręcznej, by z niej właśnie uczynić przekaźnik sercowych magnetyzmów swej Anieli. Dbałość o formę uznając za program, jest przy tym Szczepkowska osobą pełną kobiecości, a jeśli rola tego wymaga, to także pełną seksu, jeśli bardzo trzeba, to nawet otrze się o perwersyjność – zdobi tym wszystkim swoje role niczym ciasto lukrem. A obsesja formy nie zatrąca nigdy o sztuczność! Nawet we wspomnianej tu witkiewiczowskiej Spice Tremendosie, którą krytyka uznała za wzorzec w żonglerce atrybutami czystej formy, nie zatraciła artystka na jotę prawdy roli. Często występuje w TV (Justysia w *Mężu i żonie* Fredry, Ruta w *Egipskiej pszenicy* Jasnorzewskiej-Pawlikowskiej, Reneé w *Madame de Sade* Mishimy, Lady Makbet z Olbrychskim, Wisnowska w *Czarnym romansie* Terleckiego, *Damski interes* Zanussiego, *Sława i chwała* Kutza), chętnie pojawia się na estradzie, w filmie rzadziej, za to u Wajdy (*Kronika wypadków miłosnych*), Kieślowskiego (*Dekalog*), Konwickiego (*Dolina Issy*). Ostatnio poczęła teksty zawodowców podmieniać własną twórczością literacką, czym mniej zachwyciła recenzentów, ale jej monodram *Goła baba*, sarkastyczna samokrytyka artystki, którą kiepskie czasy zmuszają do kiepskiej produkcji, cieszy się u widzów znacznym powodzeniem.

Andrzej Szczepkowski

26 IV 1923, Sucha ☆ 1 I 1997, Warszawa

Artysta o nieprzeciętnym charakterze i wszechstronnych uzdolnieniach. W 1968 zrezygnował ze stanowiska dyrektora T. Dramatycznego m.st. Warszawy oraz z pełnionej przez dwie kadencje funkcji prezesa ZG ZZ Pracowników Kultury i Sztuki na znak protestu przeciw represjom marcowym. W latach 1976-1980 był wiceprezesem SPATiF, wybrany w 1980 prezesem odrodzonego ZASP pełnił te obowiązki aż do rozwiązania organizacji

Andrzej Szczepkowski

Andrzej Szczepkowski

w 1982. W 1989 wybrany senatorem z listy „Solidarności". Słynął w środowisku z poczucia humoru i ciętego dowcipu, czemu dał pisemny wyraz w zbiorku fraszek i limeryków *Słóweczka*. Debiutował tuż po wojnie w Krakowie, grając w T. Kameralnym rolę oficera niemieckiego w *Burmistrzu Stylmondu* Maeterlincka. *Byłem tak przejęty – wspominał – że zgoliłem sobie łeb na niemieckiego jeżyka i ucharakteryzowałem gębę na tak szkaradną, że gdy wracałem po spektaklu do domu tramwajem, publiczność odwracała się ode mnie z wyraźnym obrzydzeniem, co uznałem, oczywiście, za sukces.* Przez większość życia związany z teatrami warszawskimi, miał to szczęście, że wielki Schiller powierzył mu dwie główne role w swoich inscenizacjach: Bardosa w *Krakowiakach i Góralach* i *Sułkowskiego* Żeromskiego (obie w T. Narodowym). Grał także m.in. Higginsa w *Pigmalionie* Shawa, Gospodarza w *Weselu*, *Ambasadora* Mrożka, Przyjaciela w *Adwokacie i różach* Szaniawskiego, Dyrektora Filharmonii w *Rzeźni* Mrożka. Własny styl gry tak charakteryzował: *Zawsze będę bronić gry z dystansem. Dojrzały artysta wie, w jakim materiale, w jakiej epoce może się dystansować, a gdzie musi się identyfikować. Gdybyśmy chcieli identyfikować się w pełni, to grając Otella musielibyśmy co wieczór dusić jakąś Desdemonę.* Był zięciem Jana Parandowskiego, ojcem Joanny Szczepkowskiej.

Szymon Szurmiej

ur. 18 VI 1923, Łuck

Studia aktorskie wojenna zawierucha kazała mu kończyć w dalekiej Ałma-Acie (1945), a dramatyczne zawikłania zezwoliły wrócić na scenę polską dopiero w 1951. Przez kilkanaście lat działał w Opolu i Wrocławiu, poświęcając się zwłaszcza pracom reżyserskim. Na scenach wrocławskich wystawił m.in. *Krakowiaków i Górali* Bogusławskiego, *Balladynę* Słowackiego, *Pana Jowialskiego* Fredry, zaś jego inscenizacja *Lubow Jarowaji* Treniewa (T. Współczesny, 1964) przyniosła na festiwalu katowickim nagrodę odtwórczyni roli tytułowej, Marlenie Milwiw. Od 1969 pracuje w Państwowym T. Żydowskim im. E.R. Kamińskiej w Warszawie jako dyrektor, reżyser i aktor, tworząc szereg znaczących kreacji przede wszystkim w klasycznym repertuarze jidysz (Hocmuch w *Śnie o Goldfadenie*, Menachem Mendl w *Tewje Mleczarzu*, Ziamke Gingold w *Spadkobiercach* Alojchema, Hołoweszko w *Poszukiwaczach złota* tegoż autora), ale także i w repertuarze światowym (Willy Loman w *Śmierci komiwojażera* Millera, Mendel Krzyk w *Zmierzchu* Babla,

Szymon Szurmiej jako Mendel Krzyk w *Zmierzchu* Babla

Szymon Szurmiej

Chagall w *Zaczarowanym świecie*). Swym aktorstwem nawiązuje Szurmiej świadomie do tradycyjnej stylistyki starego teatru żydowskiego, w którym rubaszna rodzajowość sąsiaduje z melancholią, a komediowy rytm narzucają akcji wodewilowe kuplety. Dramatyczną prostotę gry demonstrował, kiedy przychodziło mu zmierzyć się z takimi rolami, jak choćby Doktor Korczak w *Planecie Rio* Grońskiego (1978). Występował też w licznych filmach polskich, amerykańskich, niemieckich, m.in. w *Austerii* Kawalerowicza i *Wichrach wojny*.

Aktywność teatralną łączy z wszechstronną działalnością w krajowych i międzynarodowych organizacjach żydowskich. Odznaczony dwukrotnie Nagrodą Miasta Wrocławia, Złotą Lirą Dawida (Izrael), nagrodą artystyczną im. Abrahama Goldfadena (USA), Krzyżem Komandorskim Orderu Odrodzenia Polski (1993). Żona, Gołda Tencer, jest wybitną aktorką warszawskiego Teatru Żydowskiego, syn Jan i córka Lena reżyserują na scenach polskich.

Aleksandra Śląska

4 X 1925, Katowice ☆ 18 IX 1989, Warszawa

Bohaterkami Śląskiej rządzą skrywane emocje, są to uczucia wielkie, co nie znaczy szlachetne. I z zasady są to uczucia wiodące do zguby – pisała Marta Fik. W żarze tych namiętności spalała się większość bohaterek, kreowanych przez artystkę: Blanche w *Tramwaju zwanym pożądaniem* Williamsa, Alicja w *Tańcu śmierci* Strindberga, Matka Joanna w *Demonach* Whittinga, często siłą swego ognia zagrażając przy tym otoczeniu, jak Charlotte Corday w *Maracie-Sade* Weissa, Inga w *Pierwszym dniu wolności* Kruczkowskiego, Arkadina w *Mewie* Czechowa. Podobne właściwości cechowały też jej bohaterki filmowe, a szczególną popularność przyniosły jej Esesmanka z *Ostatniego etapu* Jakubowskiej, Lisa z *Pasażerki* Munka, Bona z *Królowej Bony* czy Joanna z telewizyjnej *Czarnej sukni*, nagrodzona Grand Prix na festiwalu w Pradze (1968); do historii polskiego dubbingu przeszła jej wersja *Elżbiety, królowej Anglii* w angielskim serialu. *Byłam ostatnią uczennicą Juliusza Osterwy* – mówiła o sobie – *to on wprowadził mnie w ten urzekający, tajemniczy świat, jakim jest sztuka w ogóle, a teatr w szczególności. Moimi mistrzami byli Solski, Leszczyński, Jaroszewska. Pracując pod ich kierunkiem ani przez moment nie myślałam, że wykonuję jakiś „zawód" – było to uczestnictwo w niekończącym się misterium, w przygodzie, jaką pozostaje dla mnie teatr do dziś.*

Szkołę Dramatyczną przy T. im. Słowackiego w Krakowie ukończyła Śląska wiosną 1947. Jeszcze podczas studiów zagrała w tym teatrze siedem ról, były to przeważnie urocze, młode amantki – Stella w *Fantazym*, Aniela w *Wielkim człowieku do małych interesów* Fredry, lecz także tragiczna Amelia w *Mazepie*. W latach 1949-1956 oraz 1959-1961 pracowała w T. Współczesnym w Warszawie, zaś w trzyleciu 1956-1959 i po 1961 w Ateneum. Tu wyraźnie krystalizuje swoje *emploi*, interesują ją postaci kobiet o skomplikowa-

Aleksandra Śląska

Aleksandra Śląska
w filmie *Pasażerka* Munka

nej psychice i bogatym życiu wewnętrznym. Do już wymienionych należałoby dopisać m.in. Ruth w *Niemcach* Kruczkowskiego, Joannę w *Uwięzionych z Altony* Sartre'a, Helenę w *Wujaszku Wani*, Idalię w *Fantazym*, Katarzynę w *Polonezie* Sity, Raniewską w *Wiśniowym sadzie*. Jakże pięknie powiedział o niej Andrzej Łapicki: *To ta królewska uroda, ten niepowtarzalny kolor włosów, jakiś różowozłoty, predestynował Olę do ról tych wyniosłych królowych, tych wszystkich okrutnic i tajemniczych uwodzicielek Czechowa czy Strindberga, które rzucały mężczyzn na kolana.* Od 1955 związana ze stołeczną PWST, gdzie w 1987 uzyskała tytuł profesora nadzwyczajnego. Żona Janusza Warmińskiego, dyrektora Ateneum.

Hanna Śleszyńska

ur. 11 IV 1959, Warszawa

Jestem aktorką charakterystyczną. Już w szkole następuje podział. Ta, która nie jest amantką, zostaje charakterystyczną. I tylko pytanie, co dalej z tą charakterystycznością się zrobi. Trzeba pokazać jak najwięcej własnych możliwości. Nie można być nijaką. Nijaką Śleszyńska nie była nigdy. Zmuszały ją do tego już same warunki zewnętrzne. Niewysoka, nie smukła, nie olśniewała hollywoodzką urodą. Na szczęście wiedziała, co z tym zrobić. Z warszawskiej PWST (1982) poszła to T. Komedia. Stawka na Olgę Lipińską profituje obu paniom do dziś, choć Lipińska dawno już nie jest dyrektorem, a Śleszyńska od 1990 współpracuje z teatrem Hanuszkiewicza. Teatr nie stanowił dla niej nigdy głównego pola działań, acz w *Kramie z piosenkami* Schillera (T. Komedia, 1984) przez 350 wieczorów dwoiła się i troiła w solówkach, duetach i ansamblach. Dziś troi się w telewizyjnym kabareciku Olgi Lipińskiej. *Ten kabaret daje mi niesamowite możliwości transformacji: miałam już na sobie wszystkie rodzaje kostiumów czy peruk, śpiewałam wszystkie rodzaje piosenek. Gdzie indziej byłoby to możliwe?* Magiczne talenty transformacyjne łączy Śleszyńska z mistrzostwem w precyzyjnym plasowaniu point. Bo w kabarecie to właśnie jest najważniejsze: umieć strzelić słowem tak, by trafiło. Ten dar opanowała w stopniu absolutnym: strzelić słowem, a potem jeszcze dobić wytrzymanym spojrzeniem. Kabaret Lipińskiej stwarza po temu optymalne możliwości, choć Śleszyńska ćwiczy i u konkurentów. Na przykład w telewizyjnym cyklu *Opary absurdu* Andrzeja Zaorskiego. W hanuszkiewiczowskim T. Nowym wykorzystuje swą telewizyjną tożsamość dla celów, jakie zleca dyrekcja. Gdy ona każe, Śleszyńska udaje Rachelę w *Weselu* (1990) czy Infantkę w *Cydzie* (1991). Swe rzeczywiste umiejętności aktorskie demonstruje przy okazjach tak niecodziennych, jak choćby serial *Boża podszewka* Cywińskiej (1998), gdzie najstarszą z rodzeństwa, źle wydaną za mąż, Józię, zagrała z urzekającą powściągliwością i jakże przy tym wyraziście. Talentu nie skąpi też widzom z całej Polski, którzy tłoczą się na występach jej absolutnie prywatnego kabareciku *Tercet czy kwartet*.

Jan Świderski

Jan Świderski
14 I 1916, Chmieliniec ☆ 18 X 1988, Warszawa

Należał do tych największych. Absolwent przedwojennego PIST (1938) stawił się do pracy w wyzwolonym Lublinie, by wejść w skład zespołu T. Wojska Polskiego. W Łodzi we współpracy z Leonem Schillerem stworzył

Jan Świderski jako *Fryderyk Wielki* Nowaczyńskiego

jedną z ról, którą zapisał się w historii: Barona w *Na dnie* Gorkiego (1949). Udowodnił w niej, że rozdarcia psychiczne powodują nieodwracalnie degenerację fizyczną człowieka. Z Schillerem przyszedł potem do warszawskiego T. Polskiego, gdzie tworzył do 1955. Obowiązujący w tamtych latach wariant realizmu konsekwentnie wzbogacał groteską, nie stroniąc nawet od znamion patologicznej deformacji. (Major w *Sprawie Pawła Eszteraga* Gergely). Potem przez 11 lat kierował T. Dramatycznym m.st. Warszawy (1955-1966). Poeta z *Wesela*, Stary z *Krzeseł* Ionesco, Kreon z *Antygony* Sofoklesa, *Romulus Wielki* Dürrenmatta, Quentin z *Po upadku* Millera. O każdej z tych ról pisano rozprawy, jak i o jego późniejszych kreacjach z T. Ateneum, gdzie działał od 1966 aż do śmierci. Te kolejne role to m.in. Mendel Krzyk (*Zmierzch* Babla), Markiz de Sade (*Marat-Sade* Weissa), Solomon (*Cena* Millera), Szambelan (*Głupi Jakub* Rittnera), Filip II (*Don Carlos* Schillera), Edgar (*Taniec śmierci* Strindberga), *Fryderyk Wielki* Nowaczyńskiego. Grywał też gościnnie na różnych scenach Cześnika Raptusiewicza w *Zemście*, była to jakby jego wizytówka objazdowa, prezentował się w tej roli bardzo godnie. Z licznych prac telewizyjnych wymienić trzeba symbolicznie Marmieładowa w monodramie wg *Zbrodni i kary*. Tu z kolei demonstrował tragizm ludzkiego upodlenia. Także w jego fizycznym zeszmaceniu.

Napisał kiedyś, że *cała tajemnica dobrego aktorstwa to tylko technika operowania swoją psychiką*, zaś tłumacząc rzadką swoją obecność na filmowym ekranie dodał coś takiego: *Filmu nie lubię, bo to się robi raz i potem się na to patrzy. A patrzeć bez możliwości poprawienia tego, co się zrobiło, to prawdziwa męka.* Te dwa stwierdzenia określają istotę sztuki Świderskiego. W teatrze dostrzegał sposób na poznanie duszy ludzkiej. Był realistą, więc sekrety duszy przekładał na język znaków fizycznych. Był w pewnym sensie tradycjonalistą, naoglądał się w młodości starych mistrzów, zauroczył ich kunsztem i odczuwał instynktowną niechęć do nowych mód. Przed staroświecczyzną uchroniła go obsesja stałego doskonalenia własnej pracy – reprezentował zatem aktorstwo wiecznie żywe i w sposób bezsporny wzbogacające widza w wiedzę o człowieku. Jego temperament przesądzał o tym, iż była to edukacja wolna od nudnej dydaktyki. Ot, stary czarodziej opowiadał ze sceny o dziwnych ludziach...

Gołda Tencer

ur. 2 VIII 1949, Łódź

Czołowa artystka Państwowego T. Żydowskiego w Warszawie. Szczególnie pewnie czuje się w klasyce jidysz, która wymaga od swych wykonawców płynnego przechodzenia od posępnego patosu do radosnej, przepełnionej krzykliwą emocją rodzajowości. Wymaga też, zgodnie z tradycjami dawnego teatru Goldfadena, zdolności wokalnych. Tej przemienności nastrojów

Gołda Tencer w widowisku *Świat moich marzeń*

potrafi Tencer nadać znamiona prawdy. Do jej czołowych ról należą: Mirełe w *Śnie o Goldfadenie*, Bella w *Wielkiej wygranej* Szoloma Alejchema, Rejzele i królowa Esterka w *Herszele z Ostropola* Zonszajna, Czarodziejka w *Błądzących gwiazdach* wg Alojchema. Grywa też z powodzeniem repertuar *stricte* dramatyczny zarówno żydowski, jak i światowy: Lea w *Dybuku* An-skiego, Estera w *Urielu Acosta* Gutzkowa, Miss Forsyth w *Śmierci komiwojażera* Millera. Obdarzona głębokim, dźwięcznym mezzosopranem występuje często przed mikrofonami radia i telewizji w Niemczech, Izraelu, USA, koncertuje też w Polsce, specjalizując się zwłaszcza w pieśni i piosence żydowskiej, świetna także w songach Brechta.

Jest absolwentką studium aktorskiego przy PTŻ (1971), a aktywną działalność artystyczną łączy z funkcją dyrektora Fundacji Shalom, specjalizującej się w światowej promocji kultury polsko-żydowskiej. Występowała w licznych filmach (*Austeria* Kawalerowicza, *Dawid Stein* Lilenthala, *Wichry wojny*), coraz częściej zajmuje się też reżyserią. W 1983 została nagrodzona Złotą Lirą Dawida, przyznawaną w Izraelu za osiągnięcia w propagowaniu kultury żydowskiej.

Jerzy Trela

ur. 14 III 1942, Leńcze

O niezwykłym statusie tego aktora w środowisku przesądziły dwie role sprzed ćwierćwiecza. To Konrad-Gustaw w *Dziadach* (1973) oraz Konrad w *Wyzwoleniu* Wyspiańskiego (1974). Obie grane w krakowskim Starym T., obie w reżyserii Konrada Swinarskiego. *Był wspaniałym partnerem do odkrywania roli* – powiedział Swinarski o Treli – *bo ja gotowej recepty nie miałem. On je współwymyślił i współtworzył.* O tych dwóch rolach pisali wszyscy liczący się wówczas krytycy polscy, używając wszystkich korzystnych przymiotników, jakie zna polszczyzna. Można by je tu przytoczyć, ale lepiej chyba oddać głos samemu Treli: *Grając te postacie narodowe miałem tylko jedno wyjście – sobie stawiać pytania padające w dramacie.* Rezultat, jak się rzekło, przeszedł już do historii. Po takim sukcesie aktor skazany jest już tylko na jakąś

Jerzy Trela

Jerzy Trela w filmie *Epitafium dla Barbary* Majewskiego

produkcję uboczną. Toteż Trela został rektorem PWST w Krakowie, został posłem na Sejm. Ale polityczna aktywność go nie interesowała, swą lokatę w hierarchii społecznej wykorzystywał głównie dla dobra prowadzonej przez siebie uczelni. Z działań scenicznych należałoby może wspomnieć o tym, co było przedtem: absolwent krakowskiej PWST (1969), udzielał się jako student w pracach Teatru STU, zdobył nawet jakąś nagrodę w RFN, profesjonalny debiut odbył w T. Rozmaitości (Gołubkow w *Ucieczce* Bułhakowa), w 1970 przeszedł do Starego. Potem – pomijając wszystko, co było repliką, powtórzeniem, przetworzeniem (nieraz wspaniałym), warto wspomnieć o próbach zaznaczenia przez Trelę jego możliwości charakterystycznych - za rolę Ojca w *Ślubie* Gombrowicza zdobył nagrodę na festiwalu wrocławskim (1991). W studio TV odnotował dwie kreacje godne tych z legendy. Pierwsza to *Stalin* Salvatore (1992), gdy Kazimierz Kutz kazał mu się zmierzyć z Łomnickim; konfrontacja wyzwoliła w Treli całkiem nowe barwy, a i Josif Wissarionowicz zyskał na tym kilka zaskakujących brzmień. Druga to Górewicz w *Nocach Walpurgii* Jerofiejewa (1991), współczesnym wariancie dostojewszczyzny. W filmie nie trafiła się Treli rola życia, chociaż występował u takich mistrzów, jak Krzysztof Kieślowski (*Trzy kolory. Biały*), Agnieszka Holland (*Kobieta samotna*), Radosław Piwowarski (*Autoportret z kochanką*). Natomiast w 1997 powierzył mu Jerzy Jarocki zagranie Mefistofelesa w *Fauście* Goethego. Rola, utwór i inscenizator wspólnie pozwoliły stworzyć Treli kolejną wielką kreację. Krytycy pisali, iż *był bardziej ludzki niż Faust, choć grał trochę od niechcenia i odrobinę na wiwat*. Wydaje się po prostu, że aktor znów „postawił sobie pytania", zaś odpowiedzi okazały się znów pasjonujące dla odbiorcy.

Izabela Trojanowska
ur. 22 IV 1955, Olsztyn

$\mathcal{P}$od koniec dekady Gierka była objawieniem dla wszystkich punków PRL. Śpiewała z Budką Suflera, a na festiwalu opolskim uczyła swoich fanów skandować hasełko *Podaj cegłę!* Szczupła niczym przysłowiowa osa, z ogromnymi oczami, z przystrzyżoną na krótko fryzurą. W 1971 zdobyła nagrody za debiut na piosenkarskich festiwalach w Zielonej Górze i Opolu, ale uciekła z estrady do studium aktorskiego przy T. Muzycznym w Gdyni. Jej profesorem był tam Henryk Bista, a dyr Danuta Baduszkowa na debiut przydzieliła jej popisową rolę Donny Inez w *Zielonym Gilu* Tirso da Moliny (1977), potem grała Raisę w *Poemacie pedagogicznym* Makarenki. W latach 1978-1982 pracowała w warszawskim T. Syrena. W *Wielkim Dodku* Kofty towarzyszyła Dodkowi-Łazuce jako śliczna Zula Pogorzelska. Na jej urodzie poznał się od razu film. Zagrała główną rolę gnębionej przez złe życie debiutantki z prowincjonalnej rewietki w *Strachach*, według przedwo-

Izabela Trojanowska

Izabela Trojanowska
w rewii *Festiwal za 100 zł*

jennego bestsellera Ukniewskiej, flirtowała z Romanem Wilhelmim w *Karierze Nikodema Dyzmy*. Jej ulubioną formą wypowiedzi aktorskiej była piosenka. Umiała jej nadać kabaretową finezję, chociażby w *Czołowym zdarzeniu* Jana Pietrzaka (1979), a brawurowy rock'n'roll przesycić młodzieżową odmianą liryzmu (*Festiwal za 100 zł*, 1982). Jesienią 1982 wyjechała wraz z mężem informatykiem do Republiki Federalnej, pracą aktorską zajmując się tam sporadycznie. Od 1990 pojawiła się znów w Polsce. Najczęściej na estradzie, a jako aktorka w tele-noweli *Klan* (1998), gdzie buduje swój nowy *image* polskiej Alexis.

Marzena Trybała

ur. 16 XI 1950, Kraków

Aktorka ceni w sobie to, że *potrafi zagrać wszystko*. Istotnie, po studiach na krakowskiej PWST oszołomiła stateczne miasto Poznań rolą Marianny w *Opowieściach lasku wiedeńskiego* Horvatha (1973), gdzie polot gry wsparła pikanterią odważnych rozbieranek. Spektakl triumfował na Kaliskich Spotkaniach, a Trybała zagrała wkrótce farsową Madzię w *Porwaniu Sabinek* Schöntana. Pięć lat w poznańskim T. Polskim dało sugestywny przegląd rzeczywistych możliwości aktorskich przebojowej dziewczyny z Krakowa: Pam w polskiej prapremierze *Ocalonych* Bonda, Rachela w *Weselu*, Katarzyna w *Poskromieniu złośnicy*, Salomea w *Horsztyńskim*, Lektorowiczówna w *Janie Macieju Karolu Wścieklicy* Witkacego. Następne cztery lata w krakowskim T. im. Słowackiego to okres szlifowania formy – Trybała gra w reżyserii Krystyny Skuszanki dwie piękne, poetyckie role, Dianę w *Fantazym* i Zarieczną w *Mewie* Czechowa; a wieczorami szaleje na występach w kabarecie Jama Michalikowa i w Piwnicy pod Różą. W 1982 ściąga ją do T. Narodowego Adam Hanuszkiewicz, by wkrótce sam tę scenę opuścić, a wątek tea-

Marzena Trybała

tru w życiu Trybały należałoby w tym miejscu przerwać interwałem filmowym. Pierwsze kino artystki to studencki jeszcze *Dekameron 40* Butkiewicza (1971), ale potem poszło wręcz lawinowo. *Okrągły tydzień* Kijańskiego, *C.K. dezerterzy* Majewskiego, *Widziadło* Nowickiego, *Pismak* Hasa i liczne seriale telewizyjne: *Komediantka, Kopernik, W słońcu i deszczu, Z soboty na poniedziałek, Boża podszewka*. Rejestr zdobi udział w *Korczaku* Wajdy. W gruncie rzeczy Trybała staje się aktorką filmową. Jej żywiołowa młodość, jej piękna kobiecość zostały tu w pełni zagospodarowane. Tęsknotę za teatrem zabija sporadycznymi występami w warszawskim T. Polskim (Elmira w *Świętoszku* Moliera, 1994) lub w Ateneum, coraz częściej uprawiając po prostu komercyjną działalność objazdową z efektownym partnerem, w chwytliwej, dwuosobowej komedii.

Joanna Trzepiecińska

ur. 7 IX 1965, Tomaszów Mazowiecki

Absolwentka warszawskiej PWST, rocznik 1988, nagrała już kilkanaście filmów w Polsce i Wielkiej Brytanii, na scenie zaliczyła zaś zaledwie dwie prawdziwie znaczące role w stołecznym T. Studio, z którym przez te dziesięć lat jest związana. Obie z klasyki rosyjskiej: Ninę Zarieczną w *Dziesięciu portretach z czajką w tle* wg Czechowa (1989) oraz Helenę w także czechowowskim *Wujaszku Wani* (1993). Specyfika teatru powodowała, że ta rosyjskość, rozumiana zazwyczaj jako zawiesina duszoszczipatielnych nastrojów, stawała się w firmie Grzegorzewskiego pretekstem. Trzepiecińska próbowała jednak tłumaczyć widzom - zwłaszcza Helenę - właśnie kluczem klasycznej psychologii. *Pozornie zimna, ale cała wewnętrznie spięta, łaknąca daremnie uczucia* (Jacek Sieradzki). Wydawać by się mogło, że aktorce łatwiej byłoby się zaznaczyć w teatrze bardziej konwencjonalnym. Zagrała zresztą gościnnie Klarę w *Ślubach panieńskich* na deskach Ateneum (1990). I to zagrała z sukcesem. A jednak Trzepiecińska uparcie trwa przy Studiu. Są tacy, którzy ową fascynację próbują tłumaczyć kompleksem urody, która jakby ciążyła pięknej aktorce. Zwłaszcza że większość filmów, w których wystąpi-

T

Joanna Trzepiecińska
w filmie *Papierowe
małżeństwo* Langa

ła – od studenckiego debiutu w serialu *Rzeka kłamstwa* po Karolinę w *Pannach i wdowach* Zaorskiego (1991) czy Nieznajomą w *Balandze* Wylężałka (1993) – właśnie z bardzo współczesnej urody młodej artystki próbowały uczynić główną rację jej obecności na ekranie. *To na pewno spory kapitał wyjściowy, ale ona wyraźnie stawia na to, że musi istnieć także w innym wymiarze. Ten charakter ma już wypisany na twarzy* (Maria Malatyńska).

Mężem Trzepiecińskiej jest znany prozaik, Janusz Anderman. Sądząc z jej, niezbyt zresztą wylewnych, wypowiedzi prasowych, właśnie w mężu i w domu próbuje aktorka znaleźć oparcie dla swych upartych dążeń. *To przyjemność oglądać ładny obrazek, wiedząc, że kryje się za nim kawałek mózgu* – powiedział o Trzepiecińskiej Jan Nowicki.

Beata Tyszkiewicz

ur. 14 VIII 1938, Warszawa

Pierwsza dama polskiego kina. To zabawne, że film Polski Ludowej obrał sobie za pupilkę osobę o tak arystokratycznej urodzie. Weszła do studia wprost z warszawskiego Liceum im. Żmichowskiej, by zagrać Klarę w *Zemście* (reż. A. Bohdziewicz, 1957). Zagrała w stu niemal filmach, publiczność pamięta spośród nich zwłaszcza te, w których dawała ciało, serce i krew pięknym bohaterkom historii bądź literatury. *Lalka* Prusa i Hasa, Pani Walewska, Pani Hańska, heroina *Szlacheckiego gniazda* Turgieniewa, księżniczka w *Popiołach* Żeromskiego i Wajdy. Ludzie uznawali zgodność filmowej kopii z literackim oryginałem. Mało kto dociekał, ile wysiłku musiała aktorka wnieść, iżby taką zgodność uzyskać. Tyszkiewicz woli zatem wspominać filmy, które są tylko jej własnością. Co najwyżej dzieli ją z reżyserem. W Polsce spośród wielkich nie pracowała jedynie z Krzysztofem Kieślowskim i Jerzym Kawalerowiczem, nie zdążyła z Munkiem. Wspólnie z reżyserem – choć zdarzało się, że jakby i wbrew niemu – starała się, by jej uroda nie zakrywała prawdy. Po telewizyjnej *Niewdzięczności* Kamińskiego (1979) znajomi pytali, dlaczego wyglądała starzej od Gordon-Góreckiej. A przecież właśnie to zwierzęce zmęczenie w oczach robiło jej rolę, bo potwierdzało kryzys, w jaki córkę-Tyszkiewicz wpędza matka-Górecka! I właśnie role z tej kategorii dobitniej przetrwały próbę czasu: Beata we *Wszystko na sprzedaż* Wajdy, Katarzyna w *Zaduszkach* Konwickiego, Rebecca w *Rękopisie znalezionym w Saragossie* Hasa.

Na scenie teatralnej wystąpiła zaledwie jeden raz. W 1964 zażyczył sobie Jacek Woszczerowicz jej udziału w *Za rzeką, w cień drzew* Hemingwaya (T. Ateneum). Piękność Tyszkiewicz miała tłumaczyć skalę kompleksów jego bohatera. Zgodziła się. Woszczerowicz właściwie zagrał tę rolę za nią – ten czarownik potrafił to zrobić. Ale ona wiedziała już, że to nie jest jej miejsce – teatr. Zbyt dobrze znała swój własny, filmowy fach, iżby udawać, że włada też drugim. Występowała w filmach francuskich, niemieckich, radzieckich, węgierskich, belgijskich, hinduskich, gruzińskich. Grała u Leloucha, Michałkowa-Konczałowskiego, Marty Meszaros. Zdobywała nagrody, wygrywała plebiscyty, przypinano jej odznaczenia. Jest prezesem Fundacji Kultury Polskiej. Była żoną Andrzeja Wajdy, ma z nim córkę, Karolinę. Drugie dziecko, Victoria jest córką trzeciego męża, mieszkającego w Paryżu architekta.

T

Poczet aktorów polskich

Beata Tyszkiewicz w filmie *Marysia i Napoleon* Buczkowskiego

Mieczysław Voit

2 VIII 1928, Kalisz ☆ 31 I 1991, Warszawa

Artysta prawdziwie suwerenny. Przyznawało się do niego wielu protektorów, a on współdziałał z nimi, kiedy sam chciał, i tak długo, jak sam chciał. Rozpoczynał u Mieczysława Kotlarczyka. Z krakowskiej szkoły rapsodyków wyniósł nabożny stosunek do scenicznego słowa. Jeszcze po wielu latach wzdychał: *śni mi się teatr wytworny i aktor z dobrą dykcją*. Debiutował jako Marlowe w *Lordzie Jimie* Conrada (1948), grał też po wznowieniu w 1952 działalności T. Rapsodycznego Hrabiego w *Panu Tadeuszu* i Romea w *Aktorach z Elsynoru*. W międzyczasie zatrudniał się na innych scenach krakowskich, by odnaleźć swe miejsce w łódzkim T. Nowym. Z Kazimierzem Dejmkiem związał się w sposób szczególny. W Łodzi kreował Zygmunta Augusta w *Barbarze Radziwiłłównie* Felińskiego (1958), Hrabiego Henryka w *Nieboskiej komedii* Krasińskiego, Antoniusza w *Juliuszu Cezarze* Szekspira, Prospera w szekspirowskiej *Burzy* (1963). W T. Narodowym, gdzie pracował następnie z Dejmkiem przez trzy sezony, intensywność tej więzi dusz jakby przygasała, by rozgorzeć na nowo w najwspanialszym okresie Voita, kiedy znów się z Dejmkiem spotkali w Łodzi, znów w T. Nowym. Tu zagrał Voit księcia Himalaja w *Operetce* Gombrowicza (1975) oraz Barona w *Garbusie* Mrożka (1976). Obie role wyróżnione nagrodami na wrocławskich festiwalach. Himalaj to wspaniały przykład aktorskiej zabawy na scenie, to ironiczne *przywództwo w kabotynizmie* (Zygmunt Greń). Baron to fajerwerk warsztatowej omnipotencji: *ten pyszny wodzirej panuje nad sceną, cyzeluje swój dialog i żongluje nim lekko, punktuje niezawodnie, błyszczy klasą* (Józef Kelera). Aktorstwo Voita najpełniej sprawdzało się bowiem w szermierce słowem. Mniej go jakby interesowało wyrażanie uczuć poprzez gest, ruch czy sylwetkę. Za Kotlarczykiem wierzył, że muzyka słowa potrafi prze-

V

Poczet aktorów polskich

Mieczysław Voit jako
Milon w *Kruku* Gozziego

mawiać z dostateczną siłą. Co nie znaczy, że tamtymi instrumentami nie władał: jego kreacja w *Matce Joannie od Aniołów* Kawalerowicza (1961) stanowi przykład, jak właśnie grą oczu i twarzy, plastyką gestu odróżniał swego księdza Suryna od swego Rabina. Za tę podwójną rolę otrzymał w 1963 brazylijskie *Premio Sacci*.

Są też i tacy, którzy utrzymują, że najciekawszą sceną dla Voita było zawsze samo życie. Za dowcip i dar riposty, za sarkastyczny dystans do świata był ubóstwiany w środowisku kolegów. Przy tym wszystkim zaś *był arystokratą w prawdziwym znaczeniu tego słowa, tzn. człowiekiem, który umiał zachować się w najtrudniejszej sytuacji, nie tracąc panowania nad sobą* (Bohdan Korzeniewski). W ostatniej dekadzie życia wędrował sobie po scenach stołecznych (T. Dramatyczny, Ateneum, T. na Woli, T. na Targówku, T. Polski) demonstrując przy stosownych okazjach swe aktorskie mistrzostwo na scenie (Poloniusz w *Hamlecie*, Ateneum; Miguel de Unamuno w *Święcie rasy hiszpańskiej* Krzyżanowskiego, T. na Targówku; Mecenas w *Adwokacie i różach* Szaniawskiego, T. Polski) i na ekranie (Kotlicki w *Komediantce* Sztwiertni, Spowiednik w *Alchemiku* Koprowicza, Nieznajomy w *Czarnych słońcach* Zalewskiego).

Marek Walczewski

ur. 9 IV 1937, Kraków

Dwanaście lat na obu czołowych scenach krakowskich, ponad ćwierć wieku na kilku warszawskich, znaczące role w telewizji i filmie. Zwłaszcza film zaciążył na potocznym wyobrażeniu o tym aktorze, gdyż obsadzano go przeważnie w rolach psychopatów i zbrodniarzy. *Mojej matce* - wzdycha Walczewski - *sąsiadki mówią: syn pani to tylko morduje i morduje!* A przyczynił się do takiej opinii zwłaszcza malarz Niewiadomski ze *Śmierci prezydenta* Kawalerowicza i wydziwaczeni bohaterowie mrocznych filmów Piotra Szulkina. Przyczyniła też sama zewnętrzność aktora: łysy czerep czaszki, neurotyczny błysk w oczach, skrzypliwy przydźwięk głosu. Teatr także nadużywał tych łatwych skojarzeń, reżyserzy obsadzali Walczewskiego często w bohaterach niezbyt sympatycznych. Szczególnie reżyserzy warszawscy, bo w Krakowie zdążył zagrać *cum laude* cały kanon wielkiej literatury. Błyszczał jako Konrad-Gustaw, Hrabia Henryk w *Nieboskiej komedii*, Przełęcki w *Uciekła mi przepióreczka*, *Fantazy* i molierowski *Don Juan*; bawił też co weekend publiczkę w Jamie Michalikowej. Opuścić musiał zadymiony Kraków ze względów zdrowotnych: był alergikiem. W stołecznym T. Współczesnym zaczął w 1972 od Almaryka w *Punkcie przecięcia* Claudela; *kiedy pod koniec pierwszego aktu mówi monolog o tropikach – widzi się barwny, egzotyczny świat, czuje upał, słońce i morze* (Andrzej Hausbrandt). Tyle że wkrótce Jerzy Grzegorzewski namówił Walczewskiego na rolę Blooma w inscenizacji *Ulissesa* Joyce'a (T. Ateneum, 1973). I ze sceny powiało obłędem. A zaraz potem był Popriszczyn w *Pamiętniku wariata* Gogola. Poetyccy marzyciele pouciekali z rejestru ról Walczewskiego, wariaci sąsiadują tam dzisiaj z dziećmi szatana. W T. Studio zagra, zresztą wyśmienicie, posępną postać Ojca w *Pułapce* Różewicza (1984), zagra w pamiętnej inscenizacji *Tamary* Kranza (1990),

Marek Walczewski w filmie *Śmierć prezydenta* Kawalerowicza

rozgrywanej nie na scenie, lecz we wszystkich wnętrzach teatru, zastawionych serwowanymi przez sponsorów delicjami, gdzie widz wędrował w towarzystwie wykonawców. Walczewski grał gospodarza tych wnętrz, pisarza D'Annunzia. *I był to diabeł wcielony w D'Annunzia* (Krystyna Gucewicz). Od 1992 jest Walczewski aktorem T. Dramatycznego m.st. Warszawy, gdzie pracuje także jego żona, aktorka, Małgorzata Niemirska. Grali niedawno wspólnie w *Szaleństwach króla Jerzego* Bennetta (1994). Znów w szaleństwach! Można zrozumieć aktora, gdy w licznych wywiadach prasowych podkreśla, iż w kolejnym życiu chciałby zostać malarzem lub skrzypkiem.

Kazimierz Wichniarz

18 I 1915, Poznań ✩ 27 VI 1995, Warszawa

Środowisko pamięta aktora z przysłowiowej pogody ducha, która czyniła go ulubieńcem kolegów. A widzowie pamiętają z Zagłoby. Tubalny głos, kresowy akcent, wdzięk niedźwiedzia, radość życia w oczach. Pawlikowskiego przyćmił, a Kowalewskiemu przyćmić będzie trudno. Uczęszczał Wichniarz do studium przy poznańskim T. Polskim, egzamin przed komisją ZASP-u zdał w 1934, po czym pojechał do Łucka, do T. Ziemi Wołyńskiej. To tam złapał ten akcent śpiewny, podolski. Żołnierz kampanii wrześniowej, jeniec hitlerowskiego stalagu, zgłasza się do teatru natychmiast po zakończeniu działań wojennych na terenie Lubelszczyzny. Od 1946 decyduje się na trwałą współpracę z Wilamem Horzycą, wiernie mu towarzysząc w jego peregrynacjach po scenach polskich. Katowice, Toruń, Poznań, po roku 1957 wspólna praca w T. Narodowym. To chyba właśnie Horzyca uksz-

Kazimierz Wichniarz
w filmie *Potop* Hoffmana

tałtował w Wichniarzu tę zachwycającą równowagę pomiędzy witalną rubasznością a precyzją słowa. Obdarzony rodzajowością niemalże plebejską zachwycał w rolach poetyckich: Tezeusz w *Fedrze* Racine'a, Klaudiusz w *Hamlecie*, pułkownik Kotwitz w *Księciu Homburgu* Kleista, Sędzia w *Czarującej szewcowej* Lorki. Najbardziej przecież lubił grać w *Weselu*! Był w nim Czepcem, Szelą, Wernyhorą i Księdzem, gdy we fredrowskiej *Zemście* Cześnikiem i Dyndalskim (otrzymał za tę rolę Grand Prix na festiwalu w Opolu, 1984).

Ponad 30 lat działając na Scenie Narodowej, współpracował tam po śmierci Horzycy z Władysławem Daszewskim, Kazimierzem Dejmkiem, Adamem Hanuszkiewiczem, Jerzym Krasowskim. Popularność budowały mu role telewizyjne (Sędzia Soplica w hanuszkiewiczowskiej sadze według *Pana Tadeusza*) oraz filmowe, a wśród nich właśnie ów pełen ciepła i jowialność Pan Onufry Zagłoba w *Potopie* Hoffmana, choć pamiętać warto i o zacnym burgrabi w także *Zacnych grzechach* Chmielewskiego.

Roman Wilhelmi

6 VI 1936, Poznań ✯ 2 XI 1991, Warszawa

𝒲 1958, po ukończeniu studiów na warszawskiej PWST zaangażował się do T. Ateneum. *Początki były bardzo trudne* – wspominał – *grywałem a to Pierwszego Pijaka, a to Drugiego Przechodnia i poza to nie wychodziłem*. Wśród aktorów zauważonych znalazł się dopiero po kilku latach, po zagraniu Wioski w *Murzynach* Geneta, Lowki w *Zmierzchu* Babla, Duperaisa w *Marat-Sade* Weissa. Ukoronowaniem etapu stać się miała tytułowa rola w *Peer Gyncie* Ibsena (1970), recenzje były wprawdzie chłodne, wyróżniał się właściwie jeden Bogdan Wojdowski: *Jeśli poezja Ibsena okazała się zdolna przymusić publiczność do zachłannej uwagi, jest w tym zasługa Wilhelmiego*. Ale półtora roku po występie na festiwalu w Bergen mógł odczuć satysfakcję; norwescy krytycy pisali zgodnie, iż trzeba było dopiero wizyty polskiego teatru, by Norwegowie zrozumieli w pełni swój narodowy dramat! Do 1986 nadal w Ateneum, potem zaś w warszawskim T. Nowym grał już wyłącznie role

Roman Wilhelmi

Roman Wilhelmi

znaczące: Peter w *Kuchni* Weskera (*połączył poetyckość i trywializm, brutalną siłę i słabość pełną bezradności*), Jerry w *Dwoje na huśtawce* Gibsona (wraz z Grażyną Barszczewską), Scurvy w *Szewcach* Witkacego, *Edward II* Marlowe'a, Książe Konstanty w *Tryptyku listopadowym* wg Wyspiańskiego, Danton w *Śmierci Dantona* Büchnera. Obsadzano go w rolach mocnych ludzi. Coraz częściej byli to przy tym ludzie brutalni, gwałtowni, przepełnieni furią i złem. Miał na to swój pogląd: *Wolę grać postacie negatywne, gdyż z zasady są lepiej napisane, bardziej złożone psychologicznie. Bohaterowie pozytywni słabiej wychodzą na scenie, aktor niknie w cieniu ich zalet.* Te predyspozycje aktora wykorzystał łapczywie film. A zatem Fornalski w *Zaklętych rewirach* Majewskiego (*przy wszystkich swych odrażających cechach jest, dzięki ujęciu Wilhelmiego, postacią tragiczną*, 1975). Dalej Pochroń w *Dziejach grzechu* Borowczyka (*Pochroń to potwór, nie człowiek* – stwierdził sam aktor – *znalazłem dla niego pewien dystans, poczucie humoru*, 1975). I wreszcie tytułowa rola w *Karierze Nikodema Dyzmy* (1980). W tej kreacji udało się aktorowi połączyć wszystkie swoje atuty: męską urodę i chłopięcy wdzięk, przebojowość *macho* i poczucie humoru warszawskiego cwaniaka. Obronił się przed przerysowaniem, jakie miał w tej roli Adolf Dymsza. W tym filmie żyje do dziś.

Halina Winiarska

ur. 8 X 1933, Chrzanów

Teatralne początki tej niezwykłej artystki rozpływają się w niejasnościach. Co innego podaje almanach *Kto jest kim*, co innego Marta Fik w kompendialnym studium *Trzydzieści sezonów*, co innego pisze biograf gdańskiego teatru, Andrzej Żurowski. Faktem bezspornym pozostaje, że w 1953 studentka polonistyki UJ trafiła do półzawodowego T. Nurt w Nowej Hucie. Kolejną bezspornością, że rzeczywista kariera Winiarskiej zaczęła się w Zielonej Górze. Sezon 1959-60, dyrekcja Jerzego Zegalskiego, aktorka gra *Elektrę* Sofoklesa, oglądają ją przyszli kierownicy lubuskiej sceny, Marek Okopiński i Stanisław Hebanowski. I obsadzają natychmiast w inaugurującej ich już sezon *Ifigenii w Taurydzie* Goethego (1960). Przyjdzie z nimi pracować Winiarskiej lat niemal dwadzieścia. Po Zielonej Górze – w Poznaniu (1963-65), potem w Gdańsku (z T. Wybrzeże związana jest zresztą do dziś). Można zatem powiedzieć, że wszystko zaczęło się od *Elektry*, aczkolwiek swą pierwszą nagrodę aktorską otrzymała na festiwalu kaliskim za Ewelinę w *Człowieku z budki suflera* Rittnera (1961). Nagród będzie z latami coraz więcej. Toruń, Kalisz, Wrocław, telewizja (za Jenny Caldwella), choć za niewątpliwie najsławniejszą swą rolę był nagrodą dla aktorki tylko sam fakt, że mogła ją zagrać na Biennale w Wenecji. Mowa o Molly w *Ulissesie* Joyce'a (T. Wybrzeże, reż. Zygmunt Hübner, 1970). *Grała wszystkie kobiety Blooma, a dla każdej znalazła własny ton* – pisał Zygmunt Greń. – *Rozpiętość olbrzymia, zaś w grze aktorki nie czuło się wysiłku, panowała swobodna płynność, z jaką znakomity wirtuoz bierze swoje pasaże. Kończy przedstawienie wspaniałą spowiedzią kobiecych marzeń, tęsknot i wspomnień. Wznosi głos jak falę wzbierającego przypływu.* Recenzenci skłonni są zgodzić się, że właśnie technika operowania głosem przesądzała o oryginalności ról Winiarskiej. *Aktorka posługuje się długą, falującą frazą, której rytmikę wyznaczają precyzyjnie skomponowane zawieszenia tonu* – zachwyca się Żurowski. Tyle że z kolei Okopiński określa rzecz jako *manierę, w której przezwyciężeniu udało mu się chyba dopomóc*. Spór należałoby zamknąć stwierdzeniem, że Winiarska posiada po prostu własny, niepowtarzalny, jej tylko dany styl. Świadomie hieratyczna w poetyckiej klasyce (*Elektra*, *Ifigenia*, Klitajmestra w *Orestei* Ajschylosa, *Helena* Eurypidesa, *Bazylissa Teofanu* Micińskiego, Żona Hioba w *Księgach Hioba*) ogranicza do niezbędnego minimum ekspresję ruchu, kodując emocje swych bohaterek w melodii słowa. Całkowicie odmienia się w repertuarze

Halina Winiarska

Halina Winiarska

z lat moderny: Rachela w *Weselu*, Laura w *Cyganerii warszawskiej* Nowaczyńskiego, nagradzana wielokrotnie Raniewska w *Wiśniowym sadzie* Czechowa. Jeszcze inną widzi się w rolach *stricte* współczesnych. Jako *Matka* Witkiewicza, Alicja w *Maleńkiej Alicji* Albeego, Lawinia w *Coctail party* Eliota, Helen w *Drodze do Mekki* Fugarda, A w *Trzech wysokich kobietach* Albeego, Nechuma w *Zmierzchu* Babla. Każda z tych ról zachowuje swą wyrazistą suwerenność. Zwłaszcza w zakresie metaforycznym, a i obrazowym, malarskim, ten bowiem koloryt roli zdaje się ostatnio coraz wyraźniej fascynować artystkę. Wyraźnie za to nie interesuje się na scenie polityką, co tym znamienne, że w życiu przyznawała jej w pewnym okresie rolę wiodącą. *Największą dziś polską aktorką* nazwał ją Andrzej Żurowski, ona sama na pytanie, jak lubi spędzać czas, odpowiada, że *w kuchni*.

Ewa Wiśniewska

ur. 25 IV 1942, Warszawa

Wygrała w 1959 konkurs *Piękne dziewczęta na ekrany*, pierwszy raz w filmie wystąpiła jako licealistka, w *Zezowatym szczęściu* Munka. W 1963 ukończyła Wydział Aktorski PWST w Warszawie. Zaczynała od nastrojowych bohaterek w stołecznym T. Ludowym, by potem przez kilka lat *wyszaleć się* – wedle własnego określenia – *komediowo* w T. Kwadrat i do dramatu powrócić (T. Nowy, od 1983 Ateneum). Klasyczna uroda amantki pomagała jej w obu sytuacjach, a wrodzony temperament uwiarygodniał jej grę podczas miłosnych awanturek i uczuciowych burz. Grała Hermię w *Śnie nocy letniej*, Laurę w *Zawiszy Czarnym* Słowackiego, Kamillę w *Nie igra się z miłością* Musseta, potem Eleonorę w *Tangu*, Amelię w *Pornografii* Gombrowicza. Obok Mikulskiego-Cyrana była Roksaną, obok Gajosa-Holofernesa wdzięczyła się jako Judyta, obok Dmochowskiego-brodatego kupca Dikija pękało zakochane serce jej Katarzyny (*Burza* Ostrowskiego), na koniec przy-

Ewa Wiśniewska

szło jej, przebranej w banalną podomkę babrać się w domowym piekiełku obok również w szlafrok przystrojonego Holoubka (*Dom wariatów* Koterskiego, Ateneum, 1998). Nie zawsze jednak miała szczęście do takich partnerów, a trudno Mariannie kaprysić, gdy brak Oktawa. Publiczność pokochała ją w serialu *Doktor Ewa przyjmuje* (a zaliczyła tych seriali multum: *Stawka większa niż życie*, *Podziemny front*, *Wielka miłość Balzaka*, *Janosik*), sama artystka w swym dorobku filmowym ceni zwłaszcza Różę w *Cudzoziemce* Bera. *Aktorka sporadycznie otrzymuje rolę, którą chwyta, jak dojrzały owoc, żeby wypić z niej wszystkie soki. Cudzoziemkę starałam się wysączyć do ostatniej kropli. Poza Ryszardem Berem żaden reżyser nie stworzył mi podobnej możliwości.*

Żona Krzysztofa Kowalewskiego, siostra Małgorzaty Niemirskiej, szwagierka Marka Walczewskiego. W *Ogniem i mieczem* Hoffmana zmierzyć się jej przyjdzie z rolą starej kniahini Kurcewiczowej.

Tadeusz Wojtych
ur. 10 VIII 1931, Lille

Aktor zdawałoby się jednoznacznie komediowy, a zaskakuje darem przekazywania stanów i spraw serio. Komediowość zaprowadziła go do warszawskiej Syreny (1980), a nawet do operetki – w straussowskiej *Zemście Nietoperza* grał głupkowatego pijaczka, Froscha (T. Wielki, 1995), którego zresztą odtwarzał niegdyś i sam Zelwerowicz. Ton serio demonstruje Wojtych rzadziej, bo i mniej ma sposobności. Ale umie je sobie stworzyć. W 1954 student Politechniki Gdańskiej (specjalizacja – budownictwo mostów) dał się omamić Kobieli i zbłądził do Bim-Bomu. I tam pantomimiczne błazenady kolegów maścił politycznym monologiem, jaki napisał mu młody Mrożek. Sam Wojtych młodym chyba nigdy nie był, przesądza o tym fernandelowa uroda, której najbardziej wyrazistym akcentem pozostaje wydatny, dziwacznie pokrzywiony nochal – ślad bokserskich fascynacji aktora. Od 1957 wchodzi w skład zespołu T. Wybrzeże. Uroczo śmieszny jako *Król* Caillaveta i Flersa, a także w serii epizodów *Kaukaskiego kredowego koła* Brechta, pełen filozoficznej nostalgii jako Jonasz w *Jonaszu i błaźnie* Bro-

Poczet aktorów polskich

Tadeusz Wojtych jako Autor w *Nocnej rozmowie* Dürrenmatta

szkiewicza czy Poeta w *Indyku* Mrożka. Za Poetę i brechtowskie miniaturki otrzymał nagrody na festiwalu toruńskim. Od jesieni 1963 przenosi się do T. Polskiego w Poznaniu, gdzie owa dwubarwność jego talentu jeszcze się uwyraźnia. Enobarbus w *Antoniuszu i Kleopatrze* Szekspira (*prawdziwie pełnokrwisty, prawdziwie szekspirowski*), rola tytułowa w *Weselu Figara* Beaumarchais (*przebijał ton tragiczny*), zaś tuż obok wesolutki Fryderyk w *Królu i złodzieju* Schneidera, za którą to rolę inkasuje kolejną nagrodę. Tym razem na festiwalu w Katowicach. W 1975 przenosi się do Kalisza, by zagrać tam *Romulusa Wielkiego* Dürrenmatta, za rok wędruje do Wrocławia, gdzie w T. Polskim jako słynny Kazio „męczy ojca" (*Żołnierz królowej Madagaskaru* Dobrzańskiego). W rozrywkowym krajobrazie Syreny nadal to bawi, to zmusza dramatycznym protest-songiem do ciszy. Jego sugestywną fizys docenił film, wykorzystując w licznych epizodach.

Czesław Wołłejko

17 III 1916, Wilno ☆ 7 II 1987, Warszawa

W pamięci starszych widzów żyje jeszcze jako bohater filmu *Młodość Chopina* Forda (1952). Zewnętrzne podobieństwo wzmacniała jego gra tak subtelnie, iż odnosiło się wrażenie pełnej identyfikacji bohatera i odtwór-

Czesław Wołłejko jako Plume w *Oficerze werbunkowym* Farquhara

cy. Był wtedy aktorem T. Polskiego w Warszawie, gdzie miał w dzierżawie wszystkich jedwabistych i urokliwych kochanków. *Lorenzaccio* Musseta, *Don Carlos* Schillera, *Mazepa*, Nick w *Marii Stuart* Słowackiego, Szczęsny w *Horsztyńskim*, choć czarował także w uwodzicielach bardziej cynicznych, jak molierowski *Don Juan* czy Alfred w *Mężu i żonie*, a nawet tak przepełnionych perfidią, jak *Tartuffe*. Nie zadawał sobie trudu, by różnicować ich jakąś przemianą swej zewnętrzności – potrafił za to sam przekształcać się jakby od wewnątrz. W 1968 przeszedł do T. Współczesnego, gdzie nagle zdecydował się na ujawnienie złóż swej charakterystyczności. I stał się z dnia na dzień niełedwie aktorem komicznym. Sam twierdził, że zawdzięczał to wskazówkom reżysera, Jerzego Kreczmara. Pod jego kierunkiem zbudował swego arcyzabawnego Szambelana w *Panu Jowialskim*, potem Jenialkiewicza w *Wielkim człowieku do małych interesów*. Z upływem lat owa, bliska już grotesce, charakterystyczność stać się miała jego ulubionym instrumentem w grze: Ojciec w *Ślubie* Gombrowicza, Maal w *Paal i Maal* Csurki. Próby transplantacji takiego komizmu w kadr filmowy mniej się Wołłejce sprawdzały, przykładem *Szczęściarz Antoni* Haupego (1961), tu uroda amancka nie dała się przezwyciężyć. Występował na większości scen stołecznych, lecz z dwiema wymienionymi związany był w sposób szczególny. Sam pochodził ze starej wileńskiej rodziny aktorskiej, jego ojciec grał z Osterwą w *Reducie*. Aktorkami były też obie jego żony (Halina Czengiery i Ilona Stawińska), jak również obie córki, Jolanta i Magda. Ciekawostka: pierwsza z nich wyszła za mąż za pierwszego męża drugiej żony ojca. Póki się z nim wreszcie nie rozwiodła, trudno było ustalić, kto jest dla kogo kim w tej rodzinie!

Jacek Woszczerowicz

11 IX 1904, Siedlce ☆ 19 X 1970, Warszawa

Miłośnicy starego kina pamiętają, być może, sekwencję z filmu *Znachor*: knajpa, do opasłej bufetowej zachrypniętym głosem zagaduje zarośnięty pijaczek: „Walkirio, dawaj ogórki!" I ten przedwojenny epizodysta wyrósł na jednego z największych aktorów sceny narodowej. Wychowanek Instytutu

Jacek Woszczerowicz

Jacek Woszczerowicz jako *Ryszard III* Szekspira

Reduta, maniakalny zwolennik gry realistycznej. Osterwę miał w sercu, Stanisławskiego w pamięci. Nie było w tym sprzeniewierzenia, gdyż sam Osterwa także do pobratymstwa z MChAT się przyznawał. Niski, nieproporcjonalnie zbudowany, bo o zbyt długich rękach i wielkim czerepie, obdarzony głosem skrzekliwym, niemal płaskim, potrafił przeistaczać swą cielesność siłą wewnętrznego ognia. Wszystko, co na scenie robił, nosiło niepodrabialne znamię jego oryginalności. Mówił inaczej, patrzył inaczej,

inaczej też wyprowadzał gest. To ta inność narzucała widzom przeświadczenie, że stają się oto świadkami jakiegoś misterium gry. I w tym właśnie dawali o sobie znać obaj patroni jego aktorstwa. Od jesieni 1944 był Woszczerowicz aktorem T. Wojska Polskiego, w Lublinie reżyserował *Wesele*, grając w nim Stańczyka. W Łodzi, w Studio Poetyckim tegoż teatru zabłysnął jako Żebrak w *Elektrze* Giraudoux. W łódzkim T. Kameralnym grał Homera (*Homer i Orchidea* Gajcego), Merkurego (*Amfitrion 38* Giraudoux) i Arnolfa (*Szkoła żon*). Od 1948 na scenach warszawskich, związany przyjacielską współpracą z Bohdanem Korzeniewskim. Jej efektem byli Tariełkin (*Śmierć Tariełkina* Suchowo-Kobylina, T. Rozmaitości, 1949), Sganarel (*Don Juan* Moliera, T. Polski, 1950), Papkin (*Zemsta*, T. Narodowy, 1952). Od sezonu 1959 pracował aż do śmierci w Ateneum: Józef K. (*Proces* Kafki), *Ryszard III* Szekspira, Ferrante (*Martwa królowa* Montherlanta), Davies (*Dozorca* Pintera). I to była jego rola ostatnia. W latach 1946-1953 wykładał w łódzkiej i warszawskiej szkole aktorskiej, z obsesyjną niemal namiętnością tłumacząc studentom znaczenie działań fizycznych dla osiągnięcia prawdy roli. Żonaty z aktorką, Haliną Kossobudzką, ich ukochany, jedyny syn zginął tragicznie w Tatrach – wierny przykazaniom zawodu grał w dzień po jego śmierci. Wielki aktor.

Władysław Woźnik

9 IV 1901, Kraków ✩ 17 XII 1958, Kraków

W moim pojęciu największy ze wszystkich znawca sztuki teatru – pisał o tym krakowskim aktorze, reżyserze i pedagogu Gustaw Holoubek, dodając: *zawdzięczam mu wszystko, począwszy od wiedzy podstawowej, a skończywszy na wierze w to, iż poezja może być użyteczna*. Tak wysoką ocenę podzielać się zdawali inni. Uczniowie, koledzy, publiczność. Może odmiennego zdania był tylko wybitny scenograf, Andrzej Pronaszko, który po wojnie starł się ostro z Woźnikiem w walce o dyrekcję Starego Teatru (spór ten opisuje Emil Orzechowski w książce *Stary teatr i studio*). W okresie przedwojennym działał Woźnik przede wszystkim w T. im. Słowackiego, znajdując przecież czas

Władysław Woźnik

Władysław Woźnik jako Hans w *Rodzinie* Słonimskiego

i na współpracę z eksperymentalnym teatrzykiem plastyków *Cricot 2*. Po wojnie rozpoczął energicznie wprowadzać na scenę swego dawnego teatru nową dramaturgię polską: *Odys u Feaków* Flukowskiego, *Orfeusz* Świrszczyńskiej, *Wielkanoc* Otwinowskiego; kierował też studiem aktorskim, z którego wyszli m.in. Gustaw Holoubek, Józef Para, Bolesław Smela. W 1949 objął dyrekcję T. im. Wyspiańskiego w Katowicach, grał tam Cześnika Raptusiewicza, Grabca w *Balladynie*, molierowskiego *Mizantropa*, który osiągnął 100 przedstawień. Za Tietierewa w *Mieszczanach* Gorkiego otrzymał Nagrodę na I Festiwalu Sztuk Radzieckich (1949), co nie przeszkadzało przecież śląskiej krytyce oskarżać go, iż w *Moralności pani Dulskiej* propaguje ideały mieszczaństwa, zaś w *Balladynie* nie uwzględnia klasowej interpretacji dramatu (figiel historii sprawił, iż autorem drugiego z zarzutów był początkujący krytyk, Konstanty Puzyna). W 1951 przenosi się Woźnik do Poznania, daje polską prapremierę *Kandydata* Flauberta, sam gra Makarenkę w *Poemacie pedagogicznym*. Po dwóch sezonach zmuszony jest jednak do powrotu do Krakowa. Tam grywa coraz rzadziej. M.in. Majora w *Fantazym*, Prymasa w *Wyzwoleniu*, Horsztyńskiego, Alfreda Illa w *Wizycie starszej pani* Dürrenmatta. Wykłada także w krakowskiej PWST. Nieszczęściem tego subtelnego artysty stał się fakt, iż okres dojrzałości przypadł mu na tak nieciekawe czasy...

Barbara Wrzesińska

ur. 15 I 1938, Warszawa

Jej debiut miał posmak sensacji: osiemnastoletnia studentka II roku warszawskiej PWST obsadzona została w głównej roli kobiecej przez dyrekcję T. Współczesnego, najwyżej bodajże wtedy notowanego teatru warszawskiego, a jej partnerami mieli być wczorajsi profesorowie: Stanisława Perzanowska i Andrzej Łapicki. Było to w tamtym okresie wydarzenie wyjątkowe, młody człowiek bez dyplomu mógł od biedy zagrać w filmie, nigdy w teatrze. Tymczasem po sukcesie *Zaproszenia do zamku* Anouilha (1957) debiutantka tak znakomicie wkomponowała się w gwiazdorski zespół, że nie powróciła już na studia. Oryginalny talent i bujna osobowość pozwalały jej błyszczeć zarówno w rolach komediowych, jak dramatycznych, zarówno w repertuarze psychologicznym, jak w tym umownie nazywanym awangardą. Przypomnieć tu trzeba baśniową Małgosię w *Historii fryzjera Vasco* Schehade, Julię w *Król umiera* Ionesco, Honey w *Kto się boi Wirginii Wolf?* Albeego (we wspaniałym kwartecie z Antoniną Gordon-Górecką, Janem Krecz-

Barbara Wrzesińska

marem i Andrzejem Antkowiakiem); dalej – jej kreację w telewizyjnym spektaklu *Lucy Crown* I. Shawa i wreszcie jej role filmowe. I znów bywały to postacie tak rozmaite, jak szara, zahukana, wiejska nauczycielka w *Strukturze kryształu* Zanussiego i wkrótce potem fascynująca Pani Wąsowska w telewizyjnym serialu wg *Lalki* Bera.

Zawsze była aktorką modną, otoczoną przez dziennikarzy, rozchwytywaną przez media, jednak największą popularność przyniosła jej słynna pani Basieńka w telewizyjnym kabareciku Olgi Lipińskiej. Przyodziana w przewiewne szatki, patrząca na świat szeroko rozwartymi, pełnymi zdumienia oczami, trzepocząca olbrzymimi, sztucznymi rzęsami nie została przez nikogo wymyślona – była po prostu obrazem tego, co Barbarę Wrzesińską w niej samej śmieszy, czymś w rodzaju autokarykatury. Ci, którzy znają ją bliżej, uważają, że Wrzesińska jest osobą obdarzoną wyrafinowanym poczuciem humoru i barwnym temperamentem. Ma dwóch synów, którzy już się usamodzielnili oraz chałupę z werandą nad mazurskim jeziorem. Jest bohaterką książki *Wrzesińska przed sądem*, w której oskarża się ją o zawłaszczenie serc szerokiej publiczności. Ostatnimi laty cieszą ją objazdy po Polsce i świecie z dwuosobowymi sztuczkami o życiu i miłości, partneruje jej w tym Daniel Olbrychski.

Piotr Wysocki

ur. 13 IV 1936, Toruń

Po ukończeniu studiów na krakowskiej PWST (1964) zaangażował się do rodzinnego Torunia, by w *Dziadach* recytować kilka wersów roli... Piotra Wysockiego. Ten skromny start nie przeszkodził, iżby w następnych sezonach młody aktor stał się ulubieńcem dyr. Hugona Morycińskiego, który docenił talent, a także wspaniałe warunki zewnętrzne. Gra więc Wysocki czołowe role w poetyckim repertuarze: *Fantazy*, Jan Kochanowski w *Drodze do Czarnolasu* Maliszewskiego, Birbancki w *Dożywociu*, a także Porfiry w *Zbrodni i karze*. W 1969 na zaproszenie Kazimierza Brauna, który w Toruniu reżyserował *Fantazego*, a właśnie obejmował scenę lubelską, przenosi się Wysocki do tamtejszego T. im. Osterwy, gdzie pracuje nieprzerwanie do dziś. Na ćwierć wieku objął w niepodzielne władanie role amantów i herosów, by z upływem lat sterować ku postaciom bardziej dostojnym. Od *Fircyka w zalotach*, poprzez podtatusiałego Wacława w *Mężu i żonie*, do Radosta w *Ślubach*. Od rozkochanego w Desdemonie *Otella* do Ulissesa w *Odprawie posłów greckich* Kochanowskiego i majestatycznego Lucyfera w *Uciechach staropolskich* (1996). Niezależnie od wieku potrafił przesycić swoich bohaterów bogactwem przeżyć. I skrupulatna kronikarka lubelskiej sceny, Maria Bechczyc-Rudnicka, jeśli po jego Fircyku pisała: *pełen wdzięku i błyskotliwej werwy*, jeśli po *Tartuffie* zaznaczała: *jak na hipokrytę jest może nazbyt atrakcyjny*, to recenzując *Pokojówki* Geneta (1972), gdzie Wysocki obsadzony został w nominalnie kobiecej roli Solange, czuła się w obowiązku stwierdzić, że *jego poprowadzenie roli uwiarygodniło reżyserski balans między Artaudem a Grotowskim*.

Zewnętrznością przypisany kostiumowym igraszkom miłości, umiał Wysocki zmierzyć się z bardziej gęstą materią współczesnego dialogu, choć osobiście preferował zawsze klasykę. Złośliwy traf zrządził, że przyszło mu pra-

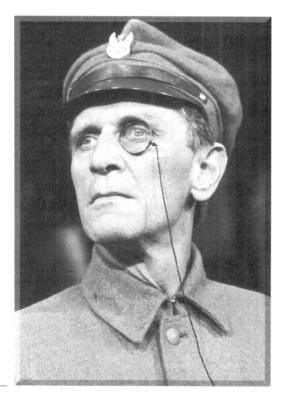

Piotr Wysocki jako Sas w *Gałązce rozmarynu* Nowakowskiego

Piotr Wysocki

cować pod dyrekcjami twórców zafascynowanych awangardą (Kazimierz Braun, Andrzej Rozhin), kiedy zaś kierownictwo lubelskiej sceny objął artysta programowo mu bliższy (Ignacy Gogolewski), okazało się to bliskością nadmierną. Dublował Wysocki z Gogolewskim rolę Fantazego, a nie znamy wypadku, kiedy dublura z dyrektorem profitowała artyście. W ostatnich latach demonstruje Wysocki pewien dystans do zawodu: *W pobliżu miasta mam włości, otrzymane w spadku po rodzinie żony. Dwuhektarowe gospodarstwo rolne, traktor, sad. Kiedy w „Panu Jowialskim" wychodzę na scenę i mówię, że mam wieś, publiczność śmieje się do rozpuku!* Poza ta nie przeszkadza, by nadal był czołowym aktorem lubelskiej sceny.

Elżbieta Zajączówna
ur. 14 VII 1958, Kraków

Wysoka, zgrabna i seksowna brunetka była w krakowskiej PWST pupilką prof. Marty Stebnickiej, która wprowadziła ją w tajniki piosenki aktorskiej. Mogła tę wiedzę wykorzystać w warszawskim T. Syrena, gdzie zadebiu-

Elżbieta Zajączówna
w rewii *Seks i pieniądze*

towała w widowisku *Festiwal za 100 zł* (1982). Że potrafi z sukcesem sprostać wymogom wielkiej roli komediowej udowodniła w *Kłopocie z dziewczyną perkusisty* Frisby'ego (1983) – u boku Tadeusza Plucińskiego zagrała uroczą i kochliwą nastolatkę. Że dany jej jest również talent taneczny i to w akrobatycznym nieledwie wydaniu, przekonała publiczność w rewii *Seks i pieniądze* Grońskiego i Passenta (1984). Wyglądało, że polski teatr rozrywkowy zyskał gwiazdę, dorównującą wedetom Qui pro quo. W 1986 próbuje Zającówna szczęścia w T. Muzycznym w Gdyni, u Jerzego Gruzy, gra Gizellę w *Dwojgu na huśtawce* Gibsona. Następnie wiąże się z T. Rampa, uczestnicząc z wdziękiem w ansamblach kolejnych musicalowych premier Andrzeja Strzeleckiego, których zasadą – jak wiadomo – była absolutna zbiorowość, pozwalająca uzyskać widowisku broadwayowski rozmach, ale poszczególnym wykonawcom z rzadka stwarzająca szansę na indywidualny popis. Zającównie zdarzało się to przecież często (*Parawan*, 1996). Satysfakcji szuka w rozrywkowych programach telewizyjnych, zazwyczaj u boku męża, znanego satyryka Krzysztofa Jaroszyńskiego. Niezmienny urok jej aktorstwa przypomniał serial *Matki, żony, kochanki* Machulskiego (1995), gdzie imponującą smukłością sylwetki uwiarygodniała sportowe inklinacje swojej bohaterki. U Machulskiego błyszczała już zresztą w filmie *Vabank*. Z kolei w *Nadzorze* Saniewskiego zdołała zasygnalizować swe wielkie, niewykorzystane możliwości dramatyczne.

Janusz Zakrzeński

ur. 8 III 1936, Przededworze

Aktor od lat związany z warszawskim T. Polskim, do którego w 1967 zaangażował go Jerzy Kreczmar. A debiutował rolą Hektora w *Troilusie i Kressydzie* Szekspira w krakowskim T. im. Słowackiego (1960), po ukończeniu tamtejszej PWST. Studiował także wokalistykę. Stąd pewno ta wyraźna skłonność aktora, by wiele scenicznych zadań rozwiązywać poprzez magię swego głosu. Wibrującego istotnie dźwiękiem metalicznym, nasyconego siłą, imponującego mięsistością tonu. Wykorzystywał to Zakrzeński z nieskrywaną przyjemnością w budowaniu postaci poetyckich (Ksiądz w *Klątwie* Wyspiańskiego, Powrócony w *Balladzie łomżyńskiej* Brylla), ceni też sobie role, w których ważki element stanowi po prostu śpiew (Bardos w *Krakowiakach i góralach* Bogusławskiego, Janosik w *Na szkle malowane* Brylla). Porzuca przecież te zabawy głosem przy zadaniach *stricte* współczesnych, które przyniosły mu zresztą wiele sukcesów. Za rolę bohatera-narratora w *Urzędzie* Brezy (T. im. Słowackiego, reż. Władysław Krzemiński) otrzymał w 1962 główną nagrodę na Festiwalu Wrocławskim, w dorobku warszawskim liczą mu się role Kalmity w *Chłopcach* Grochowiaka oraz Bisa w jego *Lękach porannych*, Agenta nr 1 w *Terrorystach* Iredyńskiego, Generała w *Szczęśliwym wydarzeniu* Mrożka. Ale najswobodniej czuje się chyba w stylowej komedii: pełen uroku Kokl w *Henryku VI na łowach* Bogusławskiego, z temperamentem zagrani Cześnik Raptusiewicz w *Zemście* oraz Major w *Damach i huzarach* Fredry. Sumują się te wszystkie doświadczenia w pracach filmowych Zakrzeńskiego. W *Nad Niemnem* Kuźmińskiego (1986) grał starego Korczyńskiego – szlacheckiego weredyka, pełnego goryczy, zmagającego się z cieniami przeszłości. I zagrał go właśnie ze swoistym, smutnym wdziękiem, a przy tym z niesłychanie współczesną dyskrecją środków.

Janusz Zakrzeński

Wspomnieć też tu trzeba o tytułowym bohaterze telewizyjnego filmu Dubowskiego o Witkacym (*Tumor Witkacego*), a zwłaszcza o Piłsudskim w *Polonia Restituta* Poręby. Postacią Komendanta zdaje się być aktor szczególnie zafascynowany. Od lat objeżdża Polskę z nastrojowym widowiskiem paradokumentalnym *Pasjanse Pana Marszałka*.

Zbigniew Zamachowski

ur. 17 VII 1961, Brzeziny

Pan Zbyszek gra w filmach kinowych i telewizyjnych, wyjeżdża na festiwale, śpiewa piosenki, występuje jako parodysta, spotyka się z wielbicielkami, rozdaje autografy, pozuje do portretów, gra na fortepianie, pisze do kabaretów i odbywa długie podróże zagraniczne. Tak mówi o Zamachowskim jego dyrektor, Jerzy Grzegorzewski. Zaangażował go do swego T. Studio natychmiast po dyplomie w szkole łódzkiej (1985), a potem zabrał ze sobą do T. Narodowego (1997). Karierę młody aktor zaczął zresztą robić już wcześniej – w filmie *Wielka majówka* Rogulskiego wystąpił jeszcze jako amator, po zdobyciu nagrody za piosenkarski debiut w Opolu (1981). W ciągu dwóch lat po szkole pojawił się w 11 filmach, m.in. w serialach *Popielec* Bera i *Zmiennicy* Barei oraz w kryminalnym dziełku *Zabij mnie, glino* Bromskiego. Ale jako prawdziwy idol zaistniał chyba dopiero po wrocławskim Przeglądzie Piosenki Aktorskiej w 1988, kiedy zaśpiewał *Kocham cię, Zielińska!* Niepozorny, ale z diabelskim błyskiem w oczach. Misiowaty, ale zgrywny do niemożliwości. Takim się właśnie zapisał w powszechnej wyobraźni po swoim programie w T. Rampa – *Big Zbig Show* (1992). Nie wszyscy zdołali się dopchać na ten popis wokalno-parodystyczny, ale wszyscy wiedzieli, że sam Jerzy Połomski publicznie zaprzysiągł, że już nigdy nie zaśpiewa *Cała sala śpiewa z nami*, bo Zamachowski robi to genialniej! A Zamachowski tymczasem pracował w awangardowym teatrze Grzegorzewskiego, zaczynając od dość hermetycznego widowiska *Powolne ciemnienie malowideł*, powielając swój estradowy temperament w scenicznym pastiszu *Usta milczą, dusza śpiewa*, a prawdziwe zaskoczenie krytykom robiąc w dwóch rolach czechowowskich. Jako *Wuja-*

Zbigniew Zamachowski w filmie *Bal na dworcu w Koluszkach* Bajona

szek *Wania* (1993) i jako *Płatonow* (1988). Zarówno ten pierwszy, „najmłodszy wujaszck świata", jak i ten drugi, paradujący w rozchełstanej koszuli, uroczo rozczochrany, ostentacyjnie łamali tradycyjne schematy interpretacji. Mieli więc tyluż przeciwników, co entuzjastów.

Liczbę tych drugich zwiększały kolejne filmy Zamachowskiego, który nakręcił ich znów ze dwadzieścia. Wśród nich trzy prawdziwie znaczące: *Dekalog 10* Kieślowskiego (1988), gdzie w duecie ze Stuhrem udowodnił, że nie obce mu są subtelne pół- i ćwierćtony, *Ucieczka z kina Wolność* Marczewskiego (1990) i przede wszystkim *Biały* Kieślowskiego (1993), gdzie stanął przed karkołomnym zadaniem sklejenia w wiarygodną całość osobnika, który jest jednocześnie łzawym fajtłapą i bezwzględnym businessmanem, nieudacznikiem, oszustem i nieuleczalnie zakochanym romantykiem. A trzeba tu jeszcze dodać, że Zamachowski stoi dopiero u progu kariery. Wszystko dopiero przed nim. Przybywa mu ról w kinie (*Pułkownik Kwiatkowski* Kutza) i w teatrze (Ojciec-Król w *Ślubie* Gombrowicza – *jakże trafiony! Choć upodobnił się w tej roli do karczemnego tłumoka!*), czekają go nowe piosenki i kolejne recitale, a szczególnie czeka mała córeczka, Marysia, która być może uczyni ojca człowiekiem statecznym.

Zbigniew Zapasiewicz
ur. 13 IX 1934, Warszawa

Ostatni z klanu. Siostrzeniec Jana i Jerzego Kreczmarów, brat cioteczny Adama Kreczmara. Skazany na wieczną pamięć o rodzinnej dewizie, by służyć teatrowi, odrzucając pokusę, iżby to teatr mu służył. Debiutował w 1956 w T. Młodej Warszawy, od 1959 w zespole Erwina Axera, od 1966 w T. Dramatycznym, którym w latach 1987-1990 także kierował. Potem dzieli swój czas pomiędzy T. Polski, T. Powszechny i T. Współczesny, znajdując nawet siły, by przez kilka miesięcy prowadzić efemeryczny T. za daleki na Ursynowie. Jego aktorstwo stanowi osobliwy aliaż wyrazistości i dyskrecji. *Swe stany emocjonalne* – pisała trafnie Maria Czanerle – *ujawnia, jakby się starał je ukryć*. Równie trafnie uzupełniła: *Aktor przeznaczony, by stanąć na cokole, często i chętnie grywa postaci pełzające po ziemi*. Do tej próby charakterystyki dodać by może należało i to, że Zapasiewicz nie unika przez ogół kolegów tak nie lubianych ról rezonerskich, bowiem potrafi je zawsze wyposażyć we własne uczucia. Dowiódł tego w swej pierwszej znaczącej roli jako Prozorow w *Trzech siostrach* (1963), dowiódł jako Obrońca w *Dochodzeniu* Weissa (1966). Z czasem począł wzbogacać swoich bohaterów o coraz bardziej wyrazisty naddatek charakterystyczności: Pijak w *Ślubie* Gombrowicza, Paganini w *Rzeźni* Mrożka, Wielki Książę Konstanty w *Nocy listo-*

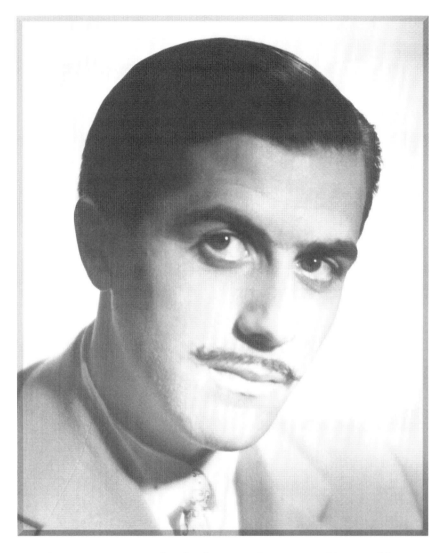

Zbigniew Zapasiewicz jako Zbyszko w *Moralności pani Dulskiej* Zapolskiej

padowej. O rozpoczynającym ową serię Laurentym w *Na czworakach* Różewicza (1971) pisała Marta Fik: *w grze aktora jest wszystko, czego można żądać, a nadto ta wspaniała dwuznaczność, tak w tym utworze niezbędna.* Uwaga dla określenia istoty gry Zapasiewicza bardzo pomocna: gra ta jest perfekcyjna i w tym, oczywiście, wierna kreczmarowskiej tradycji. Tyle że ową tradycję, która wiązała się z okresem domagającym się od teatru konkluzji czytelnych i pouczających, dopełnia o migotliwość półtonów, tak przydatną w nowej dramaturgii. Ten, jakże typowy dla siebie, styl grania wzbogaca Zapasiewicz z każdą rolą o kolejne barwy. A wszystko podporządkowane przeświadczeniu, że aktorstwo jest niekończącym się procesem odkrywania w psychice ludzkiej rzeczy i stanów do tej pory nie wypowiedzianych. Ogniwem w procesie staje się Sir w *Garderobianym* Harwooda (T. Powszechny, 1986), Ojciec w *Ślubie* Gombrowicza (T. Polski, 1991), Zachedryński w *Miłości na Krymie* Mrożka (T. Współczesny, 1994, nagroda w Kaliszu), Dyrygent w *Za i przeciw* Harwooda (Teatr TVP, 1996), Stomil w *Tangu* (T. Współczesny, 1997, nagroda im. Zelwerowicza). Każdy sezon dopisuje do listy kolejne postaci, ilość przechodzi w jakość i staje się oczywiste, że Zapasiewicz ze wzrastającym smutkiem stara się po prostu rejestrować kondycję polskiego inteligenta (czasem dla niepoznaki przebranego w historyczny kostium, jak Diderot w *Semiramidzie* Wojtyszki czy G.B. Shaw w *Najlepszych z przyjaciół* Whitmore'a). Kondycja jest w gruncie rzeczy mizerna, stąd bohaterowie Zapasiewicza rzadko odnoszą triumfy w pojedynku ze światem, acz stale jeszcze wygrywają pojedynek z sobą samym. I, oczywiście, z widownią...

Z prac filmowych – m.in. *Ocalenie* Żebrowskiego, *Barwy ochronne* i *Za ścianą* Zanussiego, *Bez znieczulenia* Wajdy.

Magdalena Zawadzka

ur. 29 X 1944, Filipice

Ukończyła warszawską PWST w 1966 już jako popularna gwiazdka polskiego kina – rezolutny podlotek z *Mocnego uderzenia*, *Sublokatora*, *Rozwodów nie będzie*. Dyrekcja T. Dramatycznego m.st. Warszawy umyśliła, iżby na debiut kazać podlotkowi przemienić się w damę. Jako Zofia w *Mądremu biada* Gribojedowa (1967) zademonstrowała Zawadzka wdzięk równy temu, jakim zdobiła tę rolę przed laty Elżbieta Barszczewska, ale wzbogaciła ją o współczesną drapieżność. Prasa debiut uznała za udany, a zaraz potem wybuchło ogólnokrajowe szaleństwo w temacie *Pana Wołodyjowskiego*. Obłędny sukces swego arcymiłego i czupurnego „kozaczka" przedłużyła artystka scenicznymi wcieleniami Królowej Jadwigi (*Kroniki królewskie* Wy-

Magdalena Zawadzka w filmie *Pan Wołodyjowski* Hoffmana

spiańskiego) oraz Rosaury (*Życie snem* Calderona). W tej ostatniej roli jej partnerem był Gustaw Holoubek. Miał się stać niezadługo jej towarzyszem nie tylko na scenie. A tam z kolei ona konsekwentnie towarzyszyć miała Piotrowi Fronczewskiemu. Jako gombrowiczowska *Iwona, księżniczka Burgunda*, szekspirowska Ofelia (1979) i Caesonia w *Kaliguli* Camusa. Odmienną barwę talentu prezentowała w *Skizie* Zapolskiej jako fertyczna Muszka, obok Barbary Krafftówny. Że swobodnie czuje się w tego typu repertuarze udowodniła już wcześniej, brawurowo grając w Teatrze TV *Żabusię*. Od 1983 zmienia artystka, wraz z mężem, teatr. Na deskach T. Polskiego gra Damę w *Letnim dniu* Mrożka, wielki sukces odnosząc w *Królu Ubu* Jarrego, gdzie zdecydowała się na wyzywającą charakterystyczność w roli rozkrzyczanej Ubicy. Od 1989 pracuje w Ateneum, wpisując do swojego raptularza kolejne role, z których najciekawsze to Porcja w *Kupcu weneckim* Szekspira i Hrabina w *Weselu Figara* Beaumarchais, w telewizji zdobi serial *Z pianką, czy bez?* W 1995 zadebiutowała jako felietonistka na łamach prasy kobiecej, zadziwiając polotem słowa i finezją stylu. Na zakończenie więc jeden z aforyzmów felietonistki: *zawsze uważałam, że najważniejsze w małżeństwie to umiejętność kompromisów!*

Wiktor Zborowski

ur. 10 I 1951, Warszawa

Najwyższy aktor polski, ma 197 cm wzrostu. Obdarzony temperamentem i znaczną siłą komiczną stanowi efektowną podporę licznych widowisk rozrywkowych, estradowych, kabaretowych. Nie wstydzi się czasem przyznać, że tęskni jednak do ról bardziej serio. *Potrzebuję ich dla własnego rozwoju, trzeba od czasu do czasu poszukać czegoś innego. A potem wrócić, żeby znów się powygłupiać. Nie wracam z niechęcią – komedia to mój gatunek.* Po ukończeniu warszawskiej PWST (1973) pracował w T. Narodowym, gdzie Adam Hanuszkiewicz umiejętnie barwił jego sylwetką plenery swoich widowisk. Grał m.in. Domejkę w *Mickiewiczu*, Sylwiusza w *Jak wam się podoba* Szekspira, Kelnera w *Stara kobieta wysiaduje*. Od 1983 w zespole T. Kwadrat (występującego wówczas także na scenie T. na Woli), od 1987 w Ateneum, gdzie wielki sukces odniósł jako fredrowski Papkin: *Zborowski dysponuje ogromną siłą komiczną, czasem nadużywaną, tu utrzymał ją na wodzy, co i tak dało jednego z najśmieszniejszych Papkinów, jacy chodzili po polskich scenach* (Jacek Sie-

Wiktor Zborowski w filmie *Kuchnia polska* Bromskiego

radzki). Swe tęsknoty sentymentalne zaspokoił z kolei występując gościnnie w T. Dramatycznym m.st. Warszawy jako Don Kichot w musicalu *Człowiek z La Manchy* Leigha (1994): *ma w sobie coś z rycerza smętnego oblicza, a sposobem scenicznego bycia, ciepłem i poczuciem humoru pasuje do roli, jak ulał. Potrafi też śpiewać* (Jacek Lutomski). W teatralnej codzienności taka suma zalet zmusza aktora do systematycznego udziału w kabaretowych widowiskach, jakie na małej scenie Ateneum inspiruje Wojciech Młynarski. Wraz z Janem Kociniakiem, Marianem Opanią i Arturem Barcisiem tworzą niezapomniany kwartet rewelersów, bawiąc zgrabnymi pastiszami szlagierów. Na grunt muzyki operowej przetransplantował ten styl Maciej Wojtyszko w zabawnym show pt. *Opera Granda* (1996). Widać też Zborowskiego często w telewizji. Także w Teatrze TV (Herb w *Skamieniałym lesie* Andersona, Fircyk w *Żółtej szlafmycy* Zabłockiego, Zwrotniczy w *Małym księciu* Saint-Exupery'ego). Jerzy Hoffman obsadził go w Longinusie Podbipięcie w swoim *Ogniem i mieczem*. Artysta jest siostrzeńcem Jana Kobuszewskiego, mężem jednej z popularnych sióstr Winiarskich; mężem drugiej jest aktor Paweł Wawrzecki.

Jerzy Zelnik

ur. 14 IX 1945, Kraków

Jako student I roku PWST zagrał *Faraona*, a film Jerzego Kawalerowicza był w owym czasie (1965) prawdziwym wiewem Hollywoodu. Zelnik – smagły, kruczowłosy, szczupły, jawił się młodym Polkom niby idol ze snów. Z własnych snów obudził się przecież dość szybko. W 1968 zaangażowano go do krakowskiego Starego T. Jedyną rzeczą ciekawą w jego debiucie był fakt, że miał on miejsce w sztuce Havla *Puzuk, czyli uporczywa niemożność koncentracji*. Ale Havla wtedy nikt nie znał, a Zelnika poczynali zapominać. Po roku komparserii pierwszy sukces – Konrad Swinarski obsadził go w *Śnie nocy letniej* jako Lizandra. Pierwsza dobra recenzja wziętego krytyka: *Zelnik gwałtowny, jakby przeżerany namiętnością, broniący nie tylko swojej kochanki, lecz także niezależności* (Zygmunt Greń). Tyle, że następnych błysków jakoś nie było. W 1970 przenosi się Zelnik do T. Dramatycznego m.st.

Jerzy Zelnik

Jerzy Zelnik w filmie *Epitafium dla Barbary* Majewskiego

Warszawy. Znów korowód ról nijakich. Po paru latach rezygnuje z pracy etatowej, próbując szczęścia jako występowicz. Gniezno, Szczecin, Łódź. W 1979 wraca do Warszawy, gra w T. Powszechnym Cara w *Kordianie*, potem Razumowa w *Spiskowcach* Conrada, ale prawdziwej przyjemności aktorzenia poczyna szukać w wędrówkach po kraju z monodramami, ze sztukami dwuosobowymi (*Listy miłosne* Gurney'a). Pełnię satysfakcji przynosi mu jedynie film. Zygmunt August w *Królowej Bonie* i *Epitafium dla Barbary* Majewskiego z Anną Dymną (1983), *Medium* Koprowicza z Grażyną Szapołowską (1986), Niepołomski w *Dziejach grzechu* Borowczyka, tytułowa rola w telewizyjnym serialu *Doktor Murek*. Role filmowe prowokują do pytania: czy uroda służy aktorowi? *Chyba mi bardziej przeszkadzała* — odpowiada Zelnik — *gdy miałem 10 lat, częściej podchodziłem do lustra, wraz z upływem lat coraz mniej zwracam uwagi na siebie.* Dawny Faraon ma teraz wyostrzone rysy, wysokie czoło, ale wciąż młodzieńczą sylwetkę. W T. Powszechnym grywa często. Hrabiego w *Ferdynandzie Krappie* Dorsta, role w *Ferdydurke*, *Tańcach w Ballybeg* Friel, *Zmowie świętoszków* Bułhakowa, Pawła Reguckiego w *Żelaznej konstrukcji* Wojtyszki. *Bardziej niźli o urodzie myślę o tym, aby każdą linijkę tekstu wypowiedzieć jak najlepiej...*

Aleksander Zelwerowicz

14 VIII 1877, Lublin ✩ 18 VI 1955, Warszawa

Ten z plejady starych mistrzów, który najtrwalej zaważył na kształcie teatru współczesnego. O dziesięciolecie przeżył Jaracza i Osterwę, nie zagubił się w życiu, jak Węgrzyn, od Solskiego różnił instynktem społecznym. Od 1945 dbał, by wznowiło w Polsce działalność szkolnictwo teatralne, organizował je w Łodzi, tworzył w Warszawie. W tej książce wymienionych jest 24 jego wychowanków, od Niny Andrycz po Zbigniewa Zapasiewicza. Także jeden z autorów książki miał zaszczyt być w ich gronie. Uczył nas w szkole. Uczył własną grą na scenie. Uczył spraw najistotniejszych: że teatr jest nie tylko zawodem, lecz i obowiązkiem. Dokumentował ten pogląd własną postawą, gdy dla teatru zdołał przezwyciężyć chorobę i starość – w *Grzechu Żeromskiego* (T. Kameralny, 1951), w roli starego Jaskrowicza zechciał z własnej niemocy uczynić barwę widowiska. Niepowtarzalną, bo prawdziwą...

Debiutował w 1896 w rólce Lokajczuka w *Komedii omyłek* Szekspira na scenie warszawskiego cyrku. W 1900 zaangażował się do T. im. Słowackiego w Krakowie za dyrekcji Józefa Kotarbińskiego, grał tam Kaspra w historycznej prapremierze *Wesela*. Swoją pierwszą dyrekcję objął w 1908 w Łodzi, popularyzując odważnie dramat narodowy (*Dziady*, *Sen srebrny Salomei* i *Samuel Zborowski* Słowackiego, *Irydion* Krasińskiego, *Klątwa* Wyspiańskiego). W okresie międzywojennym związany z czołowymi scenami Warszawy, przez trzy sezony prowadził z zespołem swych uczniów teatr w Wilnie (1929-1931). Z ośmiuset ról teatralnych wymienić trzeba Argana (*Chory z urojenia* Moliera), *Pana de Pourceaugnac* Moliera, Majora (*Fantazy*), Szambelana (*Pan Jowialski*), Jenialkiewicza (*Wielki człowiek do małych interesów*), *Pana Damazego* Blizińskiego, Porfirego (*Zbrodnia i kara*), Mecenasa w *Adwokacie i różach*, Hipolita w *Papierowym Kochanku*, Parwitza w *Krysi* (wszystkie trzy sztuki Szaniawskiego), Żebraka w *Elektrze* Giraudoux. Lubił reżyserować sztuki tzw. aktorskie, ale był też twórcą wielkich inscenizacji, m.in. *Dziadów* (T. Narodowy, 1927). Zakładając w 1932 Polski Instytut Sztuki Teatralnej położył podwaliny pod systematyczne kształcenie kadr dla sceny narodowej. Jego twórczość jest tematem wielu naukowych monografii, jej spontaniczność najpełniej atoli wyrażają jego własne *Gawędy starego komedianta* (wyd. 1958). Przez całe życie chciał tworzyć nowy teatr i bardzo kochał ten stary. Trafnie mówił tu Leon Schiller o *współbrzmieniu przeszłości z tonami wydzieranymi jutru*.

Aleksander Zelwerowicz Z

Aleksander Zelwerowicz

Ż

Michał Żebrowski
ur. 17 VI 1972, Warszawa

Najmłodszy w tym *Poczcie*. Ale zdaje się szybko zdążać ku dojrzałości. Z filmowego planu *Ogniem i mieczem* Hoffmana, gdzie gra Skrzetuskiego (*Myślę, że obaj mamy podobnie poważny stosunek do wykonywanego zawodu, ja do aktorstwa, pan Jan do spraw wojskowych*), przemieszcza się na plan *Pana Tadeusza* Wajdy. Kazimierz Kutz powierzył mu kluczową rolę, Janusza Muszyńskiego w telewizyjnej *Sławie i chwale*, a zaledwie kilka miesięcy przedtem jawił się na małym ekranie jako Konrad-Gustaw w realizowanych przez Jana Englerta *Dziadach*. *Rośnie nam wielki aktor* – powiedział po tamtej emisji Wojciech Marczewski. – *Patrząc w oko aktora wiem, czy on myśli. Żebrowski myśli*. Trafną obserwację należy koniecznie uzupełnić: Żebrowski-Konrad aż kipiał od nadmiaru energii. Jej parametry były przy tym inne niźli u wielkich poprzedników. Mniej romantyczne niż u Gogolewskiego, ale gorętsze niż u Englerta i czystsze w tonie niż u Treli. Żebrowski w swych emocjach zdaje się być reprezentatywny dla swego pokolenia, o którym dorośli zbyt mało wciąż wiedzą, a brak wiedzy kwitują na wszelki wypadek zachwytem. Stąd i zachwyt nad każdą kolejną rolą Żebrowskiego, na co młody artysta w pełni zresztą zasługuje. Po ukończeniu warszawskiej PWST debiutował jako Jimmy w *Miłości i gniewie* Osborne'a (T. Powszechny, 1995). Chwalono wrażliwość i rozedrganie, mówiono: *bezbronny wobec rzeczywistości*. Potem szli kolejno Poeta w *Weselu* (*nie jest, jak zwykle tę rolę grano, kabotynem, lecz nadwrażliwcem*; T. Powszechny, 1995), Morrison w *Zmowie świętoszków* Bułhakowa (T. Powszechny, 1996), Jamie w *Zmierzchu długiego dnia* O'Neilla (Ateneum, 1997). Dla każdego z nich potrafił Żebrowski zaproponować odmienną kolorystykę. Robił to tyleż efektownie, co dyskretnie. Młody, a gra już jak stary.

Artur Żmijewski
ur. 10 VI 1966, Radzymin

Aktor przede wszystkim filmowy. Od rówieśników tym odmienny, że z uporem stara się różnicować swój ekranowy wizerunek. Kariera rozpoczęła mu się wspaniale, dyplom w warszawskiej PWST (1989) uczcił mickiewiczowskim Konradem w *Lawie* Konwickiego. Otrzymał za tę rolę nagrodę od Komitetu Kinematografii (1990) oraz stertę recenzenckich laurek: *świetnie dobrany do roli (...) uduchowiony młodzieniec z raną w sercu (...) herodowa ofiara Nowosilcowa* (Zdzisław Pietrasik). Los zezwolił mu od razu wystąpić również ze współczesną wersją tego romantyzmu – zagrał Tomasza w *Stanie posiadania* Zanussiego (1989). Tu nagrodę zgarnął w Viareggio („za najlepszą rolę męską"), a zachwyceni jego ekranowym pojedynkiem z Krystyną Jandą krytycy orzekli, iż Żmijewski wzbogacił stereotyp *zanussoidalnego inteligenta* o imponujący naddatek siły. Nic więc dziwnego, że szybko zasilił szeregi silnych, młodych mężczyzn polskiego kina. Takim ukazywał się w filmach Władysława Pasikowskiego (od *Psów* po *Demony wojny*), w telewizyjnym serialu *Ekstradycja*. Kinowa aktywność nie zostawiała zbyt wiele czasu na teatr. Debiutował tam niezbyt ciekawą już w samym literackim materia-

Artur Żmijewski w filmie *Lawa* Konwickiego

le rolą Sebastiana w *Wieczorze Trzech Króli* Szekspira (T. Współczesny, 1991), po czym dał się obsadzać - w Teatrze TV, na warszawskiej Scenie Prezentacje - w dosyć banalnych postaciach urodziwych amantów. Reżyserom trudno się było dziwić: *kogóż dziś z młodych ludzi można przebrać we frak?* - zastanawiał się Andrzej Łapicki - *chyba nikogo poza Żmijewskim!* A Żmijewski powtarzał z uporem: *interesuje mnie zmienność, możliwość wcielania się w różne postaci. Tylko to daje szansę rozwoju.* I nie tylko powtarzał. Kolejne role filmowe (Migurski w *Za co?* Kawalerowicza, Marcin w *Daleko od siebie* Falka), a także neurotyczny, rozkojarzony Garcin w *Przy drzwiach zamkniętych* Sartre'a (Scena Propozycji, 1995) każą go istotnie zaliczyć do grona aktorów poszukujących. Cenne. Zwłaszcza w jego generacji!

Joanna Żółkowska

ur. 6 III 1950, Warszawa

Miała pamiętny debiut: w historycznych *Dziadach* (Stary T., 1973), reżyserowanych przez Swinarskiego, zagrała Zosię. Tradycja uznawała rolę za sentymentalną, debiutantkę pomówiono wręcz o wyuzdanie. Wpływał na to układ reżyserski sytuacji, ale przesądził sprawę jej podchrypnięty, zmysłowy głos i wyzywająco wydęte wargi. Choć była po szkole warszawskiej (1972), na krakowskiej scenie wiodło jej się znakomicie. Zagrała Lenni w *Procesie* Kafki, Luzzi w *Pierwszym dniu wolności* Kruczkowskiego, Harfiarkę w *Wyzwoleniu* (*ekspresyjna i bogata w znaczenia etiuda*). Po dwóch sezonach zdecydowała się przecież na powrót do stolicy, od 1974 jest wierna scenie T. Powszechnego. *Od czasów Czyżewskiej nie pojawiła się indywidualność aktorki równie fascynująca i wszechstronna* - notował w *Dzienniku* Jerzy Andrzejewski. Zachowała coś z wyzwania w każdej ze swoich ról. A dany jej był także dar wewnętrznej ekscytacji. W 1980 otrzymała nagrodę im. Schillera, m.in. za rolę Natalii w *Spiskowcach* Conrada: *Spotkanie Razumowa z Natalią to krótki moment. Stają naprzeciw siebie. Oboje piękni i młodzi. Zelnik i Żółkowska grają to jakoś tak, że niemal widać iskrę, napięcie emocjonalne przebiegające między nimi* (Jan Koniecpolski). Z innych jej ról szczególnym uznaniem cieszy-

Joanna Żółkowska

ła się Wiera w dwuosobowej *Ławeczce* Gelmana – z Januszem Gajosem objechali z nią Polskę i Polonię. W rolach ostatnich wyraźniej jakby akcentuje swój talent komediowy. To szelmowska Justysia w *Mężu i żonie* Fredry, B w *Trzech wysokich kobietach* Albeego, gdzie komediowym czyni nawet seks (część krytyki miała jej za złe – jak pisano – *orgazm w siodle*, przyznając zresztą, że swą miłosną spowiedź o romansie z pewnym stajennym odegrała prawdziwie zabawnie!), czy zagrana gościnnie w T. Dramatycznym Ciotka z *Iwony, księżniczki Burgunda* (1997). Od 1997 pracuje w T. Narodowym, w *Ślubie* Gombrowicza (1998) grała Mańkę.

Występuje często w Teatrze TV (Elżbieta w *Marii Stuart* Schillera, Szura w *Jegorze Bułyczowie* Gorkiego), na Scenie Prezentacje (Marta w *Kto się boi Wirginii Wolf?* Albeego). Wydała tomik nastrojowych mini-opowiadanek, gdzie wyznaje: *Jestem niejasna, jestem niedopowiedziana. Podobało mi się to. Będę oszukiwać, pomyślałam. I słowo stało się ciałem. Zostałam aktorką.* Jest współtwórczynią filmu *Matka mojej matki* (1995), gdzie obsadziła się w roli, którą krytycy określili jako *postać z mrocznego thrillera psychologicznego*. Naprawdę taką się widzi, czy może nadal podoba się jej oszukiwać?

WYKAZ SKRÓTÓW UŻYWANYCH W TEKŚCIE:

ASP	–	Akademia Sztuk Pięknych
KOR	–	Komitet Obrony Robotników
MChAT	–	Moskiewski Artystyczny Teatr Akademicki
PIST	–	Państwowy Instytut Sztuki Teatralnej (przed 1939)
PTŻ	–	Państwowy Teatr Żydowski
PWSA	–	Państwowa Wyższa Szkoła Aktorska (w Warszawie do 1949, w Krakowie do 1955, w Łodzi 1949-1959)
PWSFTviT	–	Państwowa Wyższa Szkoła Filmowa, Telewizyjna i Teatralna –Łódź, od 1970)
PWST	–	Państwowa Wyższa Szkoła Teatralna (w Łodzi do 1949, w Warszawie od 1949, w Krakowie od 1955, we Wrocławiu od 1970)
PWSTiF	–	Państwowa Wyższa Szkoła Teatralna i Filmowa (Łódź 1959--1970)
SPATiF	–	Stowarzyszenie Polskich Artystów Teatru i Filmu –1950-1981)
STS	–	Studencki Teatr Satyryków
T.	–	Teatr
TKKT	–	Towarzystwo Krzewienia Kultury Teatralnej (przed 1939)
WSSP	–	Wyższa Szkoła Sztuk Plastycznych
ZASP	–	Związek Artystów Scen Polskich
ZG ZZ	–	Zarząd Główny Związku Zawodowego (Pracowników Kultury i Sztuki)

BIBLIOGRAFIA

1. Bechczyc-Rudnicka Maria: *Uchylanie masek*. Wyd. Lubelskie, Lublin 1974.
2. Bielicka Hanna: *Urodzona na wozie*. Wyd. Stopka, Łomża 1990.
3. Ciecierski Jan: *Mistrzowie i koledzy*. WAiF, Warszawa 1978.
4. Czanerle Maria: *Panie i panowie teatru*. WAiF, Warszawa 1977.
5. Fik Marta: *Trzydzieści pięć sezonów*. WAiF, Warszawa 1981.
6. Filler Witold: *Teatr Hanuszkiewicza*. PIW, Warszawa 1974.
7. Filler Witold: *Teatr Syrena –gwiazdy, premiery, kulisy*. Rewers, Białystok 1992.
8. Gogolewski Ignacy: *Wszyscy jesteśmy aktorami*. Wyd. Printer Hale, Warszawa 1991.
9. Greń Zygmunt: *Godzina przestrogi*. WL, Kraków 1964.
10. Greń Zygmunt: *Wejście na scenę*. Wyd. Poznańskie, Poznań 1968.
11. Greń Zygmunt: *Czwarta ściana*. WL, Kraków 1972.
12. Karczewska Wanda: *Dzień powszedni teatru*. Wyd. Łódzkie, Łódź 1970.
13. Karpiński Maciej: *Wajda*. WAiF, Warszawa 1980.
14. Kaszyński Stanisław: *Teatr łódzki –1945-1965*. Wyd. Łódzkie, Łódź 1968.
15. Kelera Józef: *Pojedynki o teatr*. Ossolineum, Wrocław 1969.
16. Kelera Józef: *Komu warto kibicować*. WL, Wrocław 1978.
17. Kłossowicz Jan: *Mgliste sezony*. WAiF, Warszawa 1981.
18. Kott Jan: *Jak wam się podoba?* PIW, Warszawa 1955.
19. Kubacki Wacław: *Na scenie*. WAiF, Warszawa 1962.
20. Kuchtówna Lidia: *Krafftówna*. WAiF, Warszawa 1975.
21. Kucówna Zofia: *Zatrzymać czas*. KAW, Białystok 1990.
22. Kurowski Bohdan: *Dni powszednie i święta*. Wyd. Pojezierze, Olsztyn 1975.
23. Linert Andrzej: *Na scenach Katowic –1945-1990*. Wyd. Muzeum Śląskie, Katowice 1991.
24. Łapicki Andrzej: *Przed lustrem*. WAiF, Warszawa 1983.
25. Łazuka Bohdan: *...trzymam się!* Wyd. Szymański, Warszawa 1993.
26. Misiorny Michał: *Teatry dramatyczne Ziem Zachodnich*. Poznań 1963.

27. Morstin Ludwik H.: *Moje przygody teatralne*. Czytelnik, Warszawa 1961.
28. Natanson Wojciech: *Godzina dramatu*. Wyd. Poznańskie, Warszawa 1970.
29. Olbrychski Daniel: *Parę lat z głowy*. BGW, Warszawa 1997.
30. Orzechowski Emil: *Stary Teatr i Studio*. WL, Kraków 1974.
31. Pietrzak Jan: *Co jest grane, panie Janku?* Wyd. Egida, Warszawa 1992.
32. Pomianowski Jerzy: *Z widowni*. Czytelnik, Warszawa 1955.
33. Pomianowski Jerzy: *Więcej kurażu!* Czytelnik, Warszawa 1956.
34. Pomianowski Jerzy: *Sezon w czyśćcu*. Czytelnik, Warszawa 1960.
35. Puzyna Konstanty: *To, co teatralne*. WAiF, Warszawa 1960.
36. Puzyna Konstanty: *Burzliwa pogoda*. PIW, Warszawa 1971.
37. Rybałtowska Barbara: *Barbara Brylska w najtrudniejszej roli*. Wyd. Szymański, Warszawa 1993.
38. Rybałtowska Barbara: *Barbara Wrzesińska przed sądem*. Wyd. Szymański, Warszawa 1994.
39. Słonimski Antoni: *Gwałt na Melpomenie*. WAiF, Warszawa 1982.
40. *100 lat Teatru Fredreum*. WL, Kraków 1969.
41. Szczygielska Zofia: *Zapasiewicz*. WAiF, Warszawa 1978.
42. Szczygielska Zofia: *Nowicki*. WAiF, Warszawa 1984.
43. Szejnert Małgorzata: *Sława i infamia – rozmowa z prof. B. Korzeniewskim)*. Wyd. Pokolenie, Warszawa 1988.
44. Szydłowski Roman: *Teatr w Polsce*. Interpress, Warszawa 1972.
45. *Teatr Ateneum w Warszawie –1928-1978*. WAiF, Warszawa 1978.
46. *Teatr Lubelski –1944-1964*. Wyd. Lubelskie, Lublin 1964.
47. *Teatr Polski w Poznaniu –1875-1975*. Wyd. Poznańskie, Poznań 1975.
48. *Teatr Współczesny w Warszawie*. WAiF, Warszawa 1978.
49. Urbankiewicz Jerzy: *Szmerek na widowni*. Wyd. Łódzkie, Łódź 1984.
50. Wawrzkiewicz Marek: *Sceny wielkie i małe*. Wyd. Łódzkie, Łódź 1970.
51. Wirth Andrzej: *Teatr, jaki mógłby być*. WAiF, Warszawa 1964.
52. Wydrzyński Andrzej: *Pamięć teatru*. Wyd. Śląsk, Katowice 1956.
53. Zbijewska Krystyna: *Jaroszewska – legenda teatru*. Oficyna Cracovia, Kraków 1996.
54. *Zbyszek Cybulski we wspomnieniach*. Wyd. MK, Warszawa 1994.
55. Zelwerowicz Aleksander: *Gawędy starego komedianta*. Iskry, Warszawa 1981.
56. Żurowski Andrzej: *Wieczory popremierowe*. Ossolineum, Gdańsk 1982.
Almanachy sceny polskiej, prasa profesjonalna i codzienna, a także zbiory Archiwum ZASP, któremu w tym miejscu autorzy składają serdeczne podziękowania.